A Crítica de um Teatro Crítico

Coleção Estudos
Dirigida por J. Guinsburg

Equipe de realização – Edição de texto: Lilian Miyoko Kumai; Revisão: Marcio Honorio de Godoy; Sobrecapa: Sergio Kon; Produção: Ricardo W. Neves e Raquel Fernandes Abranches.

Rosangela Patriota

A CRÍTICA DE UM TEATRO CRÍTICO

PERSPECTIVA

Dados Internacionais de Catalogação na Publicação (CIP)
(Câmara Brasileira do Livro, SP, Brasil)

Patriota, Rosangela
    A crítica de um teatro crítico / Rosangela Patriota. – São
Paulo: Perspectiva, 2007. – (Estudos ; 240 / dirigida por J.
Guinsburg)

    ISBN 978-85-273-0781-9

    1. Crítica teatral 2. Dramaturgos 3. Teatro brasileiro –
História e crítica 4. Vianna Filho, Oduvaldo – Crítica e interpretação I. Guinsburg, J. II. Título. III. Série.

07-0896   CDD-792.0981

Índices para catálogo sistemático:

1. Dramaturgos brasileiros : Apreciação crítica : Teatro
792.0981

Direitos reservados à

EDITORA PERSPECTIVA S.A.

Av. Brigadeiro Luís Antônio, 3025
01401-000 – São Paulo – SP – Brasil
Telefax: (11) 3885-8388
www.editoraperspectiva.com.br
2007

Sumário

Apresentação XI

1. ODUVALDO VIANNA FILHO: TEMAS, PERSONAGENS
   E NARRATIVAS 1

   Oduvaldo Vianna Filho e Suas Incursões pelo Cômico 4

   O Drama, Suas Formas e Temas no Brasil Pré-1964 18

   Fragmentos, Dúvidas e Incertezas: O Drama
   sob a Ditadura Militar 29

   Em Tempos de *Resistência Democrática*, qual o Lugar
   da Política? 54

   Em Busca de uma Síntese Teatral 64

2. JOSÉ RENATO, ADERBAL FREIRE E EDUARDO
   TOLENTINO DE ARAÚJO: DEPOIMENTOS 69

   Uma Esperança... (*José Renato*) 69

   Oduvaldo Vianna Filho – A Síntese do Teatro Brasileiro
   no Diálogo entre Forma e Conteúdo (*Aderbal Freire*) 72

   Vianinha e o Teatro Brasileiro Contemporâneo: Temas
   e Indagações (*Eduardo Tolentino de Araújo*) 79

VIII A CRÍTICA DE UM TEATRO CRÍTICO

3. MÚLTIPLAS APROPRIAÇÕES DE UM TEATRO CRÍTICO 85

Críticas 97

Vianinha: O Tempo Trará mais Sucesso – Sábato
Magaldi 97

A Luta Eterna pelos Valores Humanos – Ilka Marinho
Zanotto 100

Problemas de Chapetuba F. C. – Sábato Magaldi 102

O Futebol como Tema Dramático – Bárbara Heliodora . 106

Triunfa o Jogo do Bicho no Galpão (I) – Alberto D'Aversa . 112

O Bicho que já Pegou – Yan Michalski 114

O Bicho: Começo de Arte (I) – Fausto Wolff 118

Da Lei Áurea a "Dura Lex" – Yan Michalski 120

A Longa Noite de uma Geração Acuada – Yan Michalski . 123

*Vianinha e o Cristal: Breves e Discutíveis Idéias sobre
um Talento Indiscutível* – Nelson Motta 127

A Longa Noite da Verdade – Yan Michalski 131

Alegro Desbum, *Alegre Vianinha* – Alberto Guzik 134

Comédia é Exemplo de Bom Teatro Comercial –
Mariângela Alves de Lima 136

O Alegre Repouso de Vianinha – Sábato Magaldi 138

Alegro*: Consumo Anticonsumista* – Yan Michalski 140

Em Papa Highirte *o Testemunho de uma Prática
Cultural* – Macksen Luiz 142

Papa Highirte*: Dança a Chula, Embriaga-se, Ama. Um
Velho Ditador Vive Seu Ocaso* – Sábato Magaldi 146

Papa Highirte*: Uma Obra Continental* – Yan Michalski . 149

Beleza e Emoção na Obra-prima de Vianna – Jefferson
Del Rios 151

Peça-símbolo da Fase da Censura – Mariângela Alves
de Lima 154

Rasga Coração, *um Momento de Perfeição do Nosso
Teatro* – Sábato Magaldi 155

Rasga Coração*: Documento Poético dos Nossos Becos
sem Saída* – Yan Michalski 158

Um Ajuste de Contas com o Passado – Paulo Sérgio
Pinheiro 164

Teatro Político e Pluralismo Cultural (A Propósito de
Rasga Coração*)* – Gilberto Velho 167

SUMÁRIO IX

Penar da Alma Brasileira – Ilka Marinho Zanotto 171

Uma Peça Obrigatória para Quem Ama o Teatro –
Sábato Magaldi 173

Longa Jornada Estado de Sítio Adentro – Yan Michalski. . 176

Listagem Completa de Críticas e Reportagens sobre
Oduvaldo Vianna Filho e a Sua Dramaturgia. 180

Teses, Ensaios e Dissertações 195

Diálogos Acadêmicos com a Dramaturgia de Oduvaldo
Vianna Filho 195

Monografias, Dissertações, Teses e Livros sobre a
Dramaturgia e a Trajetória Artística de Oduvaldo
Vianna Filho 199

Capítulos de Livros e Artigos que Analisam a
Dramaturgia de Oduvaldo Vianna Filho. 200

Textos Teóricos e das Peças Teatrais de Oduvaldo Vianna
Filho e Suas Respectivas Publicações 201

4. VIANINHA – NOSSO CONTEMPORÂNEO? 205

Apresentação

O material que compõe esse volume destinava-se, originalmente, ao projeto de publicação da dramaturgia de Oduvaldo Vianna Filho, na coleção Textos, da editora Perspectiva. Por motivos alheios à nossa vontade, minha e da editora, o empreendimento foi interrompido, embora grande parte da pesquisa, para composição do volume, já estivesse concluída.

Diante do fato consumado, coube ao professor Jacó Guinsburg a seguinte iniciativa: por que não rever o material e a partir dele estruturar um livro?

A proposta, é claro, era instigante, mas, sobre mim, pairou uma dúvida: teria algo mais a dizer sobre Vianinha depois de haver publicado um estudo, resultante de uma tese de doutoramento?

A dúvida me perseguiu durante vários meses e um trabalho que era para ser feito rapidamente foi se alongando. No entanto, a cada encontro com o professor Jacó, novos desafios eram lançados e foi a partir deles que esse livro vem a público.

Para tanto, foram confeccionados dois ensaios, sendo que no primeiro houve um esforço no sentido de apreender, no nível estético e narrativo, a dramaturgia de Oduvaldo Vianna Filho. No segundo, desenvolveu-se uma reflexão com o intuito de compreender os caminhos teatrais das décadas recentes e, com base neles, questionar a pertinência de um lugar para esse autor na cena contemporânea. Ao lado desses textos, essa edição traz depoimentos de seus encenadores, reprodução de críticas de época, que foram fundamentais para que se constituíssem

XII A CRÍTICA DE UM TEATRO CRÍTICO

interpretações posteriores sobre sua obra, seguida de uma listagem exaustiva de referências. Completa o volume uma relação de trabalhos que estudam a dramaturgia de Vianinha, bem como o rol de produções artísticas e ensaios teóricos, de autoria do dramaturgo, editados e não editados.

Por meio desses esforços, o livro oferece, ao leitor, análises de aspectos pouco evidenciados da obra de Vianna Filho, documentos importantes para a História do Teatro Brasileiro e referências que auxiliarão não só aos pesquisadores de teatro, mas a todos aqueles que se dedicam aos estudos da cultura brasileira contemporânea.

Evidentemente, para chegar a esse resultado, vários auxílios foram recebidos. Por esse motivo, gostaria de agradecer sinceramente ao professor Jacó Guinsburg, por ser o interlocutor perspicaz, que consegue retirar o *melhor* de todos nós. Ao lado disso, devo recordar também a maneira como fui recebida na editora Perspectiva e estendo esses agradecimentos a Fany Kon e a Ivone Martins, que sempre me acolheram com muito profissionalismo e cordialidade.

Agradeço a Paulo Sérgio Pinheiro, Gilberto Velho, Alberto Guzik, Jefferson Del Rios, Sábato Magaldi, Maria José Michalski, Fausto Wolff, Macksen Luiz, Bárbara Heliodora, Nelson Motta, Mariângela Alves de Lima e Ilka Marinho Zanotto por autorizarem a publicação de suas críticas teatrais. Com o mesmo intuito, menciono Aderbal Freire-Filho, Eduardo Tolentino e José Renato Pécora por concederem depoimentos exclusivos para essa publicação.

Pela viabilização da pesquisa e auxílio no preparo dos originais, sou extremamente grata a Ludmila Sá de Freitas que, por seu empenho, permite que eu leve adiante os meus compromissos. Nesse momento, não poderia deixar de recordar os valiosos apoios de Maria Abadia Cardoso e Sandra Rodart Araújo. Por fim, mas não menos importante, ao meu maior leitor crítico, parceiro intelectual e afetivo, Alcides Freire Ramos, cujas observações argutas sempre me abriram caminhos e possibilidades.

Agradeço a todos que se dedicaram à obra de Oduvaldo Vianna Filho, meus interlocutores privilegiados, e àqueles que possam vir a se interessar por uma dramaturgia tão importante que merece não só a *ribalta*, mas necessita ser publicada para que as novas gerações tenham contato com seu trabalho e possam realimentá-lo com novos significados e proposições.

A edição da literatura dramática é uma iniciativa fundamental para a preservação da memória teatral do país e, nesse caso, em particular, de Oduvaldo Vianna Filho, aquele a quem seus amigos e admiradores sempre chamaram, carinhosamente, de Vianinha.

1. Oduvaldo Vianna Filho: Temas, Personagens e Narrativas

> *não pretendemos usar todos os recursos reais do teatro para atirá-lo*
> *numa perturbadora e ansiosa maravilha*
> *pretendemos usar toda a nossa fantasia, toda nossa maravilha*
> *para atirá-lo na espantosa e perturbadora realidade*
> *queríamos que vocês descobrissem que na verdade não há nada errado neste*
> *mundo – todas as peças funcionam a contento –*
> *não queremos que vocês saiam do teatro ou um ou outro*
> *superada a divisão que dilacera cada um de nós*
> *ao contrário, queremos que você saia mais do que nunca dividido*
> *carregando os dois que há em cada um de nós*
> *aptos a suportar a carga morta que há em nossos corações*
>
> ODUVALDO VIANNA FILHO – *Segundo Fragmento*

Oduvaldo Vianna Filho é uma referência constante na História do Teatro Brasileiro, no século XX, em particular no capítulo que se refere às interlocuções entre arte e política ou, mais especificamente, no que diz respeito ao teatro político. Dentre os artistas que formularam seus trabalhos, com vistas a acentuar a dimensão histórica/social dos mes-

A CRÍTICA DE UM TEATRO CRÍTICO

mos, foram contemporâneos e/ou parceiros de Vianinha os seguintes profissionais: Augusto Boal, Gianfrancesco Guarnieri, Dias Gomes, Armando Costa, Paulo Pontes, Ferreira Gullar, Thereza Aragão, José Renato, entre outros.

Em seus 38 anos de vida (1936-1974), travou embates com diferentes grupos, tanto aqueles que eram defensores do golpe militar de 1964, quanto os segmentos de esquerda partidários de posturas mais radicais, inclusive a luta armada, como resposta ao arbítrio instaurado no país. A sua capacidade criativa, reconhecida publicamente, não ficou isenta de críticas e de restrições em relação às temáticas e aos procedimentos estéticos utilizados.

Mesmo com essas objeções, Vianinha foi uma referência no debate político-cultural da década de 1960 e início de 1970, pois mesclava a impaciência da juventude, advinda das participações no Teatro de Arena de São Paulo e no Centro Popular de Cultura da União Nacional dos Estudantes (CPC da UNE), com a convicção de que dias melhores viriam e, com eles, uma sociedade mais justa e igualitária. No entanto, ele não participou do desfecho da luta contra a ditadura, porque, em 1972, iniciou-se o seu inferno particular: um tumor maligno em seus pulmões que, posteriormente, alastrou-se por seu organismo. Nesse período marcado pela enfermidade e pelo tratamento não menos doloroso, Vianna deu continuidade ao projeto de escrever aquela que viria a ser a sua última peça: *Rasga Coração*, que teve o segundo ato, ditado à sua mãe, Deocélia Vianna, no leito do Hospital Silvestre, no Rio de Janeiro.

Essa ânsia em terminar o trabalho devia-se ao fato de que Oduvaldo Vianna Filho acreditava poder assistir à sua estréia, antes de morrer. Porém, ao ser submetido à Censura Federal, foi interditado e a expectativa do dramaturgo não se concretizou. Vianinha morreu em 14 de julho de 1974, deixando uma trajetória em favor das liberdades democráticas e da justiça social, além de dois textos proibidos: *Papa Highirte*, censurado em 1968, após ser premiado pelo Serviço Nacional de Teatro (SNT), e *Rasga Coração*, ambos considerados, pelos estudiosos de teatro, as suas melhores criações dramatúrgicas.

Nessas circunstâncias, morreu o homem, o cidadão, o militante comunista e nascia uma bandeira de luta. No período de 1974-1980, Vianinha tornou-se uma das figuras mais recorrentes do teatro brasileiro. Jornais e revistas informavam sobre a censura de suas peças. Periodicamente, jornalistas, atores, diretores, críticos e intelectuais rememoravam o seu trabalho, além de sua conduta profissional e política. Por isso, para não trair sua memória nem seu legado, liberar *Rasga Coração* era imprescindível, a fim de que o país fizesse jus ao seu talento[1].

---

1. Um estudo aprofundado das interlocuções entre Oduvaldo Vianna Filho e a conjuntura política do final da década de 1970 encontra-se no seguinte trabalho: Rosangela Patriota, *Vianinha – Um Dramaturgo no Coração de Seu Tempo*. São Paulo: Hucitec, 1999.

Em 1979, quando o processo de distensão chegou à Censura Federal e suas gavetas foram abertas, *Rasga Coração* foi uma das primeiras obras liberadas. A repercussão, nos meios de comunicação, foi algo, até hoje, inédito no país. Vianinha tornou-se a figura-chave da temporada teatral de 1979-1980, arrebatando, postumamente, prêmios de melhor dramaturgo. Com o início da nova década, duas outras peças também ganharam os palcos: *Moço em Estado de Sítio* e *Mão na Luva*, respectivamente em 1981 e 1984.

Passada a grande euforia, a curiosidade em torno dos textos interditados encerrou-se. No plano político, os esforços estavam voltados para o Movimento Diretas Já e para a aprovação, na Câmara dos Deputados, da Emenda Dante de Oliveira, que restabelecia as eleições diretas no país. Apesar de intensa mobilização, a emenda foi derrotada. Novas articulações surgiram com a finalidade de viabilizar, no Colégio Eleitoral, a chapa Tancredo Neves/José Sarney à presidência e vice-presidência do país. O final dessa história é conhecido por todos. A iniciativa foi vitoriosa, mas Tancredo Neves, acometido de grave enfermidade seguida de morte, não tomou posse e José Sarney tornou-se o primeiro presidente civil da República brasileira, depois de vinte anos de ditadura militar.

Foram tempos de Nova República e com eles o quadro político-social começou a se transformar. O retorno das liberdades democráticas deixara de ser bandeira de luta. O país elegera deputados constituintes para elaborarem uma nova Constituição. Na sociedade civil, espaços de atuação política consolidaram-se e aqueles que outrora foram os nichos da resistência ao arbítrio (universidades, teatro, cinema, música, entre outros), aos poucos, tiveram de redefinir os seus lugares nessa nova conjuntura.

Intensificaram-se as críticas ao teatro engajado, aguçadas pelo debate acerca do "patrulhamento ideológico", denunciado por artistas como Cacá Diegues. Em tais circunstâncias, advogou-se a incompatibilidade entre intenções políticas e criação artística, o que, em larga medida, gerou uma situação dicotômica, na qual se substituiu uma perspectiva por outra. De um lado, ficaram os que se intitulavam em "sintonia" com seu tempo. De outro lado, aqueles que passaram a ser identificados como "ultrapassados", pois nada mais tinham a contribuir estética e politicamente.

Nessa nova realidade, dramaturgos como Oduvaldo Vianna Filho, Gianfrancesco Guarnieri e Augusto Boal haviam cumprido seu papel. Suas peças, por estarem excessivamente comprometidas com a luta política de períodos anteriores, não eram adequadas aos novos tempos que se anunciavam. Esses artistas, em verdade, fizeram parte de um período da História do Teatro que se notabilizou pela força da palavra. Embora, nessa época, importantes diretores tenham iniciado suas carreiras (Antunes Filho, Flávio Rangel, José Celso Martinez Corrêa, Fernando

4   A CRÍTICA DE UM TEATRO CRÍTICO

Peixoto, José Renato etc.), todas as instâncias narrativas do palco subor-
dinavam-se à maneira como o texto deveria ser dito, a fim de que as
interlocuções com outras práticas sociais e políticas fossem evidenciadas.

Porém, em meados da década de 1980, a dramaturgia deixou de
ocupar esse lugar de destaque, enquanto as concepções cênicas, em
especial, a *assinatura do diretor*, tornaram-se o novo *locus* do debate
artístico. Nesse processo, Vianinha foi desaparecendo das discussões,
apesar das montagens esporádicas de seus textos nos últimos anos[2].
Por outro lado, sua vida e obra (teatro e televisão) foram temas de
dissertações de mestrado, teses de doutorado, além de uma biografia,
que contribuíram com novos veios interpretativos sobre o diálogo arte/
sociedade[3]. Diante disso, o que seria possível ainda dizer sobre
Oduvaldo Vianna Filho?

Essa resposta é de grande complexidade, porque vários estudos
sobre Vianna Filho têm por base a sua vivência teatral e política junto
ao Teatro de Arena de São Paulo, isto é, as questões propostas naquele
momento, de certa maneira, organizaram interpretações de sua produção artística. Ao lado disso, deve-se recordar que a orientação ideológica foi uma constante em suas criações, desde as mais engajadas até
as comédias de costumes. Entretanto, a convicção política não o tornou um ficcionista refém de uma forma estabelecida *a priori*. No nível
estético, utilizou diversos recursos para construir narrativas que,
tematicamente, possuem um *telos* que as organiza. A partir dessas referências, este ensaio apreenderá, por meio dos gêneros, das narrativas e
das personagens, como essas escolhas artísticas traduzem a dimensão
histórica de sua produção.

ODUVALDO VIANNA FILHO E SUAS INCURSÕES
PELO CÔMICO

Em linhas gerais, um aspecto que tem sido pouco trabalhado na
dramaturgia de Vianinha é o seu diálogo com o teatro de costumes do
início do século XX e, em especial, com as peças de autoria de Oduvaldo
Vianna. Geralmente, essa aproximação, quando é feita, se dá pela adaptação que ele fez, na segunda metade da década de 1960, do texto de

---

2. Nesta última década foram montadas algumas encenações esporádicas dos textos de Vianinha. O grupo Tapa encenou, em São Paulo, em 1995, *Corpo a Corpo*
(1971). No ano de 1998 foi a vez do espetáculo *Moço em Estado de Sítio* (1965). No
Rio de Janeiro, o diretor teatral Dudu Sandroni, em 1998, montou *Mão na Luva* (1966),
que foi reencenada em 2001, sob a direção de Amir Haddad e protagonizada por Maria
Padilha e Pedro Cardoso. Haddad também foi responsável pela remontagem de *Se Correr o Bicho Pega, Se Ficar o Bicho Come*.

3. Este volume disponibiliza ao leitor uma relação atualizada das dissertações e
teses que versam sobre a dramaturgia e a teledramaturgia de Oduvaldo Vianna Filho.

ODUVALDO VIANNA FILHO: TEMAS, PERSONAGENS E NARRATIVAS 5

seu pai, *O Homem que Nasceu Duas Vezes*, reescrita sob o título *Mamãe, Papai Está Ficando Roxo*, e pela peça *Allegro Desbum* (1973).

Tal procedimento justifica-se pela periodização que o próprio Vianinha construiu para o seu trabalho, pois a sua definição como homem de teatro ocorreu com as discussões e os questionamentos promovidos pelo Teatro Paulista do Estudante (TPE) e pelo Teatro de Arena, em particular, pelo impacto da encenação de *Eles não Usam Black-tie* (Gianfrancesco Guarnieri), em 1958.

Todavia, no que se refere à comédia, cabe retomar a peça *Bilbao, Via Copacabana* (1957), encenada em 1959 no Teatro das Segundas-Feiras do Arena. Sobre ela, o autor assim se referiu:

comédia de costumes, talvez. Apesar de não conhecer bem o que se define neste termo. Há qüiproquó – há a santa ingenuidade. Há o reconhecimento posterior. São os truques da comédia. É teatro e mais nada. Neste sentido qualquer aproximação naturalista, mesmo realista, me parece perigosa. Seu vigor está na teatralidade – nos efeitos – nas pausas – na quebra de ritmo constante – na farta informação para reconhecimento dos personagens – no padrão nítido em que elas são construídas. [...] Sem nuances *(sic)*, sem fundos psicológicos. Sem contrários. Sem dramas. Corridos numa só linha. Somente pensando em teatro é que esta peça deve ser montada. Talvez o amarro realista não tenha permitido um desenvolvimento técnico, no sentido da ação cômica, da evolução dela, completo. O ritmo, o diálogo, as personagens são os melhores resultados. Um novo trabalho sobre a peça, que não se nos interessa muito, daria a ela, talvez, a sua verdadeira dimensão, libertando-se dos compromissos com um realismo ingrato e fofo, para revigorar a comédia. Dar-lhe categoria de comédia. *Bilbao, Via Copacabana* nada traz ao pensamento moderno, ao questionário filosófico e social que o homem se propõe. Ela brinca. Então é brincar. E qualquer tentativa em contrário encerraria sua incipiente carreira. Antes de *Bilbao, Via Copacabana*, Oduvaldo Vianna Pai e Martins Pena andaram dando lição, cada um no que mais dominava, de diálogos, de ritmo e de situação cômica[4].

Em que pese o fato de que a devida contribuição de Oduvaldo Vianna ao nosso teatro ainda esteja para ser mais amplamente analisada[5], deve-se destacar que esse dramaturgo/ensaiador/produtor foi responsável pela manutenção, em cartaz, de importantes espetáculos. Em suas peças, apresentou inovações formais que, aos poucos, foram incorporadas à dramaturgia brasileira, dentre elas, o estabelecimento da prosódia brasileira em nossos palcos[6].

4. Oduvaldo Vianna Filho, Sobre "Bilbao, Via Copacabana", em Yan Michalski (org.), *Teatro de Oduvaldo Vianna Filho*. Rio de Janeiro: Ilha, 1981, p. 30-31 (volume 1).

5. Nesse aspecto, é oportuno recordar o seguinte trabalho: Wagner Martins Madeira, *Oduvaldo Vianna: Homem de Teatro – uma biografia intelectual*. São Paulo, 2003. Tese de Doutorado em Literatura Brasileira – Faculdade de Filosofia, Letras e Ciências Humanas, Universidade de São Paulo.

6. "Oduvaldo Vianna (1892-1972), repórter e redator de jornal, estreou no teatro em 1917 e durante muitos anos ocupou o Trianon, como autor e empresário de sua companhia. Foi o primeiro autor a escrever em 'brasileiro', abolindo a prosódia portuguesa, até então norma indiscutível dos nossos palcos. (...) É preciso esclarecer que havia uma diferença significativa entre os espetáculos do Trianon e de outros teatros de menor porte. (...) Enquanto nos outros teatros as temporadas freqüentemente não passavam de uma

6 A CRÍTICA DE UM TEATRO CRÍTICO

Nesse sentido, a análise de Vianinha, articulada às inúmeras inovações trazidas por seu pai à cena e à dramaturgia brasileira, fornece indícios que podem contribuir nos estudos sobre os caminhos trilhados por Vianna Filho, especialmente no que diz respeito à modernidade[7] do texto, pois, além do estabelecimento da prosódia brasileira, Vianna (pai) introduziu indicações que propiciaram o estabelecimento da composição cênica do espetáculo. Um exemplo dessa afirmativa está no seguinte comentário de Décio de Almeida Prado:

Amor..., de Oduvaldo Vianna (1892-1972), tentou em 1933 uma outra espécie de abertura. O seu intuito mais sério era defender o divórcio, libertando o amor. [...] Mas a novidade da peça consistia menos neste núcleo dramático, envolvido por tantas camadas de comicidade que acabava por se tornar inócuo, do que no desejo de livrar o teatro das restrições costumeiras de espaço e tempo. O cenário dividia-se no sentido vertical e horizontal, dando origem a cinco áreas de representação e permitindo ao espectador, por exemplo, acompanhar uma ligação telefônica em suas diversas fases: primeiro, alguém fazendo a chamada, a seguir, a telefonista atendendo, e, por fim, a campainha começando a tilintar no outro extremo do palco. Os três atos habituais fragmentavam-se em 38 quadros usando-se a iluminação, o corte de luz por alguns segundos, como um pano de boca que funcionasse instantaneamente deixando correr sem outras interrupções o espetáculo. Era a maneira nacional, menos sofisticada do que os palcos giratórios europeus, de competir com o cinema, roubando-lhe um pouco de sua fluidez narrativa, do seu ritmo vivo e dinâmico, aspiração de não poucos homens de teatro, escritores e encenadores, durante a década de trinta[8].

Com base nas referências estéticas de Oduvaldo Vianna, e observando que *Bilbao, Via Copacabana* é anterior às discussões originadas pela encenação de *Black-tie*, percebe-se que os elementos de modernidade, que fundamentaram os primórdios de Vianinha, como dramaturgo, são provenientes das conquistas teatrais presentes nos textos de seu pai.

semana, às vezes, três dias, no Trianon houve casos em que um espetáculo como *Flores de Sombra*, por exemplo, ficou um ano em cartaz. Se o ensaiador era Oduvaldo Vianna, a peça tinha garantia de bom acabamento" (Rosyane Trotta, O Teatro Brasileiro: Décadas de 1920-1930, *O Teatro através da História*. Rio de Janeiro: Centro Cultural Banco do Brasil/Entourage Produções Artísticas, 1994, p. 113 e 118, volume II).

7. Sobre a modernidade no teatro brasileiro, muitos estudos têm sido realizados com vistas a destacar a complexidade do tema. Para vários estudiosos, ela se estabeleceu com a encenação de *Vestido de Noiva* (Nelson Rodrigues), em 1943, pelo Comediantes, sob direção de Z. Ziembinski. No entanto, se esse espetáculo tornou-se uma referência, o estabelecimento do mesmo como marco "definitivo" da modernidade teatral no Brasil é algo que tem merecido alguns reparos, pois, do ponto de vista da dramaturgia, peças como *O Rei da Vela* (Oswald de Andrade) e *Amor...* (Oduvaldo Vianna), ambas de 1933, revelam que inovações formais já estavam sendo incorporadas aos textos. Nesse sentido, existe um descompasso entre texto e cena, no que se refere à modernidade teatral. Tal evidência possibilita que o tema possa ser apreendido sob diferentes aspectos e com diversos significados. Sobre o tema, consultar: Sábato Magaldi, *Teatro da Ruptura: Oswald de Andrade*. São Paulo: Global, 2004.

8. Décio de Almeida Prado, *O Teatro Brasileiro Moderno*. 2. ed. São Paulo: Perspectiva, 1996, p. 25-26.

Dessa maneira, por meio de um diálogo ágil, a ação de *Bilbao* desenrola-se em um único ato, ambientado na sala do apartamento de um jovem casal, que se vê às voltas com os preparativos do almoço de aniversário de casamento. Em cena, estão: Patroa (jovem dona-de-casa, recém-casada e grávida do primeiro filho); Rainha (empregada doméstica e moradora do morro) e Pablo (apresenta-se como um estrangeiro que deseja regressar à sua terra natal; portanto, precisa desfazer-se de um faqueiro de prata do qual carrega somente uma colherinha de amostra). Estabelecida a ação, a narrativa estrutura-se por meio da farsa, pois Pablo chega ao apartamento apresentado pelo Sr. João, porteiro do prédio, como alguém muito próximo. Em alguns segundos, o inesperado visitante vem em socorro de Patroa e Rainha, que tentam colocar os quadros pintados por Gronaldo (esposo de Patroa) na parede da sala.

Após gesto tão desprendido, Pablo vai tomando conta da situação, a ponto de Patroa revelar-lhe suas expectativas com a chegada do bebê. O sonho de que seja uma menina e se torne bailarina vai sendo estimulado por aquele homem que, oportunisticamente, ensina-lhe uma série de simpatias para que suas vontades sejam satisfeitas. Nessa troca de confidências, Pablo revela o seu desejo: rever Geni, sua filha que está na Espanha. Para surpresa de Patroa, esse é o nome que espera poder dar à criança que irá nascer.

Por meio do diálogo, a farsa vai sendo explicitada ao leitor/espectador e concretiza-se no momento em que Pablo consegue vender o faqueiro para o almoço do dia seguinte. A fim de dar maior credibilidade ao negócio, informa que a vizinha do andar superior também adquiriu o faqueiro que estava em seu poder. Para que Patroa conheça a mercadoria, ele solicitará à outra compradora que leve os talheres ao apartamento. Consumado o negócio, Pablo despede-se e sai de cena.

O golpe realizou-se e construiu uma nova situação dramática. A vizinha chega ao apartamento ansiosa para ver o faqueiro, mas como não existe nenhum, as duas chegam à conclusão de que foram enganadas. Cada uma a seu modo, porque o espanhol Pablo, nos dizeres da vizinha, é um inglês que viaja o mundo em prol de um amigo cego. Lamentavelmente, o único momento em comum, vivido por ambas, refere-se à compra do faqueiro, à entrega do dinheiro e à posse de uma colherinha como garantia.

A farsa é reafirmada com a chegada do zelador ao apartamento, trazendo encomendas para o almoço. Surpreendido com os acontecimentos, Sr. João revela que apenas fez um favor a um patrício, isto é, um português. E, como prova de gratidão, recebeu dele um faqueiro que chegará no dia seguinte. Com o intuito de confirmar sua versão, retira do bolso uma colherinha que recebeu como antecipação do presente. Por fim, para desfecho da trama, entra em cena Gronaldo, também seduzido por um belo faqueiro e por um russo, sobrinho de Lênin, que retornará à União Soviética para assumir um alto posto no governo.

8   A CRÍTICA DE UM TEATRO CRÍTICO

A partir dessa exposição de enredo, observa-se que Vianinha construiu situações onde o elemento farsesco organizou a estrutura dramática. Ao trabalhar com as expectativas de consumo e de ascensão social dos segmentos médios, foi demonstrando como as personagens, *tipos sociais*, forneceram os indícios para que o malandro as enredasse com suas *vivências*. Em verdade, as artimanhas de Pablo revelam como as demais personagens, para realizarem suas fantasias, acreditaram no que escutavam.

No entanto, dentre elas, há uma exceção: Rainha. Essa, em momento algum deixa-se envolver pela conversa de Pablo, que ouve enquanto está no banheiro lavando roupas. Pelo contrário, diversas vezes procurou interromper o diálogo entre ele e a Patroa por considerar aquelas idéias muito estranhas, assim como observou que o perfume, ofertado às vítimas pelo malandro, era semelhante àqueles vendidos em São Cristóvão. Não se deixando envolver pelas aparências, desconfiando da extrema presteza e da postura do inusitado visitante, a personagem tornou-se o olhar externo e crítico da narrativa, em sintonia com sua origem social, que lhe propiciou a sabedoria de não se deixar seduzir pelas facilidades imediatas.

Trabalhando com segmentos distintos e optando por uma narrativa cômica, Vianinha elaborou uma crítica bem-humorada da idéia de ascensão social que, para ser bem-sucedida, teve a composição de personagens sem aprofundamentos psicológicos. A ênfase na trama de costumes demonstrou que o jovem autor detinha conhecimentos sobre a carpintaria teatral alicerçada nos diálogos e, evidentemente, na capacidade interpretativa dos atores destinados aos papéis.

PABLO: Per la madona! Es um faquero enorme! Madera tropical brillante! Um quase gigante! No se puede desfilar com dos faqueros diante de ojos severos. Ojos que vigilan!
PATROA: Dois faqueiros?
PABLO: Un! Bien, bien, bien, pero bien embrulhadito es possible!! Pero...
PATROA: Onde está ele?
PABLO: Já se fué! Com dona Matilde! (*A patroa não entende*) Encima de su cabeza, señora! Em el novienta e dos! (*Ri*) Más perto do céu! (*Aponta para o teto. Está se referindo ao andar de cima*) Mi amigo... (*Hesita*) el zelador...
PATROA: Seu João?
PABLO: Isto! Lo mismo. Joan introduziu-me primeiro à dona Matilde. Ela ficou com el faquero que yo trazia! (*Tom*) Una lástima, señora! Lá no hacerán um banquete tan cedo!
PATROA: Mas eu precisava ver. Uma idéia...
PABLO: (*Cortando. Chegando mais*) Tengo a mi lado uma pequenita pecita! No es nada. No puede darle una idea del conjunto. Es uma onde en el mar! Uma pequenita estrela en el imensal universo![9]

A capacidade de convencimento e de improviso da personagem Pablo propiciam a dinâmica e o elemento surpresa na peça. As suas

---

9. O. Vianna Filho, op. cit., p. 60.

ODUVALDO VIANNA FILHO: TEMAS, PERSONAGENS E NARRATIVAS 9

falas dependem do grau de curiosidade e/ou incredulidade de seu interlocutor, porque a presteza existente na fala tem de estar presente na própria composição cênica, a fim de que o ritmo do espetáculo não se perca, pois ele externa características que socialmente identificam o malandro, não por intermédio de um estereótipo, mas pelo comportamento e pelas estratégias utilizadas na construção de pequenos golpes.

Ainda que não tenha a farsa como fundamento, tal estrutura narrativa encontra-se também na peça *Allegro Desbum* (1973), escrita em colaboração com Armando Costa. Nela, há um componente de realidade que se articulou a temáticas de grande importância para o debate do período: o papel da publicidade e do publicitário no mercado de bens culturais.

O cenário é o apartamento de Buja – publicitário que há seis meses abandonou um emprego cujo salário era de vinte milhões – localizado em um prédio de classe média baixa, no qual circulam os mais diferentes tipos sociais: a hippie Ênia, o protético homossexual, o proprietário da agência de publicidade, De Marco, Teresa, que almeja casar com um jovem rico e bonito, e sua mãe Cremilda, que compartilha dos interesses da filha.

A narrativa desenvolve-se a partir do conflito de interesses entre essas personagens, porque a opção de Buja, em romper com a engrenagem do mercado publicitário, causou transtornos aos vizinhos e ao antigo patrão, pois, para os primeiros, com exceção de Ênia, Buja era o avalista e a reserva financeira do grupo. Para o segundo, o publicitário representava o profissional que garantia bons contratos para a agência.

As expectativas, em relação ao mercado de trabalho e à capacidade de consumo, organizam as situações dramáticas. Para tanto, as personagens, no conjunto, compõem um perfil dos segmentos médios daquele período, divididos basicamente em dois grupos: os que buscam vida alternativa à estabelecida pela engrenagem e aqueles que estão nela inseridos de diferentes maneiras.

TERESA: (*Tempo pequeno*)... fiz uma cacetada de curso: Aliança Francesa, Cultura Inglesa, arranjo floral, etiqueta, forno, História da Arte, andamento, o maior sacrifício prá pagar... vejo filme do Ingmar Bergman que eu acho um pé no saco mas vejo prá ficar por dentro, tudo isso prá pegar um cara bonito jovem rico pele saída da sauna, pouco pivô na boca, sem barriga, por dentro da política internacional, que ganhe mais de 20 milhões por mês e você largou uma situação dessas, cara?

BUJA: ... está linda... parece um Corcel 73 gelo... deixa eu passar a mão?

TERESA: (*Nem toma conhecimento da proposta*) Que é que você faz na pomba da vida fora pensar que fez um grande gesto e se sentir uma estrela matutina?

BUJA: Quem te ensinou a ser agressiva assim? Filmes da Doris Day? (*Aponta o gravador e mostra fitas*) Gravei uma entrevista com um policial logo depois que ele fuzilou um marginal de bermuda, entrevistas com velhos moradores do Catete, nem dá prá escutar, falam baixinho que estão vendo o bairro e a vida deles desaparecerem, entrevista com catadores de xepa da feira...

TERESA: Pô, você agora passa a vida gravando entrevista com fodido? Eu sei que fodido existe, qual é, tem o Ministério do Trabalho, a Casa da Mãe Solteira. Ou você

10   A CRÍTICA DE UM TEATRO CRÍTICO

vai solucionar alguma coisa com um gravador? Ah, você é muito veado. Largou os 20 milhões prá fazer gravação?

    BUJA: (*Vai ao banheiro*) ... não, menina, isso faz parte, isso acontece também... na verdade mesmo, eu larguei prá tomar café devagar, entende? Passar a manteiga no pão devagar, depois a geléinha, sem derrubar geléinha no dedo pro dedo não ficar grudento... pô, não tem água jamais nesse pardieiro? ... (*Vem até a geladeira. Lava a cara e escova os dentes, com água da geladeira*) ... larguei prá não viver mais com a cabeça cinco horas adiante... (*Ênia entra com a vitrola*)[10].

Esse diálogo entre Buja e Teresa tem a função de apresentar as motivações que impulsionam essas personagens. Embora estejam próximas pelo afeto, as expectativas de consumo e ascensão social as separam. Ao lado disso, a trama coloca-os sob pontos de vista diferenciados: Buja, com um alto salário, teve a oportunidade de desfrutar bens de consumo e romper os limites dos segmentos de classe média baixa. Mas, por convicção, ele se desvincula dessa visão de mundo e parte em busca de outras referências.

    ÊNIA: Pô, tem uma rádio aí que transmite esporte e agora vai transmitir uma partida de ping-pong. Putz! E o meu pai vai ouvir a partida de ping pong, pomba! Tenho que ouvir a Dalva aqui... (*Liga a vitrola. Põe a Dalva de novo "segredo".*)

    BUJA: ... e tenho mil outras atividades importantes: sou ponta direita da linha de passe que fica à esquerda da praça do Lido, sou da Ala dos Desbundados do Ritmo, que sai na Mangueira... (*Mostra uma caixa*). Olha uns pedaços de fantasia desse ano... ela é de ala também... (*Refere-se a Ênia*)

    TERESA: Ah, isso é folclore, meu santo, folclore!

    BUJA: Folclore, por exemplo, é a senhora sua mãe, folclore, por exemplo, é golpe do baú, é subir na vida... e não te dou mais entrevista que você é muito ressentida azedinha. (*Toca o telefone. Buja atende.*)

    [--]

    TERESA: Precisamente, meu filho, precisamente: você está a fim de quê?

    BUJA: Sou um egoísta, entende? Já estava com úlcera, sinto ânsia de vômito quando a vida engrossa, sou um sensitivo – resolvi não terminar no Pinel. E também tenho o meu lado altruísta – além de não ir prô Pinel, também não quero enlouquecer a humanidade...

    TERESA: Humanidade, se vira, qual é? Não enlouquece assim fácil...

    BUJA: Mas eu fazia publicidade, companheira, dava uma boa mão... (*Tem ânsias*). Está vendo? Nem posso falar nisso ainda direito... sabe quanto se gasta de publicidade nos Estados Unidos, por exemplo? 20 bilhões de dólares. 20 bi! Bi de Bibi Ferreira! Metade do Produto Bruto Brasileiro de um ano! (*Tem ânsia*) ... entende? (*Vai falar do banheiro para se prevenir.*) ... cada ano um novo carro, nova geladeira nova maçaneta prá porta nova calça novo batom, margarina mais cremosa; exércitos prá bolar novos modelos, exércitos prá fazer pesquisa, exércitos prá fazer espionagem industrial, tudo prá bolar um novo dentifrício com listinha, é o famoso parto da montanha! Rios de dinheiro e as pessoas passando fome e miséria... demagógico eu, não? Lembro o velho PTB, não? ... 20 bilhões de dólares dá prá que? Por exemplo ... dá prá construir casas prá todos os brasileiros... (*Tem ânsias mais fortes*) ... não dá prá falar nisso, eu te explico um dia, aos poucos, com um piniquinho na mão... (*Sai*)[11].

    10. O. Vianna Filho, *Allegro Desbum*. Rio de Janeiro, 1973, p. 15-16. (cópia datilografada)

ODUVALDO VIANNA FILHO: TEMAS, PERSONAGENS E NARRATIVAS 11

Nessas circunstâncias, os diálogos extensos permitem que as personagens façam profissão de fé em torno de uma idéia ou de um princípio, mas sob o signo da comédia. Caso contrário, se a opção fosse pelo drama, a relação entre Teresa e Cremilda poderia ter um tratamento melodramático. Assim, ao prescindir da farsa, como elemento organizador da narrativa, Vianinha estruturou a peça por intermédio de questões sociais, econômicas e culturais contemporâneas à sociedade da década de 1970, que compuseram o seu repertório teatral. Os elementos cômicos viabilizaram a construção das personagens e das situações. Já o compromisso em elaborar uma arte com proposições sociais permitiu as temáticas e o tratamento crítico das mesmas.

Todavia, essa estrutura de comédia não se tornou um modelo a serviço das idéias discutidas por Vianna, porque, com a intenção de refletir sobre distintos aspectos da sociedade brasileira, ele lançou mão de outras iniciativas artísticas: teatro de revista e literatura de cordel.

No que se refere à revista, merece destaque a peça *Dura Lex Sed Lex no Cabelo só Gumex* (1967), na qual, ao utilizar o repertório da cultura de massas (personagens de novelas e profissionais da comunicação como Chacrinha)[12], o dramaturgo elaborou uma cena satírica do país, onde o fio condutor, entre os diversos quadros, é a presença da Virgem Maria na América Latina. Ela é enviada por Deus, embora "seu time esteja em ótima forma/ com Frei Chico, Hélder Câmara e Alceu de Amoroso Lima".

> Porém desta vez resolve
> nos mandar um mensageiro.
> Sim, sabe que sua turma briga
> bem na América Latina,
> mas ele fica indignado
> com a total falta de auxílio
> para o teatro brasileiro.
>
> Eis que ele nos envia –
> com o devido respeito
> a permissão da censura –
> nos manda a própria Maria[13].

Como Maria deverá chegar à América Latina? É simples, seguindo a trilha dos postos Esso. E, assim, ao chegar, viverá toda a sorte de infortúnio: será confundida com prostitutas; irá presa; ocupará a ca-

---

11. Idem, p. 15-17.

12. A cultura de massas apresenta-se por meio das personagens Albertinho Limonta e Mamãe Dolores, protagonistas da novela *O Direito de Nascer*, de autoria do cubano Félix Caignet. Nessa época, essa novela fez imenso sucesso ao ser exibida pela extinta TV Tupi, em São Paulo.

13. O. Vianna Filho, *Dura Lex Sed Lex no Cabelo só Gumex*. Rio de Janeiro, 1967, p. 3. (cópia datilografada)

12   A CRÍTICA DE UM TEATRO CRÍTICO

deira do delegado. Na seqüência, Maria assumirá o lugar de várias Marias e irá se deparar com a falta de saneamento básico, com o alto custo de vida, com a falta de dinheiro e com todas as carências da população de baixa renda. Ao lado disso, no segundo ato, servirá o Exército e participará de um treinamento antiguerrilha:

MARIA: Feijoada... é a Virgem Maria mesmo... por que tanta preocupação com a subversão? Feijoada?... a gente vê pouca coisa e... não quero me meter, Feijoada, mas... todo mundo se arrastando... estão esquecendo de andar, Feijoada... onde está a guerrilha. Feijoada? (*Longa pausa*)

CAPITÃO: Olha, Pimentão, você acha que com tanta miséria, sem aumento de salário, e dificuldade prá fazer manifestação política, e custo de vida, e desemprego, e Nordeste, e fome, e nada resolve e a gente em vez de fazer alguma coisa, se mete no mato, você não acha que tem que acabar saindo uma guerrilha, Pimentão? (*Longo silêncio*)

MARIA: Alô, alô, céu. Câmbio[14].

Em seu périplo pela América Latina, com o intuito de atender aos desejos dos autores, Maria torna-se presidente da República. Nesse momento, para matar as saudades do público, estão no centro do palco os seguintes temas: eleições, dificuldades para composição dos ministérios e atendimento das demandas sociais. Após essas vivências e ciente das limitações, Maria deixa o governo. No entanto, outras iniciativas tampouco tiveram êxito e, em meio a tantos fracassos, Ela é contatada pelos céus:

A VOZ: (*Ofegante. De alguém que correu muito*) Alô, alô, Maria. Alô, alô, Maria. Fala...

MARIA: Meu fracasso foi geral, meu companheiro. Geral. Nem um cara que não sabia andar eu dei jeito nele...

A VOZ: (*Cansado*) Não me diga?...

MARIA: Uma coisa tão simples... porque é que você está tão cansado?

A VOZ: Nada... nada... um arco-íris encrencou, tivemos que empurrar e...

MARIA: Você esteve aqui na terra?

A VOZ: Eu?

MARIA: God. Você esteve aqui na terra, God?

A VOZ: Vê lá... me crucificam de novo e...

MARIA: Era você o sujeito que não sabia andar, não era? Não era?

A VOZ: Está bem... está bem... fui eu... Foi a moral da peça, manja? Uma parábola, entende? Moralidade, mora? A mensagem da peça – vejamos. Você está nessa fossa porque não resolveu os problemas que parecem tão simples de resolver, não é? Mas é sempre simples pra quem não tem o problema, pra quem não está no fogo. Andar é simples, não é? Mas pra aquele cara que não sabia andar é a coisa mais complicada do mundo. É isso, minha santa. Tu chegou há duas semanas, deu uma espiada, e queria resolver tudo... porque parece simples? Calma. Eu disse calma... Tá certo, na América Latina eu escrevi certo por linhas tortas demais... fiz ela por último, já estava meio grogue... mas calma... Nada de desespero, não. Você já fez coisa à beça. Aprendeu! Vai, vamos terminar essa revista animada... é revista, não é Antonionni, não... Vamos lá... Vou botar o maior partido alto... vou botar um partidão alto. Vamos lá...[15].

14. Idem, p. 66-67.
15. Idem, p. 94-95.

ODUVALDO VIANNA FILHO: TEMAS, PERSONAGENS E NARRATIVAS 13

A exposição desse fragmento revela como a questão política foi desenvolvida de forma satírica, aliás, estratégia recorrente nas revistas. Vianinha utilizou a Virgem Maria como elo, entre diferentes cenas e situações, e lançou mão de vários recursos que compõem a estrutura da revista, tais como: a presença do coro, ora anunciando o momento seguinte, ora comentando a própria cena. Muitas vezes, essa função é executada por uma personagem ou por um grupo, não existindo apenas um único narrador, mas várias instâncias narrativas. Por exemplo, existem cenas apresentadas por um locutor de telejornal, além da utilização de *slides* compondo momentos do espetáculo, ilustrando falas e/ou propondo novas significações para o que ocorre no palco.

Ao trabalhar com referências da cultura de massa do período (peças publicitárias, programas de auditório etc.), Vianinha, sob o signo da comédia, discutiu aspectos da vida política brasileira, por meio de personagens que representam distintos segmentos sociais (operários, sambistas, generais, policiais, velhos, entre outros) ou profissões (assessora, comissário, presidente, porteiro, garçom, major). Observa-se, também, que os elementos de comicidade são, na maioria das vezes, externos à estrutura da peça, isto é, o dramaturgo tem de contar com um determinado nível de informação e com uma postura política específica, por parte do público, para que o riso se institua como tal. Dessa maneira, a força dessa narrativa cômica não está exclusivamente na forma. Pelo contrário, há que existir um pacto com a platéia, em relação ao repertório mobilizado, a fim de que o aspecto risível da situação venha à tona.

Diferentemente de *Bilbao, Via Copacabana*, *Dura Lex* estabelece uma interlocução tanto com a estrutura da revista, quanto com a revista política de Erwin Piscator. Contudo, esse diálogo já surgira anteriormente na dramaturgia de Vianinha, pois, durante a década de 1960, no CPC da UNE, esse repertório estético esteve presente na elaboração de textos como *A Mais-valia Vai Acabar, Seu Edgar* e *O Auto dos 99%* (escrita em colaboração com Antonio Carlos Fontoura, Armando Costa, Cecil Thiré, Marco Aurélio Garcia, Carlos Estevam Martins).

Em *A Mais-valia*, a partir da teoria clássica do marxismo, construiu uma reflexão bem-humorada sobre o conflito entre exploradores e explorados, numa conjugação de esforços envolvendo idéias e entretenimento. A fim de expor cenicamente os mecanismos que organizam essa relação social, elaborou personagens (Capitalista 1, 2, 3, 4 e Desgraçado 1, 2, 3, 4), representantes de categorias sociais, definidas no nível da produção, para vivenciarem situações fundadas na contradição entre capital x trabalho. Para tanto, utilizou cartazes, o contato direto entre palco e platéia – a personagem interrompendo a narrativa ficcional e dialogando diretamente com o público, muitas vezes, sobre o que está ocorrendo no próprio palco – e o coro. Embora, nesse período, Vianinha já tivesse contato com as idéias de Bertolt Brecht, não se

14 A CRÍTICA DE UM TEATRO CRÍTICO

deve ignorar que, no teatro brasileiro, as revistas de Arthur Azevedo, França Jr., entre outros autores, já utilizavam tais procedimentos, constituintes do próprio teatro de revista[16].

D 1: Viva a ordem. (*Arregaçam as mangas. Vão brigar. Outro apito-cartaz: "Já descansou pra burro!"*)
D 4: Outra vez trabalhar?
D 1: Mas nem se tem tempo de brigar aqui?
D 4: Não se pode nem meter a mão no catupiri? (*Se olham*)
Coro: Mais dois minutos de descanso!
Mais dois minutos de descanso. (*Saem levando a máquina. Continua o coro nos bastidores*)
D 2: (*Ao público*) Essa idéia daí é muito boa, sabem por quê? Vou fazer uma coisa que estou esperando há sete anos pra fazer. A última vez que eu botei o sapato, eu botei ele trocado. Num dói muito, não. Mas é que eu nunca vou pra onde eu quero. Eu aproveitava e destrocava. (*Voltam os outros. Carta – "Mais dois minutos"*)
Coro: Eu posso ser contra você.
Eu posso achar você manteiga.
Eu quero viver, deixar de sofrer.
Eu quero mulher.
Eu quero sofrer, deixar de viver.
Eu não quero nada propriamente dito.
Mas numa coisa nós estamos juntos:
Você precisa comer ô-lê-lê.
Você precisa vestir ô-lê-lê.
Eu quero mulher – a Lalá!
Nós precisamos descansar: ô-lê-lê ou a Lalá!

Enquanto cantaram, no outro canto, a moça que saiu da máquina se despede dos capitalistas e sai. Eles viram o tapume – Agora ele representa uma janela de um palacete. Somem atrás do tapume. Aparecerão de short, como estavam, mais cartola, gravata, óculos escuros. Estes apetrechos são tirados do baú à vista do público. O tapume serve de biombo também. Os desgraçados dão voltas pelo palco em passeatas. Chegam na frente da casa dos capitalistas[17].

O espírito de denúncia e a dimensão crítica compuseram também *O Auto dos 99%*, no qual a estrutura universitária é criticada, com o objetivo de demonstrar a urgência das reformas no ensino superior. Para tanto, os autores, por intermédio da ironia, recuperaram momentos importantes do processo histórico brasileiro, com vistas a destacar que a escolha efetuada não era a única, mas que, sob o olhar de segmentos específicos, foi a mais adequada.

Voz: Tudo era silêncio na imensa terra verde e imensa, debruçada no céu a convidar os homens à humanidade. Terra verde a prometer futuro. Tudo era silêncio.
Verdade que os rios cascalhavam um murmúrio eterno, os passarinhos pipilavam facetos, as árvores gemiam sua imobilidade no ouvido dos ventos. Mas água cascalhando,

16. Sobre este tema, consultar: Neide Veneziano, *O Teatro de Revista no Brasil: Dramaturgia e Convenções*. Campinas/ São Paulo: Ed. da Unicamp/ Pontes, 1991.
17. O. Vianna Filho, *A Mais-valia Vai Acabar, Seu Edgar*, em Y. Michalsky (org.), op. cit., p. 229-230.

ODUVALDO VIANNA FILHO: TEMAS, PERSONAGENS E NARRATIVAS 15

passarinho pipilando e árvore gemendo não quebram silêncio em prólogo de peça imbuído de doce e nacional lirismo.

Portanto: tudo era silêncio.

Água. Ah! Enxurradas de água, despotismos de água, impérios de água a prometer um povo limpo, cheiroso e macio. Naquela época havia água. É incontestável. Inúmeros documentos provam a existência de água no Brasil. Imenso Brasil, gordo Brasil, sumarento Brasil a jurar um brasileiro salomônico, cristalino, carregado de abraços e sorrisos e calma e paixão e verdade. Um povo a semear verdade e riso.

Mas, eis que... Eis que. Oh! Eis que então, oh! Então cá chegaram os portugueses. E então... Então começou o pega pra capar. Começou a nossa história do salve-se quem puder. Começou a história do Brasil, que já foi história de todo o mundo, de tudo quanto é país grande, de tudo quanto é baronete, condessa, peralvilho, mandrião que se espalharam pelos séculos.

História que já foi de todos, de todos, menos do Brasil. Brasil seco, mirrado, de costela de fora, de pires na mão.

Do outro Brasil só ficou o silêncio. Árvore secou. Passarinho, a Casa da Banha vende e diz que é frango. Água, Lacerda escondeu. Fartura. Verdura. Fartura e verdura voaram. Vamos começar da época em que tudo era verde...[18].

Dentre os textos cômicos, cabe ainda destacar *Se Correr o Bicho Pega, Se Ficar o Bicho Come* (1966), escrito em parceria com Ferreira Gullar. Sobre esse trabalho, deve-se, em primeiro lugar, observar a singularidade de sua escrita, pois os seus diálogos foram redigidos em versos e a sua estrutura narrativa concebida a partir da literatura de cordel. Ambientada no Nordeste brasileiro, a peça narra as desventuras de Roque, um agregado da fazenda do coronel Honorato, que se divide entre o amor pela filha do patrão, Mocinha, e as trapaças executadas com Braz das Flores, seu parceiro na sobrevivência.

Roque é uma personagem anti-heróica, na medida em que sobrevive de pequenas trapaças, contribui com a intriga entre os poderosos, alia-se às mulheres (Zulmirinha, esposa de Requião, e Mocinha, filha do coronel Honorato) prestando-lhes, inclusive, favores sexuais. Desse ponto de vista, o protagonista apresenta, em sua construção, semelhanças com outras personagens da dramaturgia nordestina, tais como João Grilo, de *O Auto da Compadecida*, de Ariano Suassuna.

Essa proximidade decorre da constatação de que a sobrevivência é o eixo condutor da ação dos mais pobres. Dessa forma, justifica-se delatar o colega de trabalho; ludibriar a população fingindo-se de cego para obter esmolas na feira; mentir; beneficiar-se do infortúnio dos demais, entre outros expedientes, para continuar vivo. Nesse sentido, as relações são estabelecidas da seguinte maneira: aqueles que detêm o poder unem-se em defesa de suas posições e interesses, porém tramam constantemente uns contra os outros. Por sua vez, os segmentos menos favorecidos trapaceiam entre si para auferirem as melhores

---

18. O. Vianna Filho; Antônio Carlos Fontura; Armando Costa; Carlos Estevam Martins; Cecil Thiré; Marco Aurélio Garcia, *O Auto dos 99%*, em *Arte em Revista*. Ano 2, n. 3. São Paulo: Kairós, 1980, p. 89.

16 A CRÍTICA DE UM TEATRO CRÍTICO

oportunidades. Vêem-se como adversários e, com isso, estabelecem acordos pontuais com políticos e coronéis.

Alternando situações em que predomina a farsa com outras que enfatizam os interesses imediatos, *Se Correr o Bicho Pega, Se Ficar o Bicho Come* é uma interlocução dos dramaturgos com elementos da cultura popular nordestina, com o objetivo de desenvolverem textos teatrais capazes de dialogar com a população, por meio de seus códigos culturais, como pode ser observado no seguinte trecho:

> ROQUE: Ah, *seu* das Flores,
> Não cometa essa insolença.
> BRÁS DAS FLORES: Insolenço, sim, não saio.
> Nem que me toque a ferrão.
> ROQUE: Das Flores, não me diga asneira,
> Que sou bom na profissão,
> Sei usar de violência
> E arrebento até irmão
> mesmo assim com caganeira.
> BRÁS DAS FLORES: Prefiro. É caso pensado:
> se saio sem resistência
> fico desmoralizado,
> não vou mais nem ter coragem
> de lembrar do meu passado.
> ROQUE: É pensamento bonito
> mas por demais complicado.
> Você quer levar cacete
> para ficar confortado,
> então vou lhe dar porrada
> conforme está combinado.
> BRÁS DAS FLORES: Fala feito Coronel,
> Devia estar do meu lado.
> Me expulsa pro seu patrão
> ficar bem impressionado,
> pra ver se lhe apanha a filha
> que é essa a tua esperança.
> É, você é feito eu:
> só que eu lhe roubo algodão
> e você, a confiança.
> ROQUE: Bom, vai apanhar dobrado:
> porque sou profissional
> e também, viu, *seu* das Flores,
> porque usou confissão
> que eu lhe fiz dos meus amores
> num momento de aflição.
> BRÁS DAS FLORES: Mas de pau? Não é preciso,
> não vê que estou desarmado?
> ROQUE: Sucede que eu sou quem expulsa
> e você é o expulsado[19].

19. O. Vianna Filho; Ferreira Gullar, *Se Correr o Bicho Pega, Se Ficar o Bicho Come*. Rio de Janeiro: Civilização Brasileira, 1966, p. 11-12.

Desse percurso pelas comédias depreende-se que Oduvaldo Vianna Filho mobilizou referências estéticas que permitiram a dinamização de seu repertório, à luz dos temas e das situações abordadas. A comédia de costumes e os elementos do teatro de revista forneceram subsídios fundamentais tanto para a confecção das tramas quanto para a composição das personagens. Porém, à medida que sua dramaturgia engajou-se, esse repertório passou a dialogar com conquistas formais do denominado "teatro de esquerda", especialmente com as contribuições de Erwin Piscator e de Bertolt Brecht, das quais ele se aproximou na década de 1960, a partir da agitação política (*agitprop*) e da dimensão épica da narrativa.

Como foi demonstrado, a sua primeira peça foi uma comédia, com personagens tipificadas e bem definidas em relação à trama vivenciada. Por exemplo, em *Bilbao, Via Copacabana* a percepção crítica advém da origem social da personagem Rainha, que constrói uma relação de desconfiança com Pablo, ao passo que a ingenuidade da Patroa é resultante de suas aspirações de ascensão social, em acordo com as expectativas de classe média baixa. Essa temática também está presente em *Allegro Desbum*, onde as personagens, a partir de seus desejos de consumo e de condição social, comentam a decisão de Buja, em abandonar um emprego de alta remuneração, por discordar dos métodos e dos objetivos do mercado publicitário.

Esses dois textos, marcados por uma postura crítica em relação aos valores predominantes no mundo capitalista, têm na comédia de costumes um importante instrumento na composição do próprio espetáculo. Além disso, a aproximação entre as peças demonstra que, na dramaturgia de Vianinha, há pressupostos artísticos provenientes do repertório intelectual e estético que o formou em um primeiro momento. A elaboração de um texto dinâmico, com personagens, estrutura e ritmo definidos, diálogos ágeis tornaram-se a base a partir da qual o autor desenvolveu a sua carpintaria teatral.

No entanto, as escolhas estéticas de Vianna Filho foram redefinidas, em fins da década de 1950, pelo impacto das discussões que visavam a construção de uma dramaturgia nacional e crítica, impulsionada por *Eles não Usam Black-tie*. Nesse processo, a comédia de costumes cedeu lugar à revista política, a fim de que fosse construído um diálogo explícito com as páginas de jornal e com os principais acontecimentos do período. Todavia, após o golpe de 1964, as iniciativas do PCB em favor da cultura popular o reaproximaram de gêneros tidos como populares no teatro: a revista e a comédia de costumes.

Vianinha não se apegou a uma estrutura dramática fixa na elaboração das comédias, porque os temas, e o tratamento dado a eles, requisitaram uma flexibilidade no repertório cômico: comédia de costumes, revista política e teatro de agitação. Assim, no período em que esteve comprometido com as atividades do CPC, a comicidade esteve a servi-

18 A CRÍTICA DE UM TEATRO CRÍTICO

ço de uma causa, predominou a revista política e o teatro de agitação. Tempos depois, na militância em favor da resistência democrática, a comédia de costumes foi uma das formas utilizadas para participar do debate político e cultural do período.

O DRAMA, SUAS FORMAS E TEMAS NO BRASIL PRÉ-1964

No que diz respeito à forma dramática, encontra-se o mesmo procedimento presente nas comédias. *Chapetuba Futebol Clube* foi elaborada a partir dos anseios suscitados por *Eles não Usam Black-tie*, que se tornou o elemento norteador dos Seminários de Dramaturgia, atividade implementada pelo Teatro de Arena em fins da década de 1950. Sobre esse aspecto, vale recordar as considerações de Vianna Filho:

> Os movimentos nacionalistas do nosso teatro – um procurando fazer com maior precisão o que já não surte efeito no estrangeiro; o outro, dirigindo-se para a necessidade de conceituação das próprias bases econômicas e sociais que originam esta fase do teatro – estão presentes tanto em *Black-tie* como em *Chapetuba*. *Black-tie*, no entanto, aproxima-se mais da segunda corrente. *Chapetuba* marca passo na primeira.
>
> As diferenças não surgiram de diferentes intenções. *Chapetuba* também pretendeu abordar o fenômeno do futebol segundo uma realidade que o condiciona. Mas, sem o material que define com maior precisão a luta de classes, que são as relações de produção das quais a greve é um fenômeno tão característico – ficou e teria que ficar – aquém da segurança, clareza e objetividade de *Eles não Usam Black-tie*.
>
> O central, porém, é que as duas sofrem muito da anarquia e da fragilidade da mecânica transposição do problema do nacionalismo para a cultura, tendo como base comum o enquadrar dos problemas com uma ética pequeno-burguesa do bem e mal, justo e injusto – (o que nos desconforta em *Black-tie* é antes a dissolução da família do que a própria constatação da necessidade de greve) e assim em *Chapetuba* – aceitando a tradição moral que nos foi legada por uma cultura ausente do desenvolvimento necessário de nossa realidade, exigindo uma atitude ética que antecede o conhecimento e caracterizando, de alguma forma, a sucessão trágica dos acontecimentos como um abandono das posições morais eternas e paradonas do homem[20].

Tais ponderações revelam aspectos do debate político e cultural disseminado entre os artistas comprometidos com o diálogo arte e sociedade. A idéia de *nacional*, para aqueles que atuaram no Teatro de Arena, traduziu-se numa aproximação de temas interpretados como vivência das camadas populares, e *Black-tie* transformou-se no parâmetro daquele teatro engajado. Dessa feita, as peças, em sua maioria, tiveram como protagonistas camponeses e operários, submetidos a diferentes formas de exploração, com o intuito de contribuir com o processo de politização da sociedade. No entanto, as advertências de Vianinha expõem aspectos que, posteriormente, serão apontados por

20. O. Vianna Filho, *Black-tie, Chapetuba e o Nacionalismo*, em Y. Michalski (org.), op. cit., p. 88-89.

ODUVALDO VIANNA FILHO: TEMAS, PERSONAGENS E NARRATIVAS 19

vários críticos dessa dramaturgia: a predominância de juízos de valor na condução e no desfecho dos conflitos, em detrimento de reflexões acerca das condições sociais e econômicas que ordenam o cotidiano das personagens.

No que se refere a *Eles não Usam Black-tie*, embora a peça verse sobre os conflitos entre pai e filho, estes eram mediados pela atuação sindical do protagonista (Otávio) e de seu antagonista (Tião). Conquanto a ambientação cênica fosse o morro e o barraco de Otávio e Romana, a ênfase dramática foi estabelecida nos laços de solidariedade e de companheirismo dos moradores, nas questões atinentes às relações de produção e à necessidade de organização sindical para enfrentar as condições objetivas de sobrevivência, propiciando que os conflitos fossem traduzidos de maneira clara e concisa.

Já a peça *Chapetuba Futebol Clube*, como bem observou seu autor, "pretendeu abordar o fenômeno do futebol segundo uma realidade que o condiciona. Mas, sem o material que define com maior precisão a luta de classes, que são as relações de produção das quais a greve é um fenômeno tão característico – ficou e teria que ficar – aquém da segurança, clareza e objetividade de *Eles não Usam Black-tie*"[21]. Essa constatação de Vianna Filho, por um lado, apresentou-se, naquele momento, como uma limitação do texto em compreender os mecanismos que organizavam a relação futebol/sociedade. Mas, de outro lado, revelou um aspecto que posteriormente marcou a sua produção teatral, a saber: a importância das relações simbólicas na constituição das dinâmicas sociais, políticas e econômicas.

A estrutura dramática de *Chapetuba* foi confeccionada a partir de uma situação material definida: final da Segunda Divisão do Campeonato Paulista entre o Chapetuba e o Saboeiro. Os acontecimentos, nas cenas iniciais, apresentados como uma atividade lúdica, envoltos em sonhos coletivos, adquiriram contornos econômicos com a personagem Benigno. Esta deflagra o conflito dramático ao oferecer dinheiro a Maranhão, goleiro do Chapetuba, para que o Saboeiro vença a disputa, sob o argumento de que a cidade enriqueceu com o plantio de café e, com isso, teria o perfil econômico mais adequado às expectativas da Federação de Futebol para aumentar a receita do Campeonato Paulista da Primeira Divisão. O aspecto econômico, que motiva as ações de Benigno e Maranhão, não está presente na conduta das outras personagens. Com isso, um conflito mais amplo se estabelece em dois níveis. No primeiro, a vitória do coletivo, pelo trabalho e dedicação, simbolizada pelo Chapetuba e, no segundo, a resolução individual dos problemas de Maranhão.

A oposição entre indivíduo e coletivo já estivera em cena nessa dramaturgia nacional e crítica. *Black-tie* também tem a sua estrutura

21. Idem, p. 88.

dramática assentada nessa forma de conflito: Otávio organizava suas ações em termos de uma perspectiva coletiva, ao passo que Tião agia e compreendia o processo por meio de interesses individuais. Como foi observado anteriormente, o tema da greve propiciou o dimensionamento das fronteiras entre essas duas percepções.

Todavia, em *Chapetuba*, o conflito precisou ser mediado, a fim de que o mesmo ganhasse veracidade. Para tanto, vem a público o espírito de solidariedade, apesar das divergências do cotidiano, e a subjetividade dos jogadores. Materializam-se no palco o amor de Bila por Fina (aliás, este jovem casal possui no espetáculo uma função dramática semelhante a Chiquinho e Terezinha em *Black-tie*, comentando o desenrolar dos acontecimentos), a ansiedade de Zito pelo iminente nascimento de seu primeiro filho, além do ocaso do veterano Durval que, após atuar em diferentes clubes do país (no decorrer da peça faz várias referências a uma temporada na Itália), se vê descartado pela máquina do futebol. Essa personagem, alternando momentos de lucidez e de alcoolismo, assume a função crítica do processo, porque, ao mesmo tempo em que almeja o seu retorno a um grande time, o Flamengo (RJ), tem consciência de que o mundo do futebol não é feito de sonhos, e o jogador é uma mercadoria, uma simples peça da engrenagem esportiva e econômica. Apesar dessa clarividência, Durval compartilha com os jovens o desejo sincero de vencer a competição, como também entende e até justifica a opção de Maranhão em proteger seus interesses imediatos, visto que, com o passar dos anos, o profissional é dispensado, sem que seja considerado o seu grau de dedicação e de afeto para com aquele time.

> Zito: São eles que gostam de nóis.
> Durval: Gostam nada, viste? Eles esquecem... chega um dia, tu é nada. Chega um dia tem outro que faz o que tu faz, até vim um outro pro outro. Eles esquecem...
> Zito: Não, Durval.
> Durval: Cala a boca que eu sei o que tô dizendo! Tu qué discuti comigo? Quem qué discuti comigo?
> Zito: Durva, por favô...
> Durval: Junta todo o dinheiro que tu ganhá, nenê. Ouve isso... num fica assim.
> Zito: Assim?
> Durval: Assim: eu, nenê. Eu. O Durva! Num fica nunca assim, nenê. Não pensa nunca em ficá desse jeito que tu tá vendo! Não me olha co'essa cara de pena! Larga o futebol. Futebol é nada... futebol é vazio.
> [--]
> Durval: Não diz assim de novo! Quem manda é essa gente que fica sentada, torrando no sol. Essa gente que não sabe de nada! Eles querem berrá... Gente que chora por causa de uma partida de futebol, nenê!
> Zito: Chora e ri. Isso é bonito, Durval. Futebol junta gente que nem se conhecem pra sê irmão... pra se querê. Tudo fica um!
> Durval: Na hora, nenê. Na hora que tu tá ouvindo... depois... um dia tu pára e pensa. Tu descobre que passou a vida toda chutando uma bola de futebol. Tu descobre que eles choraram por causa disso. Tu teve fotografia em jornal... teve berro no teu ouvido e tu não é nada.

ODUVALDO VIANNA FILHO: TEMAS, PERSONAGENS E NARRATIVAS 21

[--]
ZITO: Durva. Cê qué o quê?
DURVAL: Junta dinheiro, nenê. Num fica velho sem dinheiro. Num fica velho.
Promete. Promete. Tô dizendo pra prometê!
ZITO: Prometo.
DURVAL: Te largam. Te esquecem no lá atrás. Põem em tu medalha no peito... tu
termina o álbum de recorte. Tu não pode ficá de pé, nenê! Tu não pode...
[...]
ZITO: E o Flamengo?
DURVAL: Tu acredita no Flamengo? Tu é bobo assim? Pra onde? Pra onde, nenê?
Me diz se tu é capaz! Museu, né? Empalhado no museu?
[...]
DURVAL: E eu também vô berrá que já acabei, Zito? Pra me mandarem mais embo-
ra? Pra montá mais nas minhas costa? Não dá, Zito. Não valho mais um tusta robado.
Durva acabô... acabô de acabá. Mengo é balão. Vai caí lá adiante. Tudo é balão.
ZITO: Tudo, Durva?
DURVAL: Minha mulhé tá me esperando? Diz? Responde! Tu tem de acreditá em
mentira! Os herdeiro...
[--]
DURVAL: Tu é moço Zito. Tu é bom menino. Aproveita e foge... some! Depois só
fica um álbum de recorte amarclo...
ZITO: Não, Durva. Tá errado...
DURVAL: Nem vontade de chegá mais. Não me machuquei no domingo, nenê! Tu
nunca percebe nada, né? Tu nunca viu dessas coisa que eu te digo? Tô grudado no
chão. Minhas perna não obedece mais! Elas tão me enterrando no chão... Saí por isso.
Num agüentava dá mais um passo... mais um passo. Um daqui até ali eu caía. Ri agora!
Ri agora... diz que é bom. Acende os olhos! Tu achou feio? Tu achou feio isso que eu
fiz? Eu posso querê... querê é com a cabeça... futebol é com as pernas...[22].

Vianinha, para elaborar essa narrativa, concebeu personagens que,
em linhas gerais, compõem tipos sociais (oriundos de segmentos não
privilegiados, baixa escolaridade e motivados por sonhos e ideais),
com exceção de Paulinho, jogador do Chapetuba e filho do patrocinador
do clube, que se integra ao grupo por amor à camisa. Como a temática
dialoga com campos simbólicos, as personagens tiveram de ser
nuançadas, isto é, a confecção das mesmas não pôde estar atrelada a
uma perspectiva única, já que a dedicação ao clube e companheirismo
são provenientes de componentes culturais que não puderam ser reduzidos a determinações econômicas.

Com efeito, o tema escolhido e o conflito suscitado impedem que
a questão ética torne-se um elemento secundário. Isto pode ser dito na
medida em que, se em *Black-tie* o cerne do debate apontava para uma
questão de classe social, isto é, a dimensão coletiva expressava uma
compreensão do cotidiano à luz da luta política e sindical, o tema do
futebol, por seu turno, suscitava comportamentos que abrangiam tanto
a postura do jogador, integrante de uma equipe que poderia se benefi-
ciar com a vitória quanto a do indivíduo capaz de sonhar e, por inter-

22. O. Vianna Filho, *Chapetuba Futebol Clube*, em Y. Michalski (org.), op. cit.,
p. 163-166.

médio da sua ação, estimular a perspectiva lúdica, fraterna e solidária da cidade que torcia pela vitória do time.

Essa constatação revela que os temas e os recursos dramáticos utilizados por Vianinha, naquele momento, não estavam reduzidos a uma concepção classista de mundo. Em outros termos, se a luta de classes, em tais circunstâncias, era o motor da história para o dramaturgo, esse motor era movido também por sonhos e gestos de solidariedade, que não se apresentaram de forma maniqueísta. Por exemplo, as motivações de Durval eram distintas das de Zito, mas ambas irmanavam-se na busca da vitória e de uma idéia de felicidade. Por essa razão, as personagens foram impregnadas de expectativas individuais que só se concretizariam pelo gesto coletivo.

Desse ponto de vista, o olhar de Vianna Filho, para o seu texto, é de insatisfação, porque a sua intenção inicial era a de encontrar o "homem social" tragado pelo mecanismo das relações capitalistas, que ordena as regras da disputa. No entanto, se esse objetivo não se viabilizou na construção narrativa, a impotência dos indivíduos diante das regras impostas pelos interesses econômicos revelou-se muito mais forte e com grande intensidade dramática. Assim, as motivações individuais, componentes imprescindíveis de uma dramaturgia que estava sendo criticada por aqueles que se propuseram a realizar um teatro nacional crítico, tornaram-se fundamentais no decorrer da ação em *Chapetuba Futebol Clube*.

Por sua vez, em *Quatro Quadras de Terra* (1963), Vianinha, com o intuito de dar continuidade a esse tema, mas sem cair nas armadilhas propiciadas pelo convite a julgamentos morais, elegeu um conflito que, até hoje, continua central na sociedade brasileira: a questão agrária. Tendo como eixo do drama os interesses dos trabalhadores rurais, de um lado, e os do proprietário da terra, de outro, o espectador/leitor está diante de uma situação há muito conhecida: ao mudar a sua área de atuação econômica – no caso da peça, a substituição do plantio de algodão pela criação de gado –, o latifundiário ordena ao seu capataz que acerte as contas com os lavradores (comprando o algodão pelo menor preço e sem indenização alguma), seja de maneira consensual, seja pelo uso da força.

O centro da ação dos camponeses é a casa da família de Jerônimo, onde vivem a esposa, Xavier, o pai, Farfino, e os filhos Demétrio e Ranieri. Trabalhador antigo da fazenda e compadre do coronel Salles, Jerônimo é a pessoa a quem todos recorrem quando das ameaças de Miguel Encarregado, para que eles aceitem o que lhes foi oferecido para saírem da região.

Estabelecida a situação, vários posicionamentos são apresentados. Existem aqueles que aceitam, sem discutir, as ordens do proprietário. Outros, como Demétrio e Mé, não acreditam que as intenções do fazendeiro sejam favoráveis a eles. Já Jerônimo crê que, com a chegada

ODUVALDO VIANNA FILHO: TEMAS, PERSONAGENS E NARRATIVAS 23

do coronel, os direitos serão respeitados, os mal-entendidos desfeitos
e que, em última instância, os agricultores permanecerão na terra, na
qual trabalharam durante muitos anos. Todavia, essa expectativa se
desfaz no seguinte diálogo:

> JERÔNIMO: Vosmicê nunca que aparece, compadre. Perca uns minutos. *(Sentam-se)* Essa cadeira é meio bamba, doutor... *(Risos)* Compadre, olhe estive pensando, já encontrei jeito pra vosmicê e pra nós, até que no ano passado já falei pro doutor Justino. Compadre, botando canalete no sítio, puxa água do rio, a terra fica melhor, aí vem algodão feito neve e soluciona pra vosmicê e também ajeita a nossa vida...
> CORONEL: Eu vou criar gado aqui, compadre... *(Silêncio. A família se olha)*
> JERÔNIMO: É, mas se vosmicê ajuda a pôr canelete, é só por empréstimo, aí vem algodão feito neve e já solucionava pra vosmicê e também ajeita a nossa vida...
> CORONEL: *(Tira um papel do bolso)* Já tenho a ordem de despejo, compadre...
> JERÔNIMO: Mas se vosmicê, é só um empréstimo, põe canalete e puxa a água do rio e a terra dá que vem algodão feito neve e já solucio...
> CORONEL: Mais algodão, vendo aonde, compadre? Veja. É prejuízo. Não tenho estrada, não tenho trem... Não posso, Jerônimo...
> JERÔNIMO: É só um empréstimo e punha canalete aí vem algodão que já soluciona-va pra vosmicê e também ajeita a nossa vida...
> CORONEL: Jerônimo, esse é o doutor Enílton Monteiro, secretário de Justiça, vai ser o próximo governador do Estado. O Estado não tem mais dinheiro pra fazer estrada, ponte, nada. Nada, Jerônimo. Vou... botar gado na terra não é só pra mim... É dinheiro pro Estado... Pra melhorar vocês...
> [--]
> CORONEL: Pago tudo. Indenizo tudo. Casa, benfeitorias, tudo. Fale com o povo, Jerônimo. Cada um faça a sua lista do que tem e depois me apresente... Acerto tudo...
> [--]
> JERÔNIMO: Compadre, essa terra eu não ia comprar de vosmicê?
> CORONEL: Infelizmente não é mais possível, Jerônimo. *(Pausa longa)*[23]

Esse trecho apresenta as premissas que norteiam o ponto de vista
de Jerônimo e o do Coronel. O primeiro busca seus argumentos no
trabalho, na dedicação, nos anos que passou cultivando e arando aquele pedaço de terra. O segundo alicerça sua postura na opção econômica mais rentável, embora tente dar a ela um motivo nobre, pois será
para o bem do Estado e da população. Por intermédio dessas falas, o
dramaturgo revela visões de classe, isto é, a lógica que move o coronel
Salles é econômica e política. Suas ações estão de acordo com os interesses do Estado e dos grupos que o administram. Jerônimo, por seu
turno, pela incapacidade de compreender os acontecimentos, para além
das questões imediatas, é um dos grandes entraves para a organização
dos trabalhadores da fazenda.

Com o objetivo de estabelecer um contraponto a essa situação,
as personagens Demétrio e Mé buscam auxílio na cooperativa. Para

---

23. O. Vianna Filho, *Quatro Quadras de Terra*, em Y. Michalski (org.), op. cit., p. 312-314.

24 A CRÍTICA DE UM TEATRO CRÍTICO

tanto, confiscam a produção de algodão dos camponeses para que ela seja adquirida pela associação. Fazem a defesa dos direitos trabalhistas e afirmam que contam com o apoio de trabalhadores em outras fazendas. Porém, todos os projetos se esvaem com a chegada da tropa policial.

> JERÔNIMO: Você é muito menino... muito menino...
> DEMÉTRIO: O povo das outras fazendas não vem...
> JERÔNIMO: Muito menino...
> DEMÉTRIO: O povo não vem. Teve medo. A gente é muito desunido. A gente se acostuma até a ser desunido
> [--]
> SECRETÁRIO: (*Tempo*) Vou insistir mais uma vez. Por favor. O governo vai levar todo o povo para as fazendas do norte do Mato Grosso. Saem caminhões amanhã. O governo fez um esforço, votou verba especial. Pelo amor de Deus, queremos resolver isso em paz. Estamos estendendo nossa mão. Pensem nos seus filhos... (*Silêncio. O povo mais unido*)
> [--]
> JERÔNIMO: Viu, Demétrio? Viu? Eu avisei, menino. Você tinha de ouvir esse seu pai... vida não é vontade da gente, é encargo... viver não é bonito...
> DEMÉTRIO: A gente ia ter armazém só da gente, arado na terra. O mundo ia ser nosso. (*O Capitão, Mé e Filho esperam*) Não esse mundo aí fora de terra e cerca, todo calado... mundo dentro da gente, mexendo como peixe no anzol...
> JERÔNIMO: Eu avisei, Demétrio, eu vivi, eu sei...
> DEMÉTRIO: Avisou, pai... desde que nasci vosmicê avisa...
> JERÔNIMO: Não fale desse jeito, Demétrio...
> DEMÉTRIO: Pra ter o que, pai? Uma casa de farinha, dois braços e um corpo feito um saco com a vontade do Coronel dentro?
> JERÔNIMO: Você sabe que tenho razão, sabe.
> DEMÉTRIO: Tem, sim, pai. Mas é um pecado... É um pecado vossa razão... como se pode ficar tão desunido?[24].

À luz desses fragmentos, observa-se que, ao contrário de *Chapetuba Futebol Clube*, a ação dramática está estruturada no conflito capital x trabalho e na necessidade de desenvolvimento da consciência política dos trabalhadores do campo, a fim de que tenham os seus direitos respeitados. A partir dessa temática e o enfoque dado a ela, o autor conseguiu construir personagens que não necessitariam de sutilezas particulares. Pelo contrário, há uma caracterização estabelecida pelo segmento social a que elas pertencem, ou seja, esses trabalhadores rurais apresentam padrões de comportamento suscitados pela relação de subserviência ao proprietário e às autoridades locais. Conquanto o tema suscite outras perspectivas de abordagens (por exemplo, explorar aspectos do comportamento, da religiosidade, entre outros), Vianinha optou por enfatizar o conflito em dois aspectos. O primeiro relaciona-se à questão histórica e estrutural atinente à propriedade da terra que, evidentemente, envolveria uma idéia de transformação mui-

24. Idem, p. 361, 362 e 365.

to mais abrangente e radical. O segundo destacou os impasses envolvendo os próprios trabalhadores e a incapacidade dos mesmos de visualizar os acontecimentos além do impacto sobre as suas vidas. Em suma, *Quatro Quadras de Terra* é uma exposição dos motivos que justificam a ausência de *espírito coletivo* no campo, ao mesmo tempo em que apresentava a urgência em se romper comportamentos e obediências que impediam, em última instância, o esclarecimento e a organização.

Essa preocupação manteve-se e foi aprofundada em *Os Azeredo Mais os Benevides* (1964). Se em *Quatro Quadras* o conflito foi apresentado por meio do *drama*, com personagens assumindo a condição de protagonistas e antagonistas, em *Os Azeredo Mais os Benevides* os conflitos não são vivenciados. Pelos diálogos são narradas as trajetórias de Espiridião Azeredo e de Salustiano Alvimar. O primeiro, após a crise financeira que se abate sobre sua família, vai para a Bahia, assumir as terras que estão abandonadas, a fim de recompor a situação econômica. Alvimar, por sua vez, é um dos muitos trabalhadores rurais que viajavam pelo país em busca de um pedaço de terra para cultivar. Com capacidade e disposição para o trabalho, tornou-se o empregado de confiança de Espiridião.

> ALVIMAR: (*Alvimar continua trabalhando sozinho. Espiridião entra. Com embrulhos. Fica olhando um longo tempo. Alvimar o percebe*) E, doutor... vosmicê está aí... eu...
> ESPIRIDIÃO: Vai descansar, Alvimar...
> ALVIMAR: Já vou, sim senhor... Vosmicê está chegando agora?
> ESPIRIDIÃO: É. Fui até Taquatinga, Salvador...
> ALVIMAR: Vosmicê também precisa de descanso... (*Pausa. Espiridião desembrulha*)
> ESPIRIDIÃO: Charque só arranjei em Taquatinga... Leve um pouco... (*Vai dando*) Querosene, sal, açúcar...
> ALVIMAR: Charque bonito... (*Espiridião anota. Pausa*)
> ESPIRIDIÃO: Isso aqui ainda fica verde, Alvimar. Um mundo de casa caiada, com chaminé, cidade ali, apito de trem, gente... cheio de gente. Isso não me sai da cabeça...
> ALVIMAR: Nem da minha, doutor...
> ESPIRIDIÃO: É difícil.
> ALVIMAR: É
> ESPIRIDIÃO: Fui falar com o governador, só consegui falar com o terceiro secretário, queria ver se dava prá puxar um ramal da RV-15...
> ALVIMAR: ... a RV-15...
> ESPIRIDIÃO: ...Pegava fumo em Taquatinga, cacau aqui. O trem sobe prá Salvador com trezentos e cinqüenta metros cúbicos sem carga...
> ALVIMAR: ...metro cúbico...
> ESPIRIDIÃO: ...que precisa esperar o plano do Ministério da Viação...
> ALVIMAR: ...o ministério... (*Pausa*)
> ESPIRIDIÃO: Faz quase um ano que vim, escrevi, minha família não respondeu... (*Pausa*) Siá Rosa não tem família?...
> ALVIMAR: Sei, não senhor...a gente se fala pouco, fica trabalhando assim... (*Silêncio. Espiridião pega a foice. Corta*)
> ESPIRIDIÃO: Não corta?

26 A CRÍTICA DE UM TEATRO CRÍTICO

ALVIMAR: Não é de assim, doutor... é de assim... (*Espiridião ri. Alvimar ri*) (*Tempo. Os dois ficam em silêncio cismando juntos*)[25].

Essa identificação de propósitos vai, no decorrer da narrativa, sendo desconstruída pela dinâmica de interesses, que envolvem os grupos sociais aos quais as respectivas personagens pertencem. No início, há uma comunhão em torno da produção de cacau, que começa a prosperar. Espiridião e sua família passam, novamente, a desfrutar de uma situação econômica favorável. O casamento de Espiridião Azeredo com Sílvia Benevides realiza-se. Assim, à medida que o empreendimento propicia retorno financeiro, é necessário que os Azeredos mais os Benevides sejam capazes de estar em lugares de decisão. E aquele ideal, a princípio, compartilhado com Alvimar, vai revelando, no nível da narrativa, a sua natureza econômica que, para ser eficiente, tem de estar articulada a atuações no judiciário, no executivo e no legislativo.

Nessas circunstâncias, se a fazenda e o cacau passam a ser um dos interesses de Espiridião, para Alvimar eles são a base de sua existência social e econômica, porque, além de trabalhar a terra, ele passa a administrar um pequeno bar, que aufere lucro com as péssimas condições de vida de seus companheiros de trabalho. Porém, quando o alcoolismo passa a interferir no rendimento da produção, Espiridião não hesita em fechar o negócio. Essa atitude coincide com o momento em que o cacau vai perdendo competitividade no mercado.

A produção vai minguando ano a ano, o proprietário da fazenda diversifica suas atividades, a fim de manter sua lucratividade e capacidade de consumo. Ao antigo parceiro restam o abandono, a falta de oportunidade e a luta pela sobrevivência. Nesse ínterim, Alvimar perde três de seus quatro filhos e o que sobreviveu, afilhado de Espiridião, que mora na cidade com o padrinho, é obrigado a retornar para a fazenda, para garantir a sobrevivência dos pais.

A miséria abate-se sobre os colonos e aqueles que lucraram, em tempos de fartura, eximem-se de qualquer responsabilidade. Entretanto, Espiridião, filho de Alvimar e afilhado de Espiridião Azeredo, lidera os camponeses em um saque na cidade, não poupando, inclusive, a casa de um dos últimos investidores na região. A situação foge ao controle das autoridades e o padrinho é chamado para ajudar a controlar a rebelião. O jovem Espiridião tornou-se uma ameaça pelo mau exemplo de seu gesto. Por isso, a única solução possível é a sua morte.

Velório na casa de Alvimar. Camponeses. Lindaura e Alvimar sentados ao lado do filho estendido na mesa. As pernas sobram. Silêncio total.

ALVIMAR: Ele era tão bom quanto o rei do coração, não era?
LINDAURA: Era

25. O. Vianna Filho, *Os Azeredo Mais os Benevides*, p. 12-13. (cópia xerox, disponível na Biblioteca do Museu Lasar Segall – São Paulo – SP).

ODUVALDO VIANNA FILHO: TEMAS, PERSONAGENS E NARRATIVAS 27

ALVIMAR: Me chamou de santo, não foi?
LINDAURA: Foi.
ALVIMAR: Tenho tanto vontade de chorar.
LINDAURA: Chore.
ALVIMAR: Tenho vergonha. Quantos anos ele tinha?
LINDAURA: Dezenove.
ALVIMAR: Como é que se mata um menino de dezenove anos que me dava sustento?
LINDAURA: Fale baixo...
ALVIMAR: Esse doutor que eu ajudei tanto me mata o menino! Interesseiro, interesseiro! Digo isso na cara dele, Lindaura!
LINDAURA: Fique quieto. (*Um tempo. Doutor Espiridião entra. Todos se levantam tensos. Doutor calmo. Vai até o filho. Olha. Passa a mão no rosto do menino. Emocionado. Reza*) (*Tempo*) (*Olha Alvimar*)
ESPIRIDIÃO: Alvimar, foi preciso fazer isso. Eu faria isso mesmo que fosse com meu filho...
ALVIMAR: Sei...
ESPIRIDIÃO: Mesmo que fosse meu filho...
ALVIMAR: Era tão menino.
ESPIRIDIÃO: Foi preciso.
ALVIMAR: Me dava meu sustento.
ESPIRIDIÃO: Eu sei, Alvimar.
ALVIMAR: Me chamou de santo.
ESPIRIDIÃO: Alvimar.
ALVIMAR: Vosmicê, lhe quis tanto bem...
ESPIRIDIÃO: (*Dá um dinheiro*) Tome, Alvimar. É dez contos de réis. Prá você enterrar o menino e enfrentar o que vem aí. Tem dinheiro até prá por uma casa em algum canto. Não posso fazer mais nada. (*Estende o dinheiro. Alvimar olha.*)
LINDAURA: (*Enquanto Alvimar olha Espiridião*)
    Alvimar pensou
    Olhou o doutor
    Nos olhos a dor
    Vingança chegou
    Levantou a mão,
    cheio de não,
    a raiva na alma,
    o fim da calma.
    A mão levantou
    e a mão parou.
    A sua vontade, Alvimar?
CORO: Morreu no mar.
LINDAURA: Sua força, Salustiano.
CORO: Já passou tantos anos.
LINDAURA: Como é bonita a submissão
    Alvimar não sabe dizer não.
ALVIMAR: (*Pega o dinheiro*) Agradecido, doutor...eu...lhe agradeço...
    Esse dinheiro me ajeita tanto...Eu... (*Abraçam-se*) Deus lhe pague, doutor. Deus lhe pague!
LINDAURA: (*Canta*) Uma funda amizade
    Aqui continuou
    Um doutor de verdade
    Um camponês, meu amor[26].

26. Idem, p. 59-60.

28 A CRÍTICA DE UM TEATRO CRÍTICO

A situação dramática, que encerra o texto, expõe com clareza a maneira pela qual as personagens foram construídas. Elas não externam suas individualidades, tampouco estabelecem vínculos afetivos. As reverências e as discordâncias constroem-se pelo aspecto socioeconômico. Assim sendo, os proprietários, no desenrolar da exposição, articulam-se a partir de seus interesses de classe, ao passo que os camponeses, às voltas com a sobrevivência imediata e com a ascensão individual, não desenvolvem uma percepção coletiva. Isso, de certa forma, explica o acúmulo de derrotas dos trabalhadores no processo histórico. Um exemplo disso pode ser encontrado no epílogo de *Os Azeredo Mais os Benevides* e no de *Quatro Quadras de Terra*: os agricultores são transportados de um lugar a outro, para desbravar terras, enriquecer proprietários e serem abandonados à própria sorte com o declínio da cultura de plantio. No entanto, do ponto de vista estrutural, *Quatro Quadras* apresenta o drama a partir de uma situação consumada. Já a peça *Os Azeredo Mais os Benevides* expõe os argumentos que justificam a impossibilidade da aliança entre proprietários e trabalhadores rurais.

Nesse sentido, a proposta do dramaturgo é a de que as trajetórias de Espiridião Azevedo e Salustiano Alvimar sejam apreendidas criticamente, isto é, que o espectador/leitor não se veja enredado em juízos de valor e/ou análises dicotômicas que, muitas vezes, se traduzem na luta do bem contra o mal. Com esse objetivo, além das personagens construídas a partir de seus lugares sociais, da narrativa épica, Vianinha utilizou o *coro* e a música, para comentar situações e/ou apresentar conclusões. Em termos dramatúrgicos, *Os Azeredo Mais os Benevides* é um texto elaborado a partir da idéia do *distanciamento* brechtiano, com o intento de promover compreensões críticas do processo histórico brasileiro sobre a questão agrária, ao invés de trabalhar com sentimentos de solidariedade e de indignação com a injustiça, percebidos tão somente pela relação Espiridião/Alvimar e não pela condição de classe e de estrutura econômica e política.

Esses recursos estéticos compuseram também a peça *Brasil – Versão Brasileira* (1962). Ao tratar de questões referentes ao movimento operário e das possibilidades advindas da aliança entre trabalhadores e o empresariado brasileiro, para o empreendimento de uma revolução democrático-burguesa com cunho nacionalista, esse texto operou sob duas narrativas. A primeira diz respeito ao movimento sindical e às distintas facções nele existentes (desde o sindicalista ausente das discussões políticas até os integrantes do PCB; um é defensor de uma prática ortodoxa, o outro mais afeito ao entendimento com os demais setores). A segunda apresenta os caminhos trilhados pela elite econômica e pelos dirigentes políticos.

Estabelecidos os conflitos, cada um deles terá uma narrativa específica, sendo que os dos operários são apresentados sob o viés dramático, porque há uma causa a defender: o apoio à indústria nacional para que não sejam feitos acordos com empresas multinacionais. Explicitado o propósito, os protagonistas e os antagonistas apresentam, em cena, seus argumentos e, com eles, revelam níveis de compreensão acerca da conjuntura política e econômica do país. De fato, estar aberto à política de alianças, compreender que o momento era o de união das denominadas forças nacionais foi a bandeira defendida pelo texto. Embora Vianinha tenha demonstrado a diversidade de opiniões e de condutas, no nível dramático e político existia *a priori* a escolha correta.

A opção pelo drama, com o intuito de obter eficácia política, atingiu seus objetivos: divulgar a mensagem adequada para aquela circunstância. No que diz respeito às relações de poder (empresários x multinacionais; empresários x trabalhadores; empresas brasileiras x presidência da República; governo x empresas internacionais), o tratamento épico, inclusive com a utilização de *slides*, possibilitou que fossem apresentados contrapontos entre as falas das personagens sobre os desdobramentos de determinadas escolhas. Assim, os recursos narrativos dramático e épico, em *Brasil – Versão Brasileira* permitiram que um tema – a união entre operários e empresários nacionais – fosse discutido sob diversos aspectos[27].

No que se refere aos dramas escritos por Oduvaldo Vianna Filho, no período anterior ao golpe de 1964, constata-se que os mesmos foram confeccionados à luz do impacto causado por *Eles não Usam Black-tie* nos jovens artistas interessados em aprofundar o diálogo teatro e política. Nessas circunstâncias, o *locus* privilegiado dessa interlocução foi o texto teatral.

As personagens, geralmente trabalhadores urbanos e rurais, à exceção de *Chapetuba Futebol Clube*, tiveram suas ações desenvolvidas a partir da estrutura econômica. Por isso, as suas composições não apresentaram nuanças psicológicas, nem tiveram suas individualidades destacadas. Elas personificaram tipos sociais e categorias econômicas inseridas em estruturas narrativas que se alternaram entre o dramático e o épico.

FRAGMENTOS, DÚVIDAS E INCERTEZAS: O DRAMA SOB A DITADURA MILITAR

Após o golpe de 1964, esgotou-se aquela concepção dramática que se coadunava com as expectativas de uma conjuntura revolucionária. Diante da nova realidade, mesmo confrontado com iniciativas que

---

27. Para maiores informações sobre *Brasil – Versão Brasileira*, consultar: Thaís Leão Vieira, *Vianinha no Centro Popular de Cultura (CPC da UNE):* nacionalismo e militância política, *Brasil – Versão Brasileira* (1962). Uberlândia, 2005. Dissertação (História) – Instituto de História, Universidade Federal de Uberlândia – MG.

30 A CRÍTICA DE UM TEATRO CRÍTICO

apostaram na radicalidade, Vianinha manteve-se em sintonia com a idéia de que todos os esforços deveriam ser empregados para a constituição de um acúmulo de forças, em favor de uma frente de resistência ao arbítrio. Isso significa dizer que seus textos, desse período, são expressivas representações da dramaturgia de resistência.

Os acontecimentos de 1964 apresentaram para Vianinha importantes questões acerca de sua própria atividade profissional, embora, naquelas circunstâncias, muitas possibilidades poderiam ser aventadas. No entanto, para alguém tão envolvido com a instrumentalização da arte, em favor de uma transformação social, os novos rumos do país colocaram-lhe, de maneira contundente, a indagação: o que é ser intelectual e/ou artista em uma sociedade de classes?

Com a intenção de refletir sobre essa questão, até 1974, ano de sua morte, Oduvaldo Vianna Filho centrou suas preocupações nas seguintes temáticas: 1. limites da ética e do compromisso ideológico em uma sociedade de mercado; 2. impacto da indústria cultural na atividade artística e no trabalho intelectual. Sobre as mudanças ocasionadas pelo golpe de 1964, assim se manifestou:

a diferença que eu acho mais marcante é o problema da discussão, do debate, a riqueza do debate de antes de 64. [...]. Antes de 64 era institucional, era orgânico, fazia parte da realidade, não era uma coisa que você tinha que impor à realidade e lutar: fazia parte da realidade, debates constantes, conferências, assembléias, cursos, trocas de impressão, seminários de dramaturgia, laboratórios de interpretação. Isso do ponto de vista do teatro. Eu me lembro que também isso acontecia em todos os outros campos, conferências constantes. O Teatro Cultura Artística, lá de São Paulo, que tem mil e poucos lugares, constantemente estava cheio, com conferências de escritores sobre literatura brasileira. Havia o Iseb, que dava cursos de História do Brasil, problemas da cultura brasileira eram permanentemente levantados, os *Cadernos do Povo*. Milhares de manifestações que tinham o objetivo de levantar o debate e tornar aceso na consciência que o problema fundamental do homem é ele e a sua sociedade e não ele com seus próprios problemas. Isso que eu acho que era decisivo e que hoje realmente sumiu. O intelectual tem que exercer uma atividade, apesar das condições em que ele vive[28].

De fato, fora um momento no qual a idéia de povo e de nação alimentou a criação estética e cultural, pois artistas e intelectuais, incessantemente, buscaram construir documentos nos quais o povo estaria presente. Esses trabalhos seriam reapropriados pela sociedade quando aquele mesmo povo fosse capaz de usufruir de si mesmo, reinterpretado por aqueles que assumiram a tarefa de transpô-lo para o nível do simbólico. Todavia, com os acontecimentos de 1964, essa perspectiva idealizada foi pouco a pouco desaparecendo e, de acordo com Vianinha:

---

28. O. Vianna Filho, Entrevista a Ivo Cardoso, em Fernando Peixoto (org.), *Vianinha: Teatro, Televisão e Política*. São Paulo: Brasiliense, 1983, p. 185. (entrevista concedida em fevereiro de 1974)

é um processo incrível, é um processo dificílimo. As próprias coisas que você faz são marcadas por isso, todo o trabalho, todas as peças que eu fiz, ultimamente, são peças não populares. Mesmo *Allegro Desbum* não é uma peça popular. É peça popular porque tem palavrão, porque xinga e tal. Mas não é uma peça a partir dos problemas do povo. Agora, ao mesmo tempo, é claro que eu tenho clareza de que *Deus e o Diabo na Terra do Sol* é uma obra de arte da maior força e realmente não é uma obra popular, não é uma obra que fará sucesso popular, nem *Vidas Secas*. *Vidas Secas*, inclusive, não fez. O problema de ser popular realmente não é a quantidade de público que ela atinge. Porque a quantidade de público que ela atinge está determinada não pela qualidade da obra, mas pela sociedade em que ela vive. [...] O trabalho que eu tenho feito reflete o popular, o povo, no sentido da paixão pelo grandioso, da paixão pela força que tem, por exemplo, *Deus e o Diabo* – essa coisa monumental, épica, meio transbordante, que te emociona e ao mesmo tempo tira um pouco a respiração. O povo, o popular, eu digo nesse sentido de enfrentar os grandes problemas da realidade, as grandes faixas de problemas existentes, nesse sentido é uma arte que se amorteceu, para mim também acho que aconteceu esse processo. Nas peças que eu fiz, *Corpo a Corpo*, *A Longa Noite de Cristal*, uma peça chamada *Papa Highirte*, que foi censurada. [...] Não são peças... Talvez essa *Papa Highirte* tenha mais sentido, lateje mais, tenha mais paixão pela vida, se apaixone mais pela riqueza da vida e enfrente com coragem a tragédia. Conquistar a tragédia é, eu acho, a postura mais popular que existe: em nome do povo brasileiro, a conquista, a descoberta da tragédia, você conseguir fazer uma tragédia, olhar nos olhos da tragédia e fazer com que ela seja dominada[29].

Esse depoimento descortina algumas concepções que nortearam a sua dramaturgia: a existência de um processo que suscitou a proposição de temáticas e perspectivas de intervenção. Em termos políticos, traduziu em um ideal de *povo* e de práticas de conscientização, compreendidas, pelos próprios agentes, como revolucionária. Daí, aqueles que comungaram dessa interpretação viram-se não só derrotados, como concluíram que as possibilidades de mudança estavam adiadas. Uma nova oportunidade histórica deveria se apresentar e a eles caberia pensar criticamente o que ocorrera, aprender com os equívocos e empreender a construção da resistência democrática.

Nesse intuito, Vianinha redefiniu não só os temas. Particularmente, em seus dramas, a diversidade de recursos estéticos se fez presente, não como processo evolutivo, mas com uma apreensão cíclica de idéias e formas a serem (re)significadas pelo próprio momento, ou, em outros termos:

é isso que eu estou procurando, tentando utilizar todas essas formas enriquecedoras que a vanguarda trouxe em termos de comunicação e elaboração de teatro. Ela enriqueceu muito a simultaneidade, a energia dramática aumentou vigorosamente com esses espetáculos. Tudo isso fez com que a vanguarda conseguisse uma tonalidade dramática muito mais espontânea, muito mais atualizada com a realidade que nós vivemos de solicitações constantes etc[30].

29. Idem, p. 182.
30. Idem, p. 183.

32 A CRÍTICA DE UM TEATRO CRÍTICO

A partir da constatação de que o intelectual deve exercer sua atividade, apesar das condições em que ele vive, Vianinha elaborou textos dramáticos, procurando refletir sobre o engajamento artístico e acerca dos limites da atividade crítica no mercado de trabalho. O primeiro resultado dessa incursão foi *Moço em Estado de Sítio* (1965)[31], peça dividida em três partes e construída a partir de situações dramáticas, nas quais o protagonista Lúcio Paulo, fio condutor da narrativa, desenvolve as suas contradições em oposição a outras perspectivas de apreensões do real. Para tanto, Vianinha apropriou-se das conquistas de vanguarda para desenvolver um diálogo mais efetivo com aquela circunstância histórica, isto é, personagens e situações fragmentadas, vários fios narrativos, mesmo com a presença de um eixo central, simultaneidade de ações em diferentes espaços e a iluminação adquirindo um papel fundamental na condução dramática.

Lúcio, um jovem de classe média, advogado recém-formado, é ator/dramaturgo de um grupo que faz teatro político na periferia. Estabelecido o perfil social do protagonista, alguns de seus contrapontos dramáticos vão sendo apresentados: Bahia, dramaturgo e diretor do grupo de teatro, com quem Lúcio disputa a liderança e o amor de Suzana; Cristóvão, pai de Lúcio, exige que o filho efetivamente assuma a sua profissão e deixe a vida irresponsável; Estelita, personagem que possui opiniões divergentes das de Lúcio, no que se refere ao caráter político da obra de arte e às limitações do teatro engajado. Nesse primeiro momento também estão presentes Suzana, uma atriz comprometida com a proposta de trabalho do grupo e namorada de Bahia; Lúcia, irmã de Lúcio, grávida de Estelita, mas nutre uma paixão por Bahia; a dona de casa, Cota, mãe de Lúcio e Jean-Luc, amigo do protagonista.

Por meio da construção das demais personagens, Vianinha expõe os conflitos centrais de Lúcio: um jovem de classe média, insatisfeito com a escolha profissional, integrante de um grupo de teatro engajado que discorda dos procedimentos adotados pelo diretor, mesmo fazendo a defesa da arte politizada.

Os Dois: Você quer tirar o direito do homem de contemplar! – Contemplação não existe! Contemplação...! É a maior conquista do homem, não existe! – Contemplação é o anti-homem! O anti!
Estelita: Mistificadores, vocês são! Atrás desse Bahia que é um mistificador e um mistificado!
Lúcio: Olha aí, Estelita, olha aí, o Bahia é uma pessoa, eu sou outra. Ele é Sagitário, eu sou Gêmeos. Estamos no mesmo grupo mas...
Estelita: Aqui nessa mesa, Lúcio Paulo, aqui mesmo você me disse que essa peça do Bahia era a maior obra do teatro brasileiro, quiçá universal.

31. Embora tenha sido concluída em 1965, *Moço em Estado de Sítio* teve sua primeira encenação somente em 1981. Em 1997, o texto foi encenado pelo grupo Tapa.

ODUVALDO VIANNA FILHO: TEMAS, PERSONAGENS E NARRATIVAS   33

Lúcio: Jamais de la vie! Nunca disse isso! Eu quero fazer teatro político, não é aquela gemedeira do Bahia, não!

Jean-Luc: Entendeu? O Bahia é um equivocado, ele, não.

Lúcio: Teve alguma graça, Jean-Luc. Teatro é...

Estelita: O que é que esse Bahia quer? Ir pro céu? Ele não é materialista?

Jean-Luc: Não dá pra falar mal de outro, não? Já faz meia hora que vocês não concordam em nada, mas picham esse Bahia. Fala mal do outro, só de recreio.

Estelita: Eu tenho de dizer que está bom o assunto desse Bahia porque ele vai no subúrbio com o Lúcio Paulo, acordam às sete da manhã? O programa do Tonico e Tinoco também é às sete da manhã.

Jean-Luc: Bem, boa, Vamos falar mal do Tonico e Tinoco agora.

Estelita: Teatro político não existe! Política é a circunstância, meu Deus! Teatro é sobre as eternidades que nós, os gregos, os troianos, os dominicanos, botafoguenses, é a mesma coisa.

Lúcio: Nós somos circunstância, atenção, nós somos passagem. A eternidade é hoje, é agora. Só que o Bahia acha que o homem é uma emoção. E o homem é uma consciência. Uma consciência[32].

Na seqüência, ganham o palco um fragmento do espetáculo de Bahia, cuja temática é a deflagração de uma greve, e o apartamento dos pais de Lúcio, no qual Custódio, após consultar, no jornal, a seção de aniversários e falecimentos, dá telefonemas cumprimentando as pessoas mencionadas. Dentre os mais demorados, está o que foi feito para o advogado Etchevarrieta Guimarães, a quem ele pediu um emprego para o filho. Nessa conversa, ao solicitar informações sobre o desempenho de Lúcio no escritório, é informado de que o jovem ainda não começou a trabalhar. Encerrada a ligação telefônica, pai e filho começam uma discussão. Após o ocorrido, Lúcio refugia-se, primeiramente, na companhia de Noêmia, sua amante. Posteriormente, em companhia de Jean-Luc, cheira lança-perfume e trava a seguinte conversa:

Lúcio: Me dá um aparte, companheiro. Tem que pedir apartes, Jean-Luc. Aí demora, aí é a sua vez... você fala mas você não explica direito... Aí um diz "companheiro, que oportunismo!" Aí, você não pode mais responder que não é mais sua vez... Um aparte! Quero um aparte, pelo amor de Deus! Então a gente aprende a não arriscar, a não dizer nada inteligente, a... e ei-nos, recém-chegados, em plena mediocridade, no mar...

Jean-Luc: Desiste, rapaz. Você é covarde demais pra desistir.

Lúcio: Demorou duas reuniões pra saber se fazia questionário em papel jornal ou em papel couché... um aparte – papel jornal não atrai a massa. Um aparte – acho mais justo papel couché. Não é mais justo papel couché, Jean-Luc? Então... Toma o poder, povo. Toma o poder. Precisa resolver logo, Jean, senão eu entrego os pontos; acredito menos, menos...

Jean-Luc: Entrega os pontos, sim. Fique sozinho, mordaz. Mordacidade. Torne-se um sibilino.

Lúcio: Sábado fiquei em casa pra não ir no cinema sozinho, pra não sentar num bar sozinho...

Jean-Luc: Desiste antes que seja tarde... antes da indignidade...

32. O. Vianna Filho, *Moço em Estado de Sítio*. 1965, p. 1-5. (cópia xerox disponível na SBAT – Sociedade Brasileira de Autores Teatrais – Rio de Janeiro).

34 — A CRÍTICA DE UM TEATRO CRÍTICO

LÚCIO: O Bahia não gosta da minha peça porque ela é fria... uma lâmina. Um estilete. (*Silêncio*) Você acha que eu estou no grupo só por causa da Suzana? Discuto, me mordo, subo em caminhão, vai ver é só por causa da Suzana. Serei tão pulha assim? (*Tempo*) E de você? Por que não fala de você? Nem pra isso tem mais coragem, não é? (*Silêncio*) (*Cheiram o lenço*)[33].

Nesse processo, Lúcio some de casa por um curto período. Em meio à preocupação dos pais, ele e Jean-Luc fazem pequenas contravenções. Além disso, vai à casa de Suzana implorar o seu amor e, em seguida, vai ao encontro de Bahia para saber os motivos pelos quais o diretor não gosta de sua peça.

LÚCIO: Você não gostou da minha peça, não é, canalha? Que é? Falta sofrimento?
BAHIA: Saco. Falta saco.
LÚCIO: Alho poro? Vai alho poro? (*Tempo*) Qual é o saco? Ir de subúrbio em subúrbio pra dizer que delatar é coisa feia? Você não sabe que todos nós somos delatores? Esse não pagou as contas, acusado deixando a mulher. Por que a sua peça não é sobre a delação obrigatória?
BAHIA: Saco. Me faltou saco.
LÚCIO: Bahia, eu te amo, mas você é um cruzado, um Barba roxa. Vamos arriscar sozinho, Bahia.
BAHIA: Sozinho, só faço pipi.
LÚCIO: Sozinho, sim, sozinho eu ando em cima d'água de novo, multiplico pão. Em grupo você fica no seu canto, falando mal do mundo e mais o que... a gente não fica igual aos outros e não entende...
BAHIA: Não quero ser como os outros são. Quero ser como todo mundo já podia ser.
LÚCIO: Cruzado, monge, papa, freira...
BAHIA: Tem de ser egoísta paca, Lúcio. Não pode viver só a sua vida, tem de viver a vida toda, em bando, cada vez mais exato. Feito faca cortando banha.
LÚCIO: Por que é que você não gosta da minha peça?
BAHIA: Sacanagem.
[--]
BAHIA: Quando você estiver bom preciso falar com você da Suzana.
LÚCIO: Que foi? ... aconteceu alguma coisa com ela? Me diz... Que foi que aconteceu? (*Bahia fica em silêncio. Um tempo. Suzana entra*) (*Tempo longo*) Você contou, Suzana?... Mas... Suzana, você... eu não... (*Longo silêncio*) Fui fazer uma crítica de cinema pra revista, não tive coragem... copiei a crítica do Cahier... (*Silêncio*) Eu... (*Lúcio olha Suzana longamente. Com vergonha. Senta-se; meio que esconde o rosto. Um outro tempo. Bahia pega Lúcio, delicado. Lúcio se apóia em Bahia. Saem*)[34].

A primeira parte da peça identifica os conflitos, as fragilidades de Lúcio Paulo e apresenta seus espaços de atuação, ambientados no universo cultural e político de fins da década de 1950 e início da de 1960. Embora haja essa demarcação cronológica, o tratamento do tema e as motivações dos embates abarcam, de certa maneira, as críticas e as autocríticas feitas às atividades desse período após o golpe militar, isto é, a ausência de convicção e a conseqüente hesitação de Lúcio são

33. Idem, p. 1-10.
34. Idem, p. 1-13.

ODUVALDO VIANNA FILHO: TEMAS, PERSONAGENS E NARRATIVAS 35

provenientes, tanto dos opositores da arte engajada de primeira hora quanto daqueles que, após terem mergulhado naquele processo, vêemse fragilizados na nova conjuntura.

Já a segunda parte é um momento de transição na trajetória do protagonista, agora trabalhando no escritório de advocacia, como tanto queria seu pai. Ao mesmo tempo, está mais próximo, afetivamente, de Suzana e concluiu a escrita de sua peça. A despeito das dúvidas de Lúcio, acerca das qualidades artísticas de seu trabalho, Suzana destaca que o conteúdo didático é o aspecto mais relevante do texto. Mesmo assim, no grupo de teatro, ele é alvo de avaliações muito duras:

> UM: Eu quero começar. Achei a peça muito importante. Parabéns ao companheiro. Dramaticamente talvez haja algum senão, mas o sentido antiimperialista me pareceu justo. É uma denúncia. Acho que ela...
> BAHIA: Que denúncia? Denúncia de quê?
> SUZANA: Deixa ele falar.
> BAHIA: Que denúncia?
> VOZES: Deixa ele falar, Bahia – espera a vez, Bahia.
> UM: Denúncia da política do big stick, denúncia...
> BAHIA: Prá mim ela denuncia que política é uma coisa simples como água e que nós somos uma multidão de imbecis!
> VOZES: Absolutamente! Deixa ele falar! Um de cada vez, um de cada...
> SUZANA: A burguesia vacilante está lá, o medo está lá, isso é simples?
> LÚCIO: O povo tem consciência, mas não tem força, isso que eu...
> DOIS: Se ele tem consciência, ele tem força, companheiro...
> VOZES: Não! Quem disse isso? Quem? A peça é simplista, meu velho...
> LÚCIO: Simples é essa crítica, não aceito assim, não aceito.
> DOIS: O que eu quero dizer é que a peça não mostra os erros do povo. Intenção política não é nada. Em política, errou, pagou na hora.
> VOZES: Mas é outra peça! – Assim não é possível! A peça é didática! É simples, mas não é simplista...
> BAHIA: Política não é tragédia, não. Tragédia nem os gregos escreveram. O negócio é errou ou acertou. Essa revolução da peça entrou pelo cano porque eles erraram e o autor não sabe disso.
> LÚCIO: Eles erraram, pensaram que tinham força demais.
> BAHIA: Isso você está me dizendo agora, porque na peça não tem, não.
> VOZES: Como não tem? – A peça é didática! – Não pode querer obra-prima!
> SUZANA: A peça tem erros, sim. A peça do Bahia não tem erro? Só o Bahia acerta nessa praça? Isso não é maneira de tratar um trabalho de um companheiro. A peça é boa.
> BAHIA: Não é boa não. Que tem uma peça não ser boa? (*Lúcio fala. As luzes em volta dos outros começam a apagar*)
> LÚCIO: Boa é a sua peça sobre delação, não é? Minha peça é sobre uma revolução, pomba. Ou só pode se escrever sobre delação aqui? Algumas colocações eu aceito, mas invalidar tudo? Não aceito[35].

Com a intenção de rever criticamente o processo, Vianinha recriou, no nível estético, a dinâmica dos Seminários de Dramaturgia do Teatro de Arena e, com ela, impasses artísticos e políticos que envolveram a

35. Idem, p. 2-6.

produção teatral daquele momento, a saber: o caráter didático e/ou engajado de um texto teatral significava, necessariamente, menos apuro na criação? Quais as premissas que norteavam as discussões: eficácia política ou adequação forma/conteúdo? Nesse sentido, o dramaturgo internalizou, na personagem Lúcio, esses conflitos, isto é, como autor, o protagonista não tinha idéias bem definidas sobre as pretensões de seu texto. E essa fragilidade, para além de seu comportamento, tem seus desdobramentos no trabalho, nesse caso, a não consistência temática e narrativa de sua escrita refletia-se na conduta social e política.

Dramaticamente, essa indecisão manifesta-se em vários momentos. Um dos mais significativos é quando Suzana, decidida a montar a peça de Lúcio, faz contatos telefônicos para conseguir um diretor para o espetáculo e aluga um teatro. Determinada em levar adiante os seus propósitos, diverge radicalmente de Bahia, acusando-o, inclusive, de não ouvir a opinião dos demais e de conduzir o grupo por intermédio, unicamente, de suas decisões. Em meio a tudo isso, Lúcio continua dividido. Porém, Bahia cobra dele um posicionamento, quando vai procurá-lo no escritório para falar-lhe sobre as atitudes de Suzana. O protagonista, mais uma vez, furta-se à responsabilidade, diz que não sabia das ações da jovem e não está de acordo com essas decisões. Assume, inclusive, sua fidelidade ao grupo, que recebera uma verba para montar um novo espetáculo. O resultado desse processo: Lúcio não consegue assumir a defesa de seu próprio texto. Deixa Suzana sozinha e vai embora.

Mais uma vez, abatido com suas próprias atitudes e em estado de desalento, procura Noêmia e se esconde no apartamento de Jean-Luc. Este, comovido com o estado de ânimo do amigo, pede a Estelita que o convide para participar de uma reunião, na qual está sendo elaborado um suplemento cultural para um grande jornal. Nesse contato, Lúcio conhece Bandeira, diretor do caderno; Nívea, irmã do dono do jornal e editora de arte, e reencontra Estelita, secretário de redação. Para surpresa deste último, Lúcio integra-se à discussão e passa a compor a equipe e, sem comunicar o Dr. Etcheverria, deixa o escritório de advocacia.

Confrontado pelo pai, que o chama de irresponsável, Lúcio fala de suas insatisfações e revela, à família, as atitudes subservientes do pai, em troca de pequenos favores. Essas discordâncias, acrescidas da gravidez de Lúcia, não aceita por Custódio, fazem com que o jovem quebre as amarras e saia da casa dos pais, dando início a novas perspectivas pessoais e profissionais.

Inicia-se a terceira parte. Lúcio trabalha no suplemento e, como sempre, não assume posturas firmes. Esse comportamento faz com que ele, aos poucos, galgue importantes postos de trabalho. Após várias divergências com Bandeira, Estelita é demitido e Lúcio assume a secretaria do suplemento. Nesse meio tempo, afasta-se dos antigos ami-

ODUVALDO VIANNA FILHO: TEMAS, PERSONAGENS E NARRATIVAS   37

gos, inclusive de Jean-Luc. Aluga um apartamento, assume um romance com Nívea e aproxima-se de Galhardo, proprietário do jornal. O suplemento faz sucesso, assim como seu antigo grupo teatral. Suzana e Bahia têm seus talentos reconhecidos. Ela como atriz, ele como dramaturgo e diretor. Porém, as pressões e os debates acirram-se. Nesse processo, Jean-Luc suicida-se. Bandeira, por discordar das interferências de Galhardo, demite-se e Lúcio assume seu lugar. Mais uma vez, dividido entre o seu trabalho efetivo e a dimensão política que gostaria de dar a ele, reaproxima-se de Suzana e do grupo, participando de uma reunião em que será decidido o apoio à greve dos estudantes. Bahia acredita que a adesão poderá prejudicar a temporada do espetáculo e a carreira dos artistas. Lúcio faz o contraponto, afirmando que a participação é necessária. No momento seguinte, dirige-se, com Suzana, para o local da manifestação, sob o seguinte argumento:

> LÚCIO: Isso. Vamos lá. Assim. Vamos lá (*As pessoas se levantam. Arrumam-se,*)
> Sabe o que é, Bahia? Viu, Suzana? Eu pensei... o que falta muito na esquerda brasileira
> é o momento... perceber – é agora! Sabe? O risco do fósforo... a gente tem paciência
> demais... Hein? Não, fala o que você acha...[36].

Diante do avanço das tropas militares, mais uma vez ele abandona Suzana à própria sorte. Refugia-se em casa, sitiado por si mesmo, e acuado pela campainha do telefone porque, novamente, Lúcio terá de tomar uma decisão: aceitar, ou não, a seguinte oferta de Galhardo:

> LÚCIO: Não quero, Galhardo. Não quero. Sai prá lá.
> GALHARDO: Você faz dois, três números, ganha dois milhões, três milhões.
> LÚCIO: Quem é que está dando o dinheiro pra isso?
> GALHARDO: Não interessa. É uma revista mensal anticomunista. Se você não aceitar,
> não faz mal, não tiro a sua coluna, não deixo de ser fiador, continuo a dizer bom dia...
> LÚCIO: É claro. É claro que não aceito. Não admito nem essa proposta!
> GALHARDO: Eles querem uma coisa boa. Sai a revista e aí você dá uma nota na sua
> coluna contra a revista. Ninguém diz que é você. E põe dinheiro no bolso, Lúcio. Independência. Da próxima, não precisa aceitar. Precisa engolir cada vez menos. Vocês
> detestam que se diga que as coisas são assim. Mas, são! Precisa admitir tudo se quer
> mudar alguma coisa. Eu estou pondo meu dinheiro na revista. Estou. Tem dinheiro
> meu nessa nojeira. Mas, eu vou importar uma rotativa, sem cobertura cambial... quando
> do eu tiver tudo meu, quero ver...
> LÚCIO: Até amanhã, Galhardo.
> GALHARDO: Pensa, Lúcio.
> LÚCIO: Mas nem pensar.
> GALHARDO: Vai pra casa e pensa. Eu disse pra eles que ia conversar com você.
> LÚCIO: Pô, Galhardo, isso se faz? Disse meu nome?
> GALHARDO: Tenho tempo. Pensa. É melhor fazer anticomunismo num pasquinzinho
> do que ter de fazer no meu jornal, não é? Eu sei que isso não se pede pra amigo... mas
> se pede pra quem? Não posso chamar qualquer um... precisa ser um profissional bom...
> eles podem arranjar um outro mas era melhor que eu arranjasse a pessoa... (*Longa*

36. Idem, p. 3-16.

38 A CRÍTICA DE UM TEATRO CRÍTICO

pausa) Desculpe... faz o que você decidir... mas pensa, por favor... (*Lúcio saindo*)
Olha. O material da revista... (*Lúcio pega e sai*)[37].

Moço em Estado de Sítio é um momento seminal para o processo
criativo de Oduvaldo Vianna Filho, em relação ao gênero dramático.
Essa afirmação é pertinente, quando se observa que experiências narrativas e estéticas surgiram, no início da década de 1960, com as comédias e, que, à exceção de *Brasil – Versão Brasileira*, a estrutura do
drama se sobrepôs a qualquer recurso formal. Tal procedimento revela
que, em suas criações, não se pode dissociar o binômio forma/conteú-
do, porque as suas peças, tematicamente, levaram para o palco questões que foram reafirmadas pela estrutura formal dada a elas.

Em verdade, nessa circunstância histórica, ao trabalhar com os
recursos advindos do teatro engajado, Vianinha optou pela idéia do
distanciamento pelo riso. Ao escolher a comédia, traduziu cenicamente os mecanismos da exploração do trabalho pelo capital, assim como
desvendou aspectos da estrutura econômica e social do país, pois a
contribuição política que o teatro poderia trazer para aquele momento
era a de subsidiar discussões e propiciar o aumento da consciência
política do espectador em consonância com sua origem social.

Por esses aspectos, verifica-se que o golpe de 1964 é um marco
que se traduziu em redefinições estéticas e temáticas. O universo das
certezas esvaiu-se e com ele o *a priori* que sustentou a estrutura dos
dramas, nos quais o protagonista possuía uma verdade que transcendia
os limites da ficção e encontrava respaldo nas inexoráveis leis da história. Mas, o que era certeza transformou-se em dúvida e essa não se
materializaria cenicamente por intermédio de embates dicotômicos.
Pelo contrário, passou a exigir uma composição nuançada e narrativas
mais complexas. Em relação às personagens, vale destacar: se os tipos
sociais não desaparecem, eles passam a compartilhar a cena, nas peças
de Vianinha, com criações que, se não têm dimensão psicológica, no
sentido clássico, possuem elementos de individualidade, que se revelam nas escolhas e nas experiências pessoais de um segmento social
específico.

No que se refere à narrativa, esta surge fragmentada por distintas
temáticas e diversos conflitos, que se atualizam no palco pela multiplicidade de planos e de iluminação. Aliás *Moço* talvez seja a peça em
que Vianinha tenha utilizado, pela primeira vez, a luz como recurso
dramático. A existência de uma cena, com simultaneidade de momentos, que tanto se diferenciam, quanto se integram pela narrativa, expõe
a presença de um narrador onisciente organizador do próprio espaço
cênico. Nesse sentido, se o período do Teatro de Arena e do CPC revelou um Vianinha firme em seus propósitos políticos e estéticos, que via

37. Idem, p. 3-14.

ODUVALDO VIANNA FILHO: TEMAS, PERSONAGENS E NARRATIVAS 39

a si mesmo e aquele momento histórico como revolucionários, a derrota desse pensamento, em 1964, trouxe a público um artista militante; quanto a isso não há dúvidas. Contudo, permitiu também a emergência de um dramaturgo denso que, ao estetizar impasses e questões do cotidiano, revelou acuidade diante de situações que deixaram de se apresentar como meramente dual.

As problematizações de *Moço em Estado de Sítio* tiveram continuidade em *Mão na Luva* (1966)[38], que narra, a partir de um embate de grande força emocional, instantes da vida de um casal, por meio de um diálogo entre individual e coletivo, no qual apreende situações, gestos, falas, olhares que aproximam e/ou afastam as pessoas. Ele, um jornalista bem-sucedido, busca construir, para si mesmo e para a esposa, a idéia de que, ao longo de sua trajetória, preservou princípios éticos e ideológicos. Ela, dona de casa, mãe e esposa. Ele, ao lado da vida conjugal, mantém outros relacionamentos. Ela preocupa-se em mobiliar a casa do sítio, visitar antiquários e comprar objetos de decoração a preços acessíveis.

Esse perfil das personagens é fornecido durante os confrontos em que Ele e Ela revelam amarguras e frustrações decorrentes de expectativas não realizadas, promessas não cumpridas. A fim de que seja construído um mosaico desses sentimentos, fragmentos do passado são atualizados, rompendo a linearidade do presente. A síntese desses dois tempos, propiciada pelo narrador onisciente, permite vislumbrar unidade dramática. No passado, estão contidas as juras de amor, os compromissos, assim como as infidelidades, as desconfianças, a quebra dos acordos no campo pessoal e profissional. O relacionamento vai cedendo lugar a um conjunto de pequenas mentiras, de atitudes dissimuladas e de palavras não ditas. No presente, tudo isso vem à tona, no momento em que Ela anuncia que está indo embora, que o casamento acabou.

Diante da decisão, as mágoas e os desencontros vêm para o centro do palco e, com eles, atos e omissões do cotidiano, que os transformaram em pessoas capazes de traírem a si mesmas e o casamento, pois se no início do conflito as infidelidades de Lúcio Paulo são tornadas públicas, as de sua esposa somente serão reveladas em cenas de extrema intensidade. Na realidade, os seus adultérios foram cometidos com colegas de profissão de seu marido, como forma de atingi-lo, por fazê-la sofrer toda sorte de humilhações.

No entanto, em que uma crise matrimonial auxilia o espectador/leitor a refletir sobre os limites do intelectual no mercado de trabalho?

---

38. Essa peça também só foi encenada posteriormente, em 1984, sob a direção de Aderbal Freire Filho, com Marco Nanini e Juliana Carneiro da Cunha. Em 1988, houve uma nova montagem sob a direção de Amilton Monteiro. Já na década de 1990, *Mão na Luva* teve nova releitura, sob direção de Dudu Sandroni. Em 2001, no Rio de Janeiro, com direção de Amir Haddad, foi protagonizada por Pedro Cardoso e Maria Padilha.

40 A CRÍTICA DE UM TEATRO CRÍTICO

Essa mediação foi possível graças à composição das personagens, já que, partindo do pressuposto de que o binômio indivíduo/coletivo é inerente ao ser social, Vianinha elaborou conflitos aparentemente individuais, porque estes se projetam na conduta profissional, da mesma forma que a capacidade de transgredir princípios, romper valores; no nível público, transformam também o cotidiano doméstico e particular. A sensibilidade e a emoção são continuamente reeducadas pelas relações sociais que, em última instância, são o espaço privilegiado para o exercício dos afetos. Isto pode ser dito na medida em que o homem que trai a esposa é o mesmo que abre mão de projetos coletivos em favor de sua ascensão profissional.

(*Reversão de luz. Tempo presente*)
ELE: Por favor, fala sério comigo.
ELA: Devia. Falasse sempre, ah, até ali no fim, mas me sentia mal se não tivesse confiança em você, você me perturbava, me... assim, numa roda. Devia falar, devia...
ELE: Fala. (*Ela sorri. Passa a mão no rosto dele*)
ELA: É bom pra quem toma banho.
ELE: O quê?
ELA: Que eu era feito tomar banho em cascata... (*Play back da cena da* Praia – "VEM, VEM – ENTRA BAIXO) ... que eu sabia o que queria, o que queriam de mim... pensei que era minha alegria, era minha convivência, perdões... (*Sai o play back*)
ELE: Não, minha mulher, não, jamais...
(Reversão de luz. Flash back)
ELE: Portela saiu da revista faz um ano, muito bem, deixou de almoçar aqui, muito bem, mas está escrevendo uma série de artigos aí – "Introdução aos Homens de Duas Faces" – você leu?
ELA: Li.
ELE: E todo mundo me encontra na rua – "é com você isso?" – diz que é comigo, "não vai responder?"
ELA: Responde.
ELE: Pra esse – ah, que é isso, não é comigo, não tomo conhecimento.
ELA: Se não é, responde.
ELE: Um radical espanhol foi o que ele ficou, publicou o romance, arranjou um nome assim, vive à custa dele mesmo – agora, pode ser, que enquanto estava na revista engoliu muito sapo.
ELA: Você também engole.
ELE: O que é que você quer dizer com isso?
ELA: Quero dizer que você me diz isso todo dia.
ELE: Mas por que está lembrando disso agora, que foi?
ELA: O Portela não é um radical não sei que, que eu conheço o Portela, não lembra?
ELE: Você não vê o Portela há um ano quase!
ELA: Mas leio, não virou romancista só, como você diz, no jornal que vocês iam fazer juntos...
ELE: Que está falindo, um jornal – que jornal? Vai fechar, quem lê? Quem? Eu disse isso pra ele...
ELA: Disse também que ia pedir demissão da revista.
ELE: Mas era uma besteira, já falamos isso, ele mesmo concordou que era, fui lá no jornal ajudar, mas...
ELA: Ficou no lugar dele na revista.
ELE: Não queria, que é isso? Bandeira Pessoa insistiu seis meses comigo, você não lembra que – pelo amor de Deus não fala comigo dessa maneira!

ODUVALDO VIANNA FILHO: TEMAS, PERSONAGENS E NARRATIVAS   41

ELA: Então responde pra ele.
ELE: Mas o que você está querendo? Mas meu Deus! Mas está desconfiando de mim? Han? Já não expliquei tudo, mas o que, han? Onde nós estamos?
(*Reversão de luz. Tempo presente*)
ELA: Foi antes da Ana Maura que a gente deixou de se falar. Foi antes. Aquela história do Portela eu tive medo de você[39].

Mão na Luva, no nível temático, é um aprofundamento das questões apresentadas em *Moço em Estado de Sítio*. Porém, a abordagem das mesmas não ocorreu pela inserção sociopolítica da personagem, mas por suas opções no campo pessoal e profissional, onde a predominância do segundo implicou em quebra de compromissos estabelecidos no âmbito da amizade e de uma perspectiva de mundo.

Dessa feita, vivendo em uma conjuntura não revolucionária, como estabelecer os limites da atuação profissional sem que essa deteriore os princípios éticos e ideológicos?

ELA: "Claro, claro, você tem razão", quando você falava era melhor, você é assim brilhante, eu tinha de dizer só "é claro, claro", e uma graça, alguma coisa engraçada que é bom, não é? "Grão-Duque", "Grão-Vizir", não sabia direito o que era, "claro, claro", "usa sempre chapéu Ramenzoni", não queria saber, Gisela, Bandeira Pessoa, Light, Embaixada, a Editora com seus amigos comunistas, "claro, claro", Palionov, um cargo no governo, Aliança para o Progresso, "usa chapéu Ramenzoni", depois de seis meses Portela sumiu, nunca mais vi, então fiquei isso: filhos, sítios, tábua, cisterna, bicho, coelho de olho vermelho, é, queria chegar a hora do almoço, "claro, claro", "Marcinho aprendendo a falar, olha!", conversar com você pra não ficar muda, as lojas, bazar, em formol, "claro, claro", nunca vou te perguntar por que o nosso sítio é perto do sítio do Bandeira Pessoa, você não queria uma casa na praia? Botar calção sujo de areia, bêbado, dizendo palavrão? "chapéu Ramenzoni ele usa", um prazer em ser opaca, não reclamar que prazer, ficava rindo, não é nada disso que eu sou, que eu quero, nada disso, sofria macio, ninguém sabe de mim, ah que engraçado, no canto, de olho vermelho, coelho de olho vermelho... (*Ele, que falou até aqui baixo e alto alternadamente nas pausas dela, emenda*)
ELE: Olha, Bandeira, na minha mão não vira bazar não, não vira zona, não vira o Mangue.
[--]
(*Reversão de luz. Tempo presente*) (*O play back pára de estalo*)
(*Os dois na posição que estavam antes*)
ELE: Mas o que você queria de mim? De uniforme branco? Um Nazareno, um Imaculado Conceição? Estou sujo, estou assim, aqui, me mancharam aqui, aqui, poiu, poiu, que se vai fazer? Você não é capaz da sua vida, quer viver a minha? Viver por dois? Ninguém escapa assim, entende? Não posso me exibir pra você, não faço circo, não sou mulher barbada, não sou você! Não sou você! No mundo há uma feia batalha e...
ELA: ... muito feia, Portela ficou no jornal esperando, te telefonava, você foi três vezes, sorriu, deu cinco idéias lindas impossíveis e...
ELE: ... não vou dar satisfação de coisa que aconteceu há quatro anos, séculos, vamos e venhamos, você já discordou do Portela? Fala aí! Fica de olho esgazeado, morde o maxilar, vai subir em cima de mim, vai me morder a carótida, então eu vou dizer "não vou no jornal", isso é desvario? Cinco mil exemplares tirados à mão quase,

39. O. Vianna Filho, *Mão na Luva*. 1966, p. 13-14. (cópia xerox).

42 A CRÍTICA DE UM TEATRO CRÍTICO

e – "sabe, Portela? Gutemberg já morreu" – ia dizer isso pra ele? Hein? Discordo da linha do seu jornal, não foi assim que se combinou!? [...] Jornal pra oitenta e três pessoas, subiu pra oitenta e sete. Eu não...

[--]

ELE: ... pô, entendi, entendi, quer que eu seja líder das Ligas Camponesas, não é? Ou um marginal famoso, o Cara de Cavalo? Campeão da travessia Rio-Niterói, que tal eu ser a Maria Esther Bueno? Quando alguma coisa neste país foi resolvida com berro, gente empilhando móvel na esquina do Ouvidor, de barricada e Marselhesa, e – quando? Nunca! Portugal criou o país do chega pra cá, foi com isso que os Portelas acabaram, vieram de chicote na terra do sofá! Tem uma cúpula e o resto é icterícia, deixe o povo pra lá um tempo, sentado na calçada de marmita, na fila do IPASE, no Miguel Couto esperando a vaga, dói, mas deixe um pouco, acenderam a fagulha olha no que deu, a bunda na Embaixada do México e o resto é silêncio, é, o resto é Hamlet...[40].

O impasse está estabelecido. Todavia, as respostas não são simples e, muito menos, mecânicas. Como responder a essa dúvida? Em *Moço em Estado de Sítio*, acerca dessa questão, a personagem Jean-Luc faz a seguinte observação a Lúcio Paulo: "desiste antes que seja tarde... antes da indignidade...". Talvez seja este o limite que Vianinha busca em *Mão na Luva*, pois após separações, ofensas e diferentes perspectivas acerca do que seria correto, a peça tem o seu epílogo escrito da seguinte maneira:

ELA: Nós vamos discutir a noite toda e os dois vão ter razão, eu e você.
ELE: Nós vamos discutir a noite toda e os dois vão ter razão, eu e você.
ELA: Nós vamos discutir a noite toda...
ELE: Os dois vão ter razão, eu e você... (*Ficam falando isso. No play back, o "irerê" chega ao máximo. Tudo pára de estalo. Black out*)

Os dois teriam razão? Os argumentos mobilizados, por um e outro, traduzem o quanto é tênue o "antes da indignidade", ou melhor, qual é o limite do aceitável? Como atuar nas brechas, construir espaços de trabalho, mecanismos de atuação na indústria cultural, que se modernizava e ampliava sua presença na esfera econômica e cultural? Nesse percurso temático e reflexivo, Oduvaldo Vianna Filho escreveu *Longa Noite de Cristal* e *Corpo a Corpo*.

FERNANDINHO: ...Cristal é um apelido tão bem achado tua voz é tão, tão Cristal mesmo... como é teu nome, nunca soube?
CRISTAL: Celso Almeida Gagliano.
FERNANDINHO: Gagliano... puxa, já chorei ouvindo notícia sua, já pulei de alegria... você é o Ulisses da minha vida, o contador das Odisséias... tem gente que me diz que sua voz está fora de moda, que a voz de hoje tem de ser impessoal, grave, a voz da máquina, caída do céu junto com as bombas... não senhor – enquanto eu estiver aqui – você é o primeiro...[41].

40. Idem, p. 27-29.
41. O. Vianna Filho, *Longa Noite de Cristal*. 1970, p. 35 (cópia xerox disponível na Biblioteca Jenny Klabin Segall – Museu Lasar Segall – São Paulo – SP).

Esse diálogo, ocorrido no segundo ato da peça *Longa Noite de Cristal*, permite que se construa uma imagem de quem foi Cristal: um importante repórter e locutor de rádio que se tornou apresentador de um telejornal. A partir daí, Vianinha desenvolve uma narrativa que articula momentos da vida privada à atuação profissional, nos quais o protagonista caminha em direção a situações-limite. Para tanto, o espaço cênico é fragmentado e abriga o *set* de televisão, a sala do apartamento de Cristal, a sala do Dr. Fernandinho, o bar da TV e o bar freqüentado por Cristal. Essas ambientações vão se definindo dramaticamente pela iluminação que, em última instância, constrói a geografia do texto e do espetáculo.

O texto inicia-se com Cristal chegando ao estúdio para apresentar a 1ª edição do telejornal e, no decorrer deste, dá o seguinte furo de reportagem:

> CRISTAL: Há poucos instantes, uma mulher – Deolinda Cruz, 34 anos – deu a luz na praça fronteira ao Hospital Amadeu Tibiriçá. Acompanhada do marido, dona Deolinda, favelada da Rocinha, recebeu a explicação de que seu caso era um alarme falso, desde que – segundo o médico – era a terceira vez que dona Deolinda lá comparecia, dois meses antes da época prevista para o parto, dizendo que sentia dores. Saída do Hospital, na praça fronteira, dona Deolinda, repentinamente iniciou seu trabalho de parto, enquanto seu marido gritava por ajuda. Revoltante espetáculo. O nome do médico, chefe da secção de obstetrícia – Jorge Carlos Lima Paranhos[42].

Entre os intervalos comerciais e o tempo que separa a primeira da segunda edição, são apresentados, no tempo passado, episódios da trajetória de Cristal. O sucesso de outrora ficou reduzido àqueles que conservam na memória instantes marcantes de sua carreira, pois, no tempo presente, ele é parte da engrenagem que organiza e move a grade de programação de uma emissora de TV. Em meio a essa perda de autonomia e criatividade, Cristal é um homem que foi, paulatinamente, sendo derrotado pela própria vida. Está sexualmente impotente, seu casamento terminou, está financeiramente falido, devendo dinheiro a todos. Para sobreviver, insere notícias na pauta em troca de *jabaculês*[43], e solicita empréstimos aos amigos. Nesse ínterim, os seus diálogos com o médico, que trata de sua impotência, a insatisfação da mulher e a relação com o filho, que oscila entre distância e conflito, são atualizadas. Tal estrutura dramática expõe a presença de um narrador, fora da cena, que conhece o processo e seus desdobramentos.

No presente, Cristal está feliz. Deu um furo de reportagem, voltou aos velhos tempos. E nesse estado de ânimo, enquanto espera pela

---

42. Idem, p. 14.

43. Expressão utilizada nos meios de comunicação que significa dizer que pessoas ou empresas pagam a profissionais ou a equipes um valor extra pela divulgação de seu produto.

44 A CRÍTICA DE UM TEATRO CRÍTICO

segunda edição do telejornal, é chamado à sala de Fernandinho, vice-presidente da emissora.

FERNANDINHO: ...olha, você mesmo então redige uma notinha desmentindo o negócio, viu?

CRISTAL: ... mas, Fernandinho, a coisa aconteceu sim, viu?

FERNANDINHO: ... mas viu, Cristal? Essa notícia de hospital não interessa mesmo prá casa, viu?

CRISTAL: Sabe o que é, Fernandinho? Como é que eu vou desmentir um troço que não é mentira? Você não sente que é meio surrealista?

FERNANDINHO: (*Ri*) Ah, meu Cristal querido dos coquetéis e das palavras difíceis! Você é macaco velho, nunca fincou o pé, agora vai fincar pé?

CRISTAL: ... e olha que não dou sessenta no Ibope.

FERNANDINHO: ... mas sessenta? Vem cá, pelo amor de Deus, vocês só estão dando dezoito porque tem a Flávia falando baixo e com decote... que jornalismo! Peito de fora! (*Riem*)

[--]

FERNANDINHO: ... olha, vem cá, você é um grande profissional, só uma razão muito forte pode convencer você... é o seguinte: você tem visto a onda que andam fazendo contra o nível das nossas televisões não é? Falam muito em estatização, compreende? ... então muitas empresas estrangeiras estão entrando na onda de falar mal do nível da programação prá ver se a gente vai lá correndo, com medo da estatização, abre as pernas e deixa o estrangeiro entrar todo, como tantas já deixaram. Compreende? (*Pega papéis. Mostra. Luz bruxuleia em Celso*) Eles põem dinheiro, fazem um cursinho de arte à uma da manhã e vão levando...

CRISTAL: Como é que tu quer trabalhar em televisão sem conhecer o ziriguidum dela, cara? Tá por fora.

[--]

FERNANDINHO: Bom, agora o epílogo... a Gasolina United que patrocina o jornal é dos Rochester... os Rochester têm uma fundação, você sabe... a Fundação Rochester deu uma verba enorme para o Hospital Amadeu Tibiriçá, entende? Inclusive o tal médico (*Vê no papel*) Jorge Paranhos... fez um curso no estrangeiro patrocinado pela Fundação. Eles querem armar o Hospital para, quando for possível, fazer uma campanha anticoncepcional, sabe? Estão fazendo fichários de mulheres, número de filhos, tudo... estão procurando melhorar o padrão de atendimento pra ganhar prestígio popular, entende? ...quer dizer, nisso a gente está amarrado, não podemos dar nenhuma notícia sobre o hospital, incluindo essa sacanagem... vejam só o azar de você passar por lá justamente na hora... Compreendeu meu Cristal, compreendeu porque infelizmente eu preciso desse desmentido?

CRISTAL: Compreendi.

FERNANDINHO:Você me faz esse favor?

CRISTAL: Acho que um desmentido vai cair muito mal, Fernandinho.

FERNANDINHO: (*Um instante atônito. Vai até Cristal. Levanta-o violentamente pela gola do paletó*) Olha aqui, sou... olha aqui! (*Larga Cristal. Que não esboçou a menor reação*) – Há mais de meia hora com você pisando em ovos... eu sei que você vive dizendo pelos cantos que estou na direção da TV porque sou genro do dono e acaba com a reputação da Flavinha por aí! Você é um moleque com seus jabaculezinhos e Rotary's e Lion's essas notícias você não desmente não, não é? Vem cá, onde está o metrô que você cansou de enfiar notícia? Destruindo nos corredores a reputação do Murilo que ama você e que você tem inveja, cego de inveja, nem se dá ao trabalho de levantar um dedo prá ajudar a fazer o jornal que ele faz sozinho inteiro! Quem agüenta você aqui é ele, entendeu? Todo dia vem um sujeito que quer descontar no seu ordena-

ODUVALDO VIANNA FILHO: TEMAS, PERSONAGENS E NARRATIVAS   45

do o aluguel do seu apartamento. E fica afônico dia sim, dia não e pigarreia e caretinha e pausas e comentários, sorrizinhos e atrapalha a Flávia no ar. Você pensa que eu sou gaiteiro? Temos que respeitar o resto da vida este seu passado de sirene de notícias? Quer fazer jornalismo na boca do cofre? Vamos. Vamos você vem ou vai ficar no Himalaia olhando o umbigo? [...]
[---]
CRISTAL: ... se fosse possível, Fernandinho... pede pra Flávia desmentir, está bem? ... não leva a mal, mas... ainda mais agora sabendo a história da notícia... a mulher é meio débil mental, sim...[44].

Essa seqüência de diálogos revela e problematiza assuntos que organizam a narrativa e a ação dramática de *Longa Noite de Cristal*. Dando continuidade às questões apresentadas em dramas anteriores, Vianinha indaga sobre os limites da atuação do artista, do intelectual, enfim, do formador de opinião em uma sociedade de mercado. Para tanto, retira da personagem a sua condição de herói e a insere em um cotidiano de disputas pela sobrevivência econômica e emocional, com o intuito de dar ênfase à inadequação de Cristal ao ritmo da televisão, ao controle de audiência e aos interesses dos patrocinadores. Em verdade, por intermédio dessa tragédia particular, o dramaturgo elabora uma metáfora do processo de modernização vivenciado pelo país, em fins da década de 1960 e início da de 1970, no qual os talentos e as iniciativas individuais foram adaptadas às exigências dos novos tempos. Assim, a tarefa que se apresentou histórica e politicamente foi a de compreender a mercantilização da atividade artística/intelectual.

O limite da indignidade e sobrevivência é, na maioria das vezes, o parâmetro a ser vislumbrado. Nesse sentido, em *Longa Noite de Cristal*, Vianna Filho não elabora personagens dicotômicas. Ao contrário, elas são nuançadas, suscitando pontos de vista diferenciados. Há, de um lado, a incapacidade de Cristal em se adaptar às regras que estão vigorando. Porém, de outro, está Fernandinho que assume, em seu discurso, os interesses da emissora, mas, em sua atuação, busca garantir o trabalho de colegas e o fortalecimento do setor jornalístico na empresa, com a manutenção da 2ª edição do telejornal. A fim de justificar sua postura, recorda que o mercado tem regras e se, em algum momento, é necessário cumpri-las, em outras situações elas podem ser contornadas e novas perspectivas podem emergir.

Com o objetivo de refutar os argumentos do chefe, Cristal assume o compromisso com a informação, porque o fato havia ocorrido. Imediatamente, Fernandinho recorda as inúmeras notícias falsas que ele *plantou*[45], notas que não eram do interesse público, mas que trariam um adicional ao seu salário, isto é, o jabaculê.

Tais circunstâncias apresentam Cristal como sendo um homem que se desestruturou diante das mudanças, tanto em nível profissional

44. Idem, p. 28-29 e 36-37.

46   A CRÍTICA DE UM TEATRO CRÍTICO

quanto pessoal. Não sabe muito bem qual caminho seguir, mas, tal qual Fernandinho e Murilo, tem definido para si, pelo menos em tese, quais dimensões de respeito e de ética deveriam nortear as relações sociais. Fernandinho, por exemplo, sabe não ser ético solicitar a Cristal que desminta a notícia. Porém, em nome da continuidade da 2ª edição, da manutenção do emprego de várias pessoas e da defesa das empresas de telecomunicações brasileiras, ele justifica sua atitude.

Qual seria o limite da indignidade para Cristal?

> FLÁVIA: Boa noite, telespectadores. Antes de começarmos a Segunda Edição de seu jornal GB, queremos desmentir uma notícia veiculada em nossa primeira edição. Não houve – conforme noticiamos precipitadamente, devido a um telefonema anônimo – um parto na praça fronteira ao Hospital Amadeu Tibiriçá. O chefe da obstetrícia Dr. José Carlos Lima Paranhos, vem fazendo extraordinário trabalho de remodelação daquele setor do mosocômio. Lamentamos este equívoco.
>
> [---]
>
> FLÁVIA: ... antes de encerrarmos a Segunda Edição, voltamos a comunicar que a notícia veiculada em nossa primeira edição a respeito de ocorrências no Hospital Amadeu Tibiriçá, são destituídas de fundamento. Boa noite e...
>
> CRISTAL: (*Entra em cima de Flávia*) Apesar dos dois desmentidos, podemos garantir que D. Deolinda Cruz deu a luz na porta do hospital. Este locutor que vos fala foi testemunha do ocorrido e...
>
> *Entra música no ar. A luz vermelha apaga.*
>
> MURILO: (*Voz*) Que é isso, meu Cristal? Que é isso, meu Cristal? Que foi isso, porra? Você está brincando com meu emprego, com meu jornal, porrrra!
>
> [---]
>
> FERNANDINHO: (*Para Cristal*) Você não entra mais aqui nesta estação, hein? Enquanto eu estiver aqui você não põe mais nem os pés no bar da esquina! No bar da esquina! (*Sai. Outro diretor e Flávia atrás; Um câmera remancha. Sai. O outro arruma suas coisas. Vai até Cristal. Põe a mão no ombro dele. Tempo. Longo tempo*)
>
> CRISTAL: ... o primeiro a dar a notícia da morte do Getúlio fui eu... fiquei lá dentro do Vogue... tenho vocabulário de mais de duas mil palavras... eu sei mais de duas mil palavras... a voz mais bonita do Brasil... tinha que me respeitar.. tinha que me res... (*Longo silêncio*)[46].

Embora as concessões façam parte da vida em sociedade, Cristal, seja pela ânsia em reviver momentos de um jornalismo dinâmico, comprometido com a informação, seja pelo respeito à vida humana[47], rompe

---

45. Gíria jornalística que significa dizer que o jornalista divulgou uma notícia falsa com a intenção de que ela repercuta social e economicamente, a fim de que interesses específicos sejam alcançados.

46. O. Vianna Filho, *Longa Noite de Cristal*, op. cit., p. 40-41.

47. Esta situação dramática baseou-se em um acontecimento verídico ocorrido num período em que o locutor era também o responsável pela notícia. "Aconteceu um fato com Luís Jatobá, quando passava em frente a um posto do INPS. Uma mulher que morreu de parto, etc... e Jatobá chega na estação, redige a notícia e lê diante das câmeras. A coisa assumiu proporções maiores, pressões foram exercidas, e ele foi chamado a desmentir o fato. Jatobá se recusou e puseram um outro locutor para ler a nota. Quando a câmara deixa esse locutor e passa para Jatobá, no encerramento, ele explode: 'Essa não!' foi tirado do ar e enfrentou as conseqüências. Ao mesmo tempo, Vianinha se baseou nos fatos ocorridos

o esquema e, com isso, a situação de marginalidade, que já se anunciava, intensifica-se. Desempregado, separado da mulher e do filho, impotente sexual e com dívidas acumuladas, resta-lhe somente o amor ao Fluminense. No entanto, para esse homem, que foi a voz mais bonita do Brasil, é muito pouco. Diante do caráter definitivo de suas atitudes, Cristal chega à seguinte conclusão:

> CRISTAL: (*Voz*) Bom Dia. É um lindo começo de manhã. Mas mesmo assim estou de partida. Acabo de pedir meu boné. Respeitando a regra de que não se deve tentar a originalidade nos momentos supremos, digo como todos que pediram seu boné – não agüento mais. Há um redemoinho enorme na esquina de casa engolfando pessoas, pastas, relatórios, táxis em alta velocidade, há muitas bombas engastadas nos fuzíveis da minha casa, dentro do meu relógio há pequenos gemidos que não param[48].

Enquanto Cristal mergulha em seu inferno pessoal, Fernandinho consome-se por haver despedido e agredido aquele a quem sempre admirou. Lise, a esposa de Cristal, inquieta-se com o fato do marido estar sozinho em um momento tão difícil. Ambos dirigem-se à residência do locutor. Fernandinho, por chegar primeiro, chama a ambulância e Cristal é levado, ironicamente, para o Hospital Amadeu Tibiriçá.

Cristal sobreviveu e agora apresenta na Rádio Cacique, PRG-12, durante a madrugada, o programa *Bola de Cristal*. E foi, em uma dessas noites, que o passado retornou e, com ele, o locutor descobriu que todos ou, pelo menos, quase todos, têm o limite da indignidade:

> FERNANDINHO: Como vai, Cristal?
> CRISTAL: ... Fernandinho... puxa... há mais de seis meses... minha mulher me contou que foi você quem me levou para o hospital... não sei se agradeço eu...
> FERNANDINHO: Como vai sua mulher?
> CRISTAL: Lise? ... quando foi a última vez que eu vi Lise?... quando foi?... vai bem... deve ir bem... desculpe os trajes... aqui faz um calor horrível... é o turbante – agora é instrumento profissional... A visita é o que? Eu não paguei o hospital?
> FERNANDINHO: ... não... eu...
> CRISTAL: ... porque se for dinheiro, ainda tenho um pouco de indenização... olha, até comprei um telescópio.... é impressionante... todos deviam ter um telescópio...
> FERNANDINHO: ... eu ... eu insisti pra que você voltasse prá televisão e não foi possível e... mas estou contente que o seu programa no rádio vai indo bem e... muito comentado na cidade...
> CRISTAL: ... deve ser por causa do horário que ajuda... é ótimo... de quatro às seis da manhã... gostou do título? A Bola de Cristal. Sugestão do diretor da rádio... os diretores sempre dão ótimas sugestões...
> FERNANDINHO: ... eu vim só dar um abraço e... você está precisando de alguma coisa?
> CRISTAL: ... cem contos...

em conseqüência das declarações de MacNamara, naquele projeto de distribuição de anticoncepcionais a milhares de mulheres no Brasil em nome de um controle de natalidade e onde estavam envolvidos órgãos de caráter internacional" (M. Guimarães, Oswaldo Loureiro: cem dias de Cristal. *Última Hora*, Rio de Janeiro, 16.12.1976).

48. O. Vianna Filho, *Longa Noite de Cristal*, op. cit., p. 50.

48 A CRÍTICA DE UM TEATRO CRÍTICO

FERNANDINHO: Claro. Lhe dou um cheque, está bem...
CRISTAL: Tem fundo? (*Fernandinho ri. Escreve*) Como vai a Flavinha?
FERNANDINHO: ... Vai bem...
CRISTAL: E o Murilo?
FERNANDINHO: ... nunca mais vi.
CRISTAL: Ele saiu de lá?
FERNANDINHO: ... no mesmo dia que você...
CRISTAL: E a Segunda Edição?
FERNANDINHO: Tive que por uma novela no horário... moderna, sabe? Ótima...
(*Entrega o cheque*)
CRISTAL: ...tenho que ir pro microfone...
FERNANDINHO: Prazer em vê-lo, Cristal. Quem sabe um dia a gente leva esse programa prá televisão.
CRISTAL: É capaz. É tão ruim. (*Fernandinho ri. Aperta a mão de Cristal*)
FERNANDINHO: Até logo, Cristal. Se cuide, hein?[49].

Nesse universo ficcional, Vianinha forneceu às personagens contradições, dúvidas, situações-limite e a busca incessante da brecha, da possibilidade de criar alternativas à engrenagem que, a cada dia, se consolidava como o caminho do desenvolvimento e da modernização. Cristal, Fernandinho, Murilo não são heróis, nem vilões, mas sobreviventes de um sistema que, cotidianamente, tornava-se mais excludente e perverso. Todavia, a alternativa seria somente lamentar, ou existiram aqueles que se adequaram à lógica que já se antevia vitoriosa?

Esse campo investigativo permaneceu na peça *Corpo a Corpo*[50], onde a indústria cultural é enfocada sob o signo da publicidade. Nesse monólogo, não há diversidade de recursos estéticos, isto é, não existe multiplicidade de planos, nem tempos distintos. A narrativa é linear, e está ambientada em um único espaço cênico: o apartamento de Vivacqua. Contudo, Vianinha estabeleceu patamares de discussão, com a finalidade de observar que, muitas vezes, as escolhas profissionais envolvem uma dose excessiva de individualismo, em detrimento de escolhas coletivas. Vivacqua, ao se ver relegado a um segundo plano, sem oportunidades de exibir o seu talento e auferir um rendimento maior no final do mês, mostra-se indignado com comportamentos considerados antiéticos, tais como a postura de Fialho em relação a Aureliano que, aos poucos, está sendo alijado da agência e das decisões. Essa é a motivação, a partir da qual o protagonista inicia a ação dramática, impedindo a entrada, em seu apartamento, de Suely, sua noiva e filha de Tolentino, dono da agência de propaganda em que é funcionário.

49. Idem, p. 52-53.
50. Escrita no início da década de 1970, essa peça, segundo o próprio autor, teve como objetivo inicial dialogar com espetáculos de vanguarda do período, particularmente, com a montagem de sua peça *Longa Noite de Cristal*, no Teatro São Pedro, em São Paulo, sob a direção de Celso Nunes. Inspirado nos estudos de J. Grotóvski, o diretor optou por uma narrativa cênica não centrada no papel social desempenhado por Cristal, o que fez com que Vianinha se colocasse em desacordo com a referida encenação.

Na seqüência, o leitor/espectador acompanhará uma madrugada de angústias, dúvidas e sofrimentos. Após romper o vantajoso noivado, Vivacqua questiona o seu comportamento, subserviente ao patrão Tolentino, a sua opção profissional e destaca o caráter "enganoso" de sua profissão: vender sonhos e expectativas de consumo em uma sociedade desigual.

> VIVACQUA: [...] propaganda é isso, uma corrida desesperada de todo mundo prá vender cenários e humilhação... sou pago prá não tomar conhecimento do povo, jogar luxo nos olhos dele... sou pago prá provar prá ele que uma geladeira é um ser superior, que uma loja é um templo onde se dá a multiplicação dos liquidificadores... quem não tem batedeira de bolo não entra no Reino dos Céus... a gente fica tão metido dentro daquela Agência, tão atrás de tricas e futricas que a gente esquece que foram eles que fizeram a geladeira, pomba, com o maçarico na mão... a gente começa a acreditar que somos nós que carregamos o povo nas costas... somos nós que temos de trabalhar feito cruzados prá convencer essa gente a acreditar no conforto, nos liquidificadores... eles ficam de outro país, entende? Outro sangue, metabolismo diferente, é outra raça...[51].

Ao revelar as artimanhas que compõem uma peça publicitária, Vivacqua reconhece que, com o objetivo de ascender social e profissionalmente, abandonou expectativas de um trabalho engajado, em especial, quando recorda a sua formação em sociologia e a atividade como pesquisador na Fundação Getúlio Vargas. Estabeleceu uma escala de prioridades, na qual respeito, família, amizade e solidariedade tornaram-se valores obsoletos. Em meio a esse desespero, busca a companhia de outras mulheres, além de tentar conversar pelo rádio amador. Nesse processo de solidão, telefona para a mãe, em Aracaju. A consciência de quanto se afastou dos afetos e das relações de solidariedade emerge quando é informado que Ema está internada. Sofreu uma cirurgia e, dada a gravidade do quadro, será submetida a uma nova intervenção no dia seguinte. Perplexo com a notícia, pergunta ao tio porque nada lhe foi dito e, ainda mais estupefato, descobre que a mãe enviou-lhe uma carta, e ele não leu por achar que não havia nada de importante nela.

> VIVACQUA: (*Desliga. Tempo parado. Toca o telefone. Atende*) Já, senhorita, já falei. (*Desliga de novo. Parado. Longo tempo. Vai até a cômoda de repente. Feito um louco. Abre gavetas. Procura pastas. Acha um telegrama. Abre. Lê. Fecha os olhos. Sacode a cabeça. Meio que chora. Procura uma carta. Procura, acha. Abre. Lê*)... Luiz, meu filho... desculpe não ter escrito antes... escrevi muitas cartas, você não respondeu, deve ter muito trabalho aí, então há tempo não escrevo... seu pai, não vi mais, faz quatro anos que não vejo. Sei que ele teve outro filho. Seu irmão – o filho mais velho dele – o Fernandinho – está estudando interno no Recife. Passa por aqui antes de ir prá fazenda. É muito bom menino. Continuo aqui com suas tias e estou muito bem, minhas irmãs são ótimas. Tenho visto televisão e soube que o anúncio da "cera Lemos"

---

51. O. Vianna Filho, *Corpo a Corpo*, em *Cultura Vozes*. Petrópolis: Vozes, n. 1, ano 93, vol. 93, 1999, p. 178.

50 A CRÍTICA DE UM TEATRO CRÍTICO

foi você quem fez. É muito bonito. É o anúncio que mais gostam por aqui! Fiz todo mundo usar cera Lemos. Na repartição faço uma propaganda enorme. Não tenho passado bem ultimamente com dores nas costas. Pedi uma licença. Faz quinze dias que estou em casa e o médico disse que agora eu preciso operar. Se for possível você me manda algum dinheiro, por favor, mande. Seu pai tem mandado dinheiro regularmente, mas talvez agora eu precise de um pouco mais. Li nos jornais que você ficou noivo de uma moça muito bonita. Suely, não é? Gostaria muito de conhecer a Suely. Logo que ficar boa, estou planejando dar um pulo até o Rio de Janeiro. Porque acho que você aqui prá Aracaju não vem mesmo, não é?[52].

Diante de tanto desespero, Vivacqua, que, por telefone, já havia solicitado a sua demissão a Fialho, faz uma reserva no primeiro vôo para Aracaju, a fim de ficar ao lado da mãe e se estabelecer profissionalmente fora do Rio de Janeiro. Nesse meio tempo, o telefone novamente toca. Dessa vez, ele aceita a ligação e, do outro lado da linha, está Tolentino, diretamente dos Estados Unidos, para informar que a Fullbright gostou do anúncio da cera Lemos. Com isso, ele deverá embarcar imediatamente para os EUA, porque estão em andamento as negociações entre Fullbright e Tolentino, para obtenção de contas publicitárias no interior do Brasil. Vivacqua fará parte do esquema, assumindo na agência de propaganda o lugar de Aureliano.

VIVACQUA: Deus do céu, uma oportunidade assim, Vivacqua, isso não acontece duas vezes... os americanos gostaram, Viva, é a agência Fullbright que gostou do teu amigo, menino! Que quer trabalhar com você, Viva!... Foi na mosca, Vivacqua, foi na mosca! Lá no coração foi uma porrada, menino, uma paulada, paulada! A gente estourou o cassino inteiro! Meu Deus do céu, consegui! (*Começa a pular*) Na mosca, no queixo, peguei na mandíbula, gente! Peguei a vida de porrada, pelo rabo, está aqui no bolso, aqui... publicidade eu sei fazer, sim, entende? Estouro a cabeça das pessoas de vontade de comprar, ser melhor, se abrir no mundo... ganhei meus trinta segundos... me dá meus trinta segundos que vou fazer poema com esse mundo sujo e novo! Onde eu puser a câmera vai ter a nossa novidade mesmo que seja anúncio de pepino! Ganhamos mais trinta segundos, gente! (*Vai até a janela*) Vou abandonar vocês, acabo de ser nomeado pessoa por eles, acabo de ser proclamado ser humano... vou embora, vou largar vocês, não vou triste, não! Mas juro que levo essa nossa gana de aparecer no mundo... vocês não podem me xingar, é publicidade, é a única coisa que eu sei fazer... é o que vocês todos queriam que acontecesse com vocês... tirei a loteria, a loteria é minha... o bilhete é meu! Posso fazer alguma coisa que não seja só suportar, suportar, supor... que não reclama de mim não... aprendam primeiro a ser povo, a acreditar na gente cegamente, a apostar na gente... vocês ainda acreditam no jogo de cada um prá si... essa é a regra do jogo que vocês botam, que vocês deixam que seja ensinada nas escolas, nos anúncios, agora ficam com nojo quando descobrem que alguém ganhou esse jogo, hein? Eu sei, eu sei, trinta não é nada, pomba, quem não sabe que trinta segundos são trinta segundos... mas é a minha parte![53].

À mãe caberá, nessas circunstâncias, um telegrama, desejando sorte na cirurgia. A Fialho, que cumpra as ordens de Tolentino e compre-lhe

52. Idem, p. 189.
53. Idem, p. 197-198.

a passagem para a América do Norte. Suely volta à condição de noiva e, como tal, deverá ajudá-lo a compor um guarda-roupa adequado para a viagem e solicitar à amiga jornalista que divulgue uma nota em sua coluna. A Aureliano, o eterno mestre, o agradecimento, mas a vida segue seu curso e, no mercado, cada um deve buscar os seus trinta segundos de fama. Vivacqua *coisificou-se*, assumiu-se como mercadoria e aceitou as regras do jogo.

O "limite da indignidade" é dado pelas expectativas que cada trajetória comporta. Ao contrário de Cristal, Vivacqua aceita as regras e os benefícios que irão advir dessa opção. Embora tenha consciência da injustiça, da exploração, da miséria e da capacidade do campo simbólico em construir uma realidade virtual, o protagonista não vê alternativas, fora desse espaço, para suas ambições.

Estabelecer os limites afetivos e éticos em um processo cada vez mais acirrado de modernização e maximização do lucro? Nesse sentido, retomando o caminho adotado em *Mão na Luva*, Vianinha investigou de que maneira essas práticas tornam-se valores e são internalizados no cotidiano das relações familiares em *Nossa Vida em Família*[54]. Ambientando a ação em vários espaços (casa de Lu e Sousa, o apartamento de Anita e Jorge, no Rio de Janeiro, o apartamento de Cora e Wilson, em São Paulo e a rodoviária do Rio de Janeiro), materializados pela iluminação, o texto coloca em cena um drama contemporâneo: o que a sociedade deve fazer com seus velhos?

Lu e Sousa, em um almoço de família, junto com alguns de seus filhos e netos, informam que o proprietário do imóvel onde moram faleceu. Para que eles continuem ali residindo terão de pagar um aluguel compatível com as exigências da nova Lei do Inquilinato. Diante do aumento substancial, o casal recorre aos filhos, a fim de que eles possam ajudá-los. Imediatamente, todos falam da impossibilidade em arcar com novos compromissos, e Lu e Sousa são separados provisoriamente. Ela vai morar no apartamento de Jorge e Anita, enquanto ele vai para São Paulo, ficar com Cora e Wilson.

Essa situação desorganiza o espaço e o cotidiano daqueles que os acolhem. Pequenas insatisfações, dificuldades no relacionamento, a falta de paciência acabam por tornar, em certos aspectos, a convivência insuportável.

---

54. Em 1970, Vianinha escreveu a peça *Em Família*, que foi transformada em roteiro cinematográfico pelo próprio autor. A sua filmagem marcou a estréia do ator Paulo Porto como diretor de cinema. Essa película, *Em Família* (1971), mesmo não tendo boa bilheteria no circuito comercial, obteve medalha de prata no VII Festival de Moscou, em 1971. Na década seguinte, em 1983, ganhou uma versão televisiva, *Domingo em Família*, na Rede Globo de Televisão.

52 A CRÍTICA DE UM TEATRO CRÍTICO

Reversão de luz em São Paulo. Afonsinho e Sousa sentados na sala dormem. Roncam muito alto; televisão fora do ar na cara deles. Um choro lancinante de criança vem do quarto. Corinha vestida melhor entra. Olha os dois dormindo.

CORA: [Falei com o porteiro, Wilson... já disse que não vou pagar o condomínio esse mês de novo, de maneira que...] (*Entra*) Que foi? Que foi com a menina, meu Deus?

WILSON: (*Voz*) Deve estar chorando há meia hora... está quase sem fôlego... teu pai e esse outro aí, o bombeiro não acordaram... te disse que a gente não devia ir no cinema...

CORA: (*Volta fuzilando, acorda os dois com violência*) Pai, ô bombeiro, velho, acorda aí, acorda aí! (*Os dois acordam estremunhados. Cora não pára de falar*) Pela madrugada, o que é isso? Eu vou pro cinema, nunca vou pro cinema, eu vou pro cinema e a menina desse jeito, nunca vou pro cinema, vou pro cinema... por isso que o porteiro falou "a senhora deixou a menina sozinha?" Mas vocês são surdos? A menina está tremendo, está roxa, pela madrugada, pela madrugada!

SOUSA: Não grite assim, o que foi que aconteceu?

CORA: Não me vem assim, não me vem assim, não, com grandes ares, aqui falo eu, não vem com cara de pai fajuto, não, o que você fez é fajuto, fajuto, a menina treme toda, coitadinha, treme, treme, deve estar chorando há uma hora...

SOUSA: Que uma hora, que uma hora? Cinco minutos... deixa chorar, faz bem pr'os pulmões...

CORA: Ah, é, ah, é, ah, é, eu sou a errada, eu que estou incomodando o sono dos velhos, não é, velho é pra dormir, não é pra dormir que serve velho? Dormir e comer aqui na minha casa não é, ô bombeiro fajuto! Pensa que aqui é pensão quer que eu faça marmita? Dois meses comendo na minha casa?

SOUSA: Não admito que você fale assim com um amigo na minha casa!

CORA: Que sua casa, que sua casa, que sua casa?

SOUSA: Você é mesquinha, menina, entende? Seu marido rouba válvula boa de televisões que conserta, você rouba vestido... detesto gente que vive escondida contra os outros, vocês são assim, escondidos dentro de ruelas dentro de vocês, só os olhos nas persianas fechadas... não gosto de você, menina...

[--]

SOUSA: ... (*Muito baixo*) ... essa casa é úmida... esse rio Tietê cheira mal... O Canindé cheira mal... (*Longo silêncio*)... queria telefonar pra todas as pessoas e avisar o que aconteceu comigo... cuidado... não sei como se evita isso, mas tenham cuidado... de repente, a gente tem vergonha de ter vivido... e não sabe onde está o erro... na lista telefônica, de um por um; começava pela letra a... cuidado, muita cautela, tenham muita cautela... por favor, tenham muita, muita cautela... (*Fica parado longo tempo. Entra*)[55].

Enquanto assiste ao calvário do casal de velhos, Vianinha proporciona, ao seu público, outro ângulo do problema: o empobrecimento da classe média. Os filhos de Lu e Sousa não possuem condições financeiras nem para pagar o aluguel dos pais, nem para acomodá-los adequadamente em uma casa de repouso, assim como suas residências não dispõem de espaço físico para acolhê-los. Dessa maneira, os laços afetivos transformam-se em relações econômicas, e o convívio social e familiar em questão contábil.

55. O. Vianna Filho, *Nossa Vida em Família*. São Paulo: Geprom Editora Ltda, 1972, p. 46-47.

JORGE: Mariazinha dá cem contos, pode, pode, eu sei que pode, Neli dá quatrocentos... fica mil e trinta cruzeiros, Anita; olham pelo amor de Deus, não me olha como se eu estivesse brincando, jogando, mil e trinta cruzeiros, não dá? Não dá?

ANITA: Jorge, meu querido [meu companheiro], eu também estou que nem sei, mas eles não sentem obrigação nenhuma pelo seu Sousa, o seu Sousa não deixou nada, deixou o exemplo dele, mas pouca gente usa isso... mas está bem, vamos admitir que tudo que você falou aconteça como você precisa que aconteça... faz um mês que nós vamos nessas casas, nessas vilas, você viu as casas, Jorge, a prestação é de 330 contos, o condomínio é 80! 80, Jorge. E tem água, luz, esgoto, imposto predial, a casa não tem tanque, não tem caixa d'água, a luz é baça, os canos estouram, o piso não tem taqueamento, nós fomos lá, Jorge, quanto se vai gastar pra ter uma caixa dessas, numa casa para dois velhos? O telefone mais perto fica a um quilômetro... em Miguel Pereira não faz mal não ter telefone... e nessas vilas de meia parede as pessoas se entrechocam, se sobrepõem, a farmácia é longe e só tem Melhoral, chegar num açougue é uma aventura, e a Neli não dá quatrocentos contos por mês porque a entrada dos cinco milhões ela que daria, a Cora não pode dar cem contos por mês e nós não podemos ter duzentos contos livres por mês, porque a gente paga, paga, e deve mais, e fica o resto da vida, Jorge, o resto da vida, você tem a sua, Jorge, infelizmente você existe, tem a sua vida, Jorge. (*Longo silêncio*)

[---]

JORGE: ... e se a gente alugasse um quarto num apartamento aí, como o Beto, o Beto mora em quarto alugado...

ANITA: Perto da gente? ... é caro o quarto... e é difícil achar quem queira alugar quarto pra gente muito idosa... nunca se sabe o que pode acontecer...

JORGE: Comer, eles vinham comer aqui em casa, na casa da Neli... (*Silêncio*) ... não quero reconhecer que perdi, Anita, perdi... estou de quatro... pastando... onde é que eu vou pôr meus pais, Anita? Eles me deram essas fibras, essas vísceras, eu sou eles, sou a pulsação deles, ninguém pode andar sem o seu passado, me querem sem passado... tudo que acontece no mundo de insuportável vem estourar dentro da família, é para a família que a gente traz [...] Tudo isso aconteceu porque meu pai é um homem bom, digno e pobre... são obstáculos difíceis de transpor... [...][56].

A vida mercantilizada, para Oduvaldo Vianna Filho, possui uma dimensão trágica, na medida em que esse procedimento permeou o cotidiano, alojou-se nas casas e estabeleceu o dado da lucratividade em diferentes níveis das relações humanas e sociais, como ele bem destacou, em seus últimos meses de vida: "eu acho a postura mais popular que existe: em nome do povo brasileiro, a conquista, a descoberta da tragédia, você conseguir fazer uma tragédia, olhar nos olhos da tragédia e fazer com que ela seja dominada"[57].

Dominar essa tragédia, elaborar personagens e narrativas que consigam apreender aspectos do cotidiano de segmentos médios urbanos foi o desafio ao qual Vianinha se lançou, com vistas a compreender os espaços e os limites da atuação sociopolítica articulada ao mercado de trabalho e ao lugar da atividade intelectual como mercadoria.

56. Idem, p. 104-106.
57. O. Vianna Filho, Entrevista a Ivo Cardoso, em F. Peixoto (org.), op. cit. p. 182.

EM TEMPOS DE *RESISTÊNCIA DEMOCRÁTICA*, QUAL O LUGAR DA POLÍTICA?

Nesse processo criativo, as inquietações dos setores médios foram privilegiadas em várias peças. Contudo, não se deve ignorar que os temas atinentes à militância política e às perspectivas de transformação social não foram, em absoluto, deixados de lado. Pelo contrário, os embates, no âmbito da própria esquerda e a construção da resistência democrática, foram objetos de reflexão em *Papa Highirte* (1968) e em *Rasga Coração* (1974).

Em *Papa Highirte*, há um diálogo com a militância, em geral, a partir de duas orientações específicas. A primeira exalta a atuação do militante do PCB como a opção *correta* em face das dificuldades do momento. A segunda, por sua vez, realiza uma crítica contundente à prática da luta armada, avaliada como irracional e inconseqüente no combate à ditadura. Assim, a peça discute os encaminhamentos políticos da América Latina, por meio de uma ação dramática ambientada na residência de Highirte. Ele, governante deposto de Alhambra, vive em Montalva, na companhia da empregada Grissa, do segurança Morales, da amante, Graziela, e de Mariz, que se torna motorista do velho ditador, com o seguinte objetivo:

> MARIZ: Vim de Zacapa prá dar oito tiros nele, dois anos em Zacapa juntando dinheiro, eu também juntei dinheiro...
>
> GRAZIELA: Me solta, me solta, vou fazer o que? Tenho de ficar com Papa, sou tão solta, ninguém me quer de verdade, eu...
>
> MARIZ: Por causa do Manito, mulher, por causa de Manito, não é por sua causa, nem sei quem é você, por causa de Manito, por...
>
> GRAZIELA: Socorro. Socorro.
>
> MARIZ: Eles que mataram Manito, esses filhos da puta mataram Manito, matou Manito não é, cachorro? Vai ver comigo, Papa Highirte, você não vai abrir a boca pra dizer ai entendeu? Entendeu? ...
>
> GRAZIELA: Juro, meu amor, juro, juro...
>
> MARIZ: (*Manito canta o hino*)... Prenderam Manito e sumiram com ele e torturaram, torturaram e de manhã Manito ia prá cela todo arrebentado e cantava o hino de Alhambra aí vem o médico prá saber se as pessoas podem ser torturadas de novo e torturam, torturam mas Manito não falou nada, era o melhor torneiro mecânico de Alhambra, vinha gente ver ele fazer a instalação de uma fábrica! Começou a não ter mais emprego a comprar trator no estrangeiro, Papa Highirte dançava chula e dizia que era assim que a gente só fabricava trator de roda e precisava trator de esteira...
>
> [---]
>
> MARIZ: Prenderam Manito – "eram mais ou menos cinco horas da tarde quando os agricultores Leci Bataglia e Juan del Sol, avistaram um cadáver boiando nas águas do Rio de las Flores, entre taquareiras..." até sei de cor isso do jornal... A polícia disse que ele tinha fugido e os comunistas mataram Manito prá ele não ir contra o Partido; não foi não, mataram Manito por que não queriam levar ele prá julgamento... Levaram ele numa lancha, aí mergulham até não agüentar, aí tiram aí mergulham... Até morrer... Amarram uma pedra nele, ele nunca mais aparece... Mas o pé de Manito escapou, eles perderam Manito, era noite... Não conseguiram achar o corpo... por isso ele apareceu

ODUVALDO VIANNA FILHO: TEMAS, PERSONAGENS E NARRATIVAS   55

boiando... Eles chamam isso de acidente de trabalho... Por isso o corpo apareceu... Foi acidente de trabalho...[58].

Se o tempo presente, para Mariz, está permeado pelo desejo de vingar a morte de Manito, para Highirte, ele anuncia a promessa de retornar a Alhambra, sua terra natal.

> (*Música abre em Papa no telefone. Papa Highirte no telefone. Morales ao seu lado. Mariz sentado.*)

> PAPA HIGHIRTE: Não consigo entender, Menandro... Estas ligações internacionais estão péssimas... Eu disse péssimas! Como? ... Ah que la puta! (*Mariz se levanta, música tensa, baixíssima*) Camacho conseguiu mais um empréstimo no estrangeiro, Morales. (*No telefone*) Camacho então está seguro?... (*Mariz. Revólver no bolso. Sai de cena*) Os sindicatos que? Uma central sindical para assuntos políticos? Mas é preciso fazer alguma coisa General Menandro, Menandro de Deus! Eles vão tomar o poder, você também vai vir para o exílio, todos vocês, os que escaparem dos fuzilamentos! (*Mariz aparece no fundo do palco. Longe. Tenso. Pálido*) inclusive Perez y Mejia! Como vai esse bastardo? Ainda apóia Camacho, não é, está ficando rico, os ministros de Camacho ficam sempre ricos!... (*Mariz tira o revólver. Não chega a apontar*)... Vou tentar, vou tentar, conseguir mais dinheiro... Faça uma campanha entre os oficiais, mostre o que está acontecendo, distribua boletins nos quartéis... É preciso fazer tudo de novo... Os donos de jornal, fale com eles em meu nome... Venha até aqui conversar comigo. O que? (*Ouve um pouco. Desliga*)... "Muito difícil, Papa, a situação é muito difícil"...

> MORALES: É preciso confiar em Deus, Papa (*Longa pausa*)

> PAPA HIGHIRTE: ... E quem pode saber de que lado Deus está...? (*Fica em posição*) Vamos Morales. (*Morales também fica em posição. Começam a fazer ginástica. Flexão de pernas*)[59].

Em meio a essas articulações, atualizam-se, cenicamente, embates referentes à antiga administração de Papa, tais como: as discordâncias com Perez y Mejia e as críticas ao governo de Highirte feitas por seus próprios aliados.

> PEREZ Y MEJIA: Um partido único. Papa Highirte, é preciso um partido único. Não é só opinião minha, somos mais de quarenta oficiais.

> PAPA HIGHIRTE: Acabei com a subversão no país, General Perez y Mejia.

> PEREZ Y MEJIA: Não é possível admitir oposição ao governo. Admitir eleições é admitir que podemos estar errados, mesmo que sejam eleições só para deputados, é admitir alternativas.

> PAPA HIGHIRTE: Meu governo é uma escola, não um quartel, General Perez y Mejia.

> PEREZ Y MEJIA: Permitir eleições é não permitir a planificação, é ficar ao sabor dos acontecimentos, é permitir a demagogia, as grandes palavras, as pessoas que se exi-mem, muito som, Papa muito som, é preciso censura prévia aos jornais, é preciso...

> PAPA HIGHIRTE: É preciso distinguir oposição e subversão, General Perez y Mejia.

> PEREZ Y MEJIA: Com eleições some o interesse nacional, só existem interesses pes-soais e todos esperam que as coisas mudem e não se comprometem e todos precisam

---

58. O. Vianna Filho, *Papa Highirte*. Rio de Janeiro: MEC/SNT, 1968, p. 41-43.
59. Idem, p. 28-29.

56 A CRÍTICA DE UM TEATRO CRÍTICO

saber que não vai haver mudança, que viemos para deixar nossa marca no lombo da
história, deste país, a fogo se for preciso.

[---]

PAPA HIGHIRTE: Não admito imposições ao meu governo, general Perez y Mejia.

PEREZ Y MEJIA: Nós também somos o seu governo, Papa Highirte.

[---]

[*Muda a luz. Papa continua com Graziela no colo enquanto contracena. Perez y
Mejia em cena. Dois homens (feitos pelos que fazem também cobertores) em roupas
civis. O rosto coberto por véu negro. Os dois mais atrás e Perez y Mejia formam uma
comissão*]

PEREZ Y MEJIA: O país está paralisado, Generalíssimo Highirte.

PAPA HIGHIRTE: Vou resistir. Vou resistir.

PEREZ Y MEJIA: Os planos não se cumprem. São mudados a cada dia.

PAPA HIGHIRTE: Resistir. Resistir.

PEREZ Y MEJIA: Vamos promover eleições gerais e diretas, Generalíssimo Highirte.

PAPA HIGHIRTE: À bala. Só saio daqui à bala.

PEREZ Y MEJIA: Exigimos vossa imediata renúncia, Generalíssimo Highirte.

PAPA HIGHIRTE: À bala. À bala.

PEREZ Y MEJIA: Vamos restabelecer a democracia em Alhambra.

PAPA HIGHIRTE: Quem é o senhor para falar em democracia?

PEREZ Y MEJIA: Imediata renúncia.[60]

Nesse contexto, vislumbram-se as premissas que constituíram o
governo de Highirte e de que maneira elas criaram as bases para o seu
isolamento político. Essas situações dramáticas reconstituem o processo de Alhambra sob a perspectiva do Estado, como instituição "legítima" da coerção e da força. Já Mariz, ao rememorar, o faz por seus
diálogos com Manito acerca dos encaminhamentos a serem dados à
luta política e ao projeto de revolução. Esses podem ser resumidos a
dois. O primeiro vincula-se aos limites da legalidade. O segundo assume a defesa da ação armada.

(*Fica ali. A figura de Manito. Novamente invade o palco*)

MARIZ: Estou fora, estou fora disso, Manito.

MANITO: ... Como fora? Você já reuniu, conhece os planos, como fora?

MARIZ: Fora, estou fora...

MANITO: ... E a nossa segurança?...

MARIZ: ... Fora, pelo amor de Deus, fora...

MANITO: ... Como fora? E a nossa segurança. Diego? Como...

MARIZ: ... Não estou de acordo, entende? Não concordo, não...

MANITO: ... Você já reuniu, companheiro, conhece os planos, como fora?...

MARIZ: ... Ficou combinado que a gente ia ver se era possível...

MANITO: ... É possível, é só ter gana, o que falta nesse país é a gana...

MARIZ: ... Não dá, tem jornal aberto, tem oposição no Congresso...

MANITO: ... Jornal? Fecharam o Clarín, o Congresso diz o quê? Salário congelado...

MARIZ: ... A gente está desorganizada, o mundo ainda é deles, não dá prá ir prá
decisão com Papa Highirte...

MANITO: Dá. Dá. A gente começa, começam na cidade de Abolición, em Cruz de

60. Idem, p. 14, 15, 21 e 22.

los Muertos, Alvorado...

MARIZ: ... Ninguém vai se levantar, Manito, estou fora...

MANITO: ... Não pode sair fora, nada disso!

MARIZ: ... Você quer ser herói eu quero fazer a revolução...

MANITO: ... Você conhece alguma revolução sem herói?

MARIZ: Todas, tiveram líder, nenhuma teve herói...

MANITO: ... Jogo de palavra, você também agora jogo de palavra?...[61]

Pelo campo ficcional, Vianinha propõe um balanço dos acontecimentos políticos e da feição do Estado pós-1968, bem como desenvolve um confronto entre a linha política adotada pelo PCB e a que foi escolhida pelas facções de esquerda favoráveis à luta armada. Entretanto, a ação dramática não evidencia apenas uma situação dicotômica. Ao contrário, ela aponta a complexidade que envolve as relações humanas, os meandros da luta política e a disputa pelo poder. Highirte revela uma dimensão psicológica, quando o seu cotidiano acolhe os sonhos, a saudade da família e o carinho pela neta, que se contrapõem à postura do estadista.

Mas, tal carpintaria, que viabilizou várias nuanças do protagonista, não foi empregada na confecção das demais personagens. Mariz, por exemplo, possui uma construção esquemática motivada pelo desejo de matar Highirte. Os seus conflitos e dúvidas estão mediados pelo remorso que carrega, em função da morte do companheiro de luta. O seu relacionamento com Graziela é restrito a práticas sexuais, desprovidas de emoção. Assim, a sua presença, em cena, é a materialização do antagonismo em relação a Highirte e a existência de outra interpretação acerca do processo histórico vivenciado em Alhambra. Nesse sentido, as demais personagens são compostas para dar suporte ao conflito dramático.

No que se refere à construção da temática, *Papa Highirte* teve como pressuposto pensar a experiência latino-americana sob a égide da ordem e da modernização, a prática de poder dos governos militares (ou governos sustentados por eles). A peça revelou, ainda, alguns caminhos percorridos pelos militantes de esquerda, em direção à luta armada, sobretudo considerando o impacto da Revolução Cubana, da teoria do *foquismo*, de Régis Debray, e a vinda de Ernesto "Che" Guevara para a América do Sul. Ao lado dessas experiências, e em oposição a elas, a interpretação dos partidos comunistas, conclamando à resistência e à necessidade de acumular forças para a transformação democrática, que deveria exorcizar os seguintes fantasmas da opressão: o populismo, os governos militares, o alto grau de exploração e pauperização das sociedades sul-americanas.

No campo propriamente estético, Vianna Filho, à semelhança de outros trabalhos, fragmentou o espaço cênico, tanto pela iluminação

61. Idem, p. 29-30.

58 A CRÍTICA DE UM TEATRO CRÍTICO

quanto pela narrativa, a fim de articular um diálogo entre passado/ presente, ora fomentado pelas próprias personagens, ora introduzido por um narrador externo. Aliás, esse procedimento e essa temática, com um tratamento mais aprofundado, estão também na peça *Rasga Coração*[62] (1974), só que não pela ótica da "luta armada", mas pela sistematização de argumentos que pudessem refutar as críticas que os partidos tradicionais de esquerda vinham sofrendo há algum tempo.

Rasga Coração também tem seus espaços cênicos materializados pela luz, anunciando a presença de tempos cronológicos distintos no desenrolar da ação, além de várias narrativas, ora conduzida pela memória de Manguari, ora pela presença de um narrador externo que organiza a situação dramática. Esse pluralismo permitiu a existência de dois planos bem definidos: o passado e o presente. No primeiro abordam-se diferentes momentos da década de 1930. No segundo, a ação desenrola-se no decorrer do ano de 1972.

A partir desses recursos técnicos, a peça apresenta as personagens e seus espaços sociais, bem como as regiões de atritos e de contradições, com o objetivo de perseguir, por meio de um tema chave – modernização –, as divergências teóricas e políticas entre as proposições do PCB e as manifestações da Contracultura. Para tanto, são apresentados os referenciais de Manguari Pistolão e de seu filho Luca. Manguari é o depositário de uma série de lembranças, de uma específica concepção de mundo, que será questionada pelas aspirações de vida de Luca, e por outras possibilidades de entender as relações humanas e sociais. A viabilização dramática deste conflito ocorre em dois níveis. No primeiro, o espectador/leitor é conduzido ao universo de Manguari, por meio da recuperação do passado, que apresenta os embates nos quais esteve inserido, e a convicção de seus propósitos e de suas atitudes. No segundo, depara-se com o cotidiano de Luca, suas expectativas de vida e os princípios que norteiam a sua interpretação da "realidade". Nesse sentido, na maioria das vezes, as situações ocorridas no presente propiciam a recuperação do passado e, com ele, as opções de Manguari.

O ano de 1972 é o tempo no qual a ação dramática desencadeia-se. Basicamente, tudo se desenrola no apartamento de Manguari Pistolão. O ativista é, na década de 1970, um burocrata (funcionário público) que organiza a relação de despesas mensais, controla o orçamento da casa, participa da educação do filho e mantém um convívio amistoso com a mulher. Mas é, também, um indivíduo combativo na Associação dos Funcionários. Às quartas-feiras participa das reuniões semanais. Nena, por sua vez, é uma dona-de-casa, zelosa do marido e do filho. Vive às voltas com as compras do mês, com a comida, com a novela e com o

---

62. As considerações sobre *Rasga Coração*, presentes neste ensaio, são síntese da análise minuciosa desenvolvida no capítulo IV do livro *Vianinha* – um dramaturgo no coração de seu tempo (São Paulo: Hucitec, 1999).

sonho de reformar o apartamento. Sempre trajando um "peignoir" e arrastando os chinelos, tornou-se a imagem do abandono e do desleixo com a vida. O marido foi sua referência de vida e, o filho, seu ideal de realização. Para eles, porém, Nena é a garantia da estrutura familiar. No passado, o marido foi o seu grande sonho (por ele foi a comícios, passeatas, cuidou dos amigos e adiou seus anseios pessoais). No presente, o filho é a fonte de suas emoções. Passou a vida experimentando emoções alheias, não formulou indagações e muito menos construiu respostas.

Luca (Luís Carlos), adolescente e estudante do terceiro ano do segundo grau, completa o núcleo familiar e representa a juventude do período. Adepto da macrobiótica, é apresentado como herdeiro da geração "hippie", com a qual mantém fortes vinculações. Usa cabelos compridos e batas. Demonstra um profundo desprezo pelo atual estágio de desenvolvimento da civilização ocidental. Além de Luca, os jovens dos anos de 1970 são personificados por Camargo Moço e Milena, colegas de turma de Luís Carlos e participantes do movimento contra a determinação da escola (uma Portaria do Colégio Castro Cott, proibindo o uso de cabelos compridos pelos rapazes). A moça, também namorada de Luca, comunga das mesmas concepções de vida e de história do jovem. Não desenvolve conflitos internos, nem dimensões psicológicas. Apresenta-se mais como um perfil de comportamento do período. Outra personagem representativa da época é Camargo Moço. Estudante do Colégio Castro Cott do Meyer, apóia o movimento do Colégio Castro Cott de Laranjeiras (onde estudam Milena e Luca) por "solidariedade aos oprimidos". Diferencia-se de Luca e Milena, pois acredita no progresso e na civilização ocidental. Por meio destes matizes, Camargo Moço surge como contraponto a Luca e a Manguari, porque, ao mesmo tempo em que tem uma percepção crítica das experiências do passado, considera-se herdeiro dessa tradição.

Nesse sentido, os pressupostos de Manguari Pistolão serão questionados, sob vários aspectos, pois as premissas que norteiam o pensamento de Luca estão estruturadas pela dúvida com relação aos valores e às formas de vida consideradas como legítimas e corretas social e historicamente. Para tanto, pouco a pouco as diferenças vão sendo pontuadas. Inicialmente, evidenciaram-se as percepções distintas das relações sociais. De repente, em cena, está a repressão sexual, quando Luca, mais uma vez, duvida da idéia de justiça e igualdade como a base de qualquer luta. Ao contrário, ele estabelece como início da discussão o princípio do prazer, inerente a qualquer discussão que tenha como pauta a emancipação da sociedade. Não aceita que a responsabilidade, pela insatisfação presente na sociedade contemporânea, seja apenas do modo de produção capitalista.

A demarcação desse campo não se constitui apenas de questões pontuais. Pelo contrário, está fundamentado no clássico debate entre

60 A CRÍTICA DE UM TEATRO CRÍTICO

reino da necessidade e reino da liberdade. Para Manguari, deve-se garantir, minimamente, a sobrevivência, para, em uma etapa posterior, socializar as conquistas tecnológicas e científicas. Luca, por sua vez, refuta na origem os pressupostos do pai, pois, para ele, torna-se urgente redefinir as prioridades sociais e históricas, repensar a forma como a civilização ocidental foi construída e como o divórcio homem-natureza propiciou a constituição abstrata de uma sociedade ideal desvinculada das experiências e do cotidiano dos indivíduos. Essas diferentes concepções de sociedade e de civilização são reafirmadas na cena oito (cena que anuncia o desenlace do conflito dramático), enfatizando o quanto são irreconciliáveis as posições de Manguari e Luca. Isto pode ser observado a partir do seguinte diálogo:

MANGUARI: ...Eu queria falar com você, sabe, Luca... coisa de pai, hein?... coisas de pai...

LUCA: ...Ô pai, pai é uma doce, é uma boa...

MANGUARI: ...Porque eu não tenho nada contra experimentar coisas novas, entende, Luca? Não tenho nada contra... mas é que o mundo você acha que é só de coisa nova, ele é cheio de seus velhos problemas, você não pode freqüentar um colégio, eu sei, fica essa ociosidade, eu sei... mas eu acho que você está se abandonando muito, filho, não pode se abandonar assim, isso aconteceu comigo, eu sei, a gente se sente fora de tudo... mas, sei lá, filho,... você podia fazer uns cursos que tem aí nesse Museu de Arte Moderna, estudar inglês, taquigrafia, você não lê um livro, filho! Isso não pode continuar, esse desinteresse, a gente precisa, se encher de problemas, filho, e não fugir deles, entende?

LUCA: ...Sei, gente doce...

MANGUARI: (Silêncio longo)... E então, Luca?

LUCA: ...Então?... (Silêncio)...Ô gente doce, a gente está tão diferente, a gente está diferente...(Silêncio. Ri)...Ih, a gente é de duas galáxias, pai...

MANGUARI: ...Fala, Luca, por favor, que eu só quero entender você, Luca, palavra, explica...

LUCA: ... Explica...então tem que explicar... explicar... ex-pli-car... palavra de gilete... ex-pli-car...(Tempo longo)... quando o homem andava de tílburi, a velocidade do transporte era de 18km por hora...hoje, na era do jato, a velocidade do trânsito é de 10km por hora...

MANGUARI: ...claro, transporte individual, milhares de carros...

LUCA: ...Já foram encontrados pingüins com inseticida no corpo, a Europa já destruiu todo seu ambiente natural, diversas espécies de animais só existem nos jardins zoológicos, as borboletas estão acabando, vocês vivem no meio de fezes, gás carbônico, asfalto, ataques cardíacos, pílulas, solidão...essa civilização é um fracasso, quem fica nela e se interessa por ela, essas pessoas é que perderam o interesse pela vida... eu é que devia te chamar pra largar tudo isso... é na pele a vida, é dentro da gente, vocês não sabem mais se maravilhar! Eu não estou largado pai, ontem estive na porta de uma fábrica de inseticida, fui explicar pros operários que eles não podem produzir isso... vou em fábrica que produz enlatado... (Manguari vira-lhe as costas)... eu é que lhe pergunto! Não quer deixar a repartição, o ônibus 415, pai, e tentar viver uma vida nova? Está chorando?

MANGUARI: (Chora quase convulsivo) ...Não...não é nada...é que realmente a gente está tão diferente...(Luca vai até Manguari, comovido, abraça-se a ele)

LUCA: ...Ô, pai,...ô, pai... que é isso?...Ô, pai...

ODUVALDO VIANNA FILHO: TEMAS, PERSONAGENS E NARRATIVAS 61

MANGUARI: ...Na porta das fábricas pedir pros operários largarem seus empregos, são tão difíceis de conseguir, rapaz! (*Chora*)
LUCA: ...Ô gente doce...não fica assim...não fica assim...[63].

Essa transcrição expõe claramente de que forma os argumentos de Luca ancoram-se na não aceitação do progresso, da maneira como foi compreendido pelas sociedades ocidentais. Ele define suas prioridades a partir da qualidade de vida e da afetividade, recusando o que parece ser correto, rejeitando o que lhe é imposto em nome de uma *lógica* também historicamente construída. Pouco a pouco, porém, esta lógica passou a ser compreendida como algo natural e como o único caminho a ser trilhado em direção ao desenvolvimento das relações sociais. Significativamente, o discurso de Luca não apresenta nenhuma receita prévia para definir uma intervenção política organizada. Ao contrário, ele está no universo da crítica, da desconfiança em face das verdades eternas, em contraposição a Manguari que busca formas de intervenção concreta. No referencial do velho militante, o que não puder ser instrumentalizado não contribui para a emancipação social.

Por intermédio desses embates, Oduvaldo Vianna Filho trouxe à cena o tema da militância política, que dramaticamente realiza-se a partir do momento em que o Colégio Castro Cott proíbe o uso de cabelos compridos pelos alunos. Quarenta alunos recusam-se, dentre os quais está Luca, a cumprir a portaria. O que fazer?

À luz desse encaminhamento, novamente, apresenta-se na dramaturgia de Vianinha o tratamento não homogêneo de segmentos sociais. Embora estudem no mesmo colégio, participem da mesma luta, a compreensão de Luca e Milena vai de encontro às proposições apresentadas por Camargo Moço. E são essas divergências que farão com que a proposta de Manguari, respaldada na experiência do passado, visando organizar a luta para atrair o maior número de pessoas em favor da *causa*, seja duramente criticada pelos dois primeiros.

A recusa de Milena e Luca e o posicionamento favorável de Camargo Moço permitem vislumbrar concepções distintas com relação à resistência a ser construída. Para os primeiros, o importante seria manter a radicalidade e a autonomia do movimento, rejeitando uma política de alianças, porque as concessões, feitas em favor de um interesse mais amplo, acabam sufocando os interesses específicos dos movimentos. Camargo Moço, por sua vez, respeita as experiências anteriores às suas, como a militância de Manguari Pistolão, Camargo Velho, entre outros, isto é, a História do Brasil não escrita nos livros, além de destacar que o princípio da luta são os derrotados e não apenas os que resistiram.

---

63. O. Vianna Filho, *Rasga Coração*. Rio de Janeiro: Serviço Nacional de Teatro, 1980, p. 71-73.

62 A CRÍTICA DE UM TEATRO CRÍTICO

Após esta demarcação de posições, o colégio é invadido e o arquivo com as provas do meio de ano é destruído. O interrogatório de Castro Cott fragiliza os estudantes e o movimento é derrotado. Todos são expulsos do colégio, inclusive Camargo Moço, que votara contra a invasão e participara do movimento apenas em solidariedade. Em busca de respostas sobre a sua delação, o jovem procura Luca. Após esse encontro, ficam frente a frente Camargo Moço e Manguari:

> MANGUARI: (...) Camargo, por favor... (*Camargo Moço volta*) Quem é aquele rapaz?
> CAMARGO MOÇO: ... Quem?
> MANGUARI: ...O meu filho Luís Carlos, que é ele? Por que é que eu entendo ele cada vez menos? O que é que ele faz esse conflito de gerações ficar assim?
> CAMARGO MOÇO: ... Não saco muito conflito de gerações, sabe? Pra mim, o importante não é o conflito de gerações, é a luta que cada geração trava dentro de si mesma... eu sou da geração de seu filho, pô, mas sou outra pessoa... tem umas gerações que acham que a política é a atividade mais nobre, a suprema, a exclusiva invenção do ser humano...Tem outras gerações que pensam que a política é a coisa mais sórdida que o homem faz... quero que a minha seja como a primeira...
> MANGUARI: ... Mas a sua geração fica cada vez mais apolítica... você é minoria... qual é a minha culpa nisso? Minha geração é política...
> CAMARGO MOÇO: Bom. aí eu não sei, seu Custódio, não sei... Sabe? O Colégio Castro Cott mandou cortar cabelo e faz cumprir a ordem a ferro e fogo em Laranjeiras porque lá em Laranjeiras vão construir um colégio do estado... então, ele quer chamar atenção pro colégio Castro Cott de Laranjeiras, para todos os pais moralistas de todos os bairros, é uma maneira de atrair freguesia. Ninguém sabe disso lá no colégio, os 600 alunos, ninguém sabia, ninguém sabe do problema educacional do país... acho que, vai ver, esse foi o erro de vocês... vocês descobriram uma verdade luminosa, a luta de classes, e pronto, pensam que ela basta para explicar tudo... a tarefa nossa não é esperar que uma verdade aconteça, nossa tarefa é descobrir novas verdades, todos os dias... acho que vocês perderam a arma principal: a dúvida. Acho que é isso que o filho do senhor quer... duvidar de tudo... e isso é muito bom... acorda... arrepia as pessoas. (*Longo silêncio*)
> MANGUARI:: ...a dúvida, menino?...a nossa principal arma, a dúvida?... (*Novo silêncio*)... nunca tinha pensado nisso... (*Silêncio. Manguari imerso em si mesmo*)[64].

Esta passagem é luminosa, na medida em que as críticas aos procedimentos e às concepções de Manguari vão sendo intensificadas, ora por Luca, ora por Milena. Embora, no decorrer da peça, o movimento dos alunos tenha sido derrotado (talvez com o intuito de mostrar a ineficácia de ação desta perspectiva de análise), os questionamentos que foram apresentados eram extremamente contundentes. Por isso, nem dramática, nem muito menos politicamente, se podia ignorar o teor e a virulência dos argumentos utilizados contra os pressupostos dos partidos comunistas. Dessa maneira, não fugindo do debate, o dramaturgo inseriu na tradição o diálogo que exige, efetivamente, uma mudança dos setores de esquerda, para continuarem a sobreviver his-

64. Idem, p. 66-67.

ODUVALDO VIANNA FILHO: TEMAS, PERSONAGENS E NARRATIVAS   63

toricamente, pois os questionamentos foram feitos, as dúvidas instaladas e, dramaticamente, a conciliação entre Manguari e Luca tornara-se impossível.

> MANGUARI: ... Aqui você não fica mais, não pago mais trigo sarraceno, não pago roupa, pasta de dente, não sou pensão!...
> LUCA: ... Puxa, pai, que é isso?
> MANGUARI: ... É isso, é isso, é isso...
> LUCA: Não tenho pra onde ir, pai, vou pra onde?
> [...]
> NENA: ... Por favor... Custo!...
> MANGUARI: Cala a boca, Nena, não sei como você vai viver, não é em comunidade que vocês vivem, então?
> NENA: Custo, Custo, por...
> MANGUARI: ... _espetáculo de coragem!
> LUCA: Você é que pensa que é revolucionário, é a doce imagem que você faz de você, pai, mas você é um funcionário público, você trabalha para o governo! Para o governo! Anda de ônibus 415 com dinheiro trocado para não brigar com o cobrador e que de noite fica na janela, vendo uma senhora de peruca tirar a roupa e ficar nua! (*Manguari dá um tapa na cara de Luca. Avança sobre ele. Nena se interpõe. Ficam embolados.*)
> [--]
> MANGUARI: (*Desiste do corpo a corpo*) ... Está bem, Nena, vamos embora, Nena. Vamos embora. (*Sai. Nena fica um pouco atrás. Ficam só Camargo Moço e Luca. Tempo de silêncio*)
> CAMARGO MOÇO: ... Ih, amigo, ih... se eu soubesse que ia acontecer isso, eu nem vinha aqui...pô, desculpe...acho que devia ter falado com você linha direta...
> LUCA: (*Ainda está muito abalado, mas mantém-se*) ... não tem problema, amigo, sem problema... sabe como é que chamavam os cristãos no Império Romano? "Gente esquisita e intratável... os bárbaros do interior do Império..." hoje todo mundo se benze... eu sei que é isso que vou enfrentar... meu pai tem que descarregar em alguém ele ter vivido sem ter deixado marca de sua presença...
> CAMARGO MOÇO: Ô Luca, ô Luca, não é isso não, teu pai não deixou marca? Mas cada vez que começa uma assembléia num sindicato, a luz baça, teu pai está lá, cada vez que um operário, chapéu na mão, entra na Justiça do Trabalho, teu pai está lá, cada vez que, em vez de dizer países essencialmente agrícolas, dizem países subdesenvolvidos, teu pai está lá, cada vez que dizem imperialismo, em vez de países altamente industrializados, teu pai está lá, cada vez que fecham um barril de petróleo na Bahia, teu pai está lá... teu pai é um revolucionário, sim...
> LUCA: ... Petróleo, quilovates, toneladas de aço, megatons, você também só consegue entender o mundo nesses termos não é, companheiro?... o assalto à natureza... olha, muita felicidade no vestibular[65].

Se, do ponto de vista temático, *Rasga Coração* não perde o ritmo dos diálogos nem das argumentações, o mesmo não pode ser dito quanto à sua estrutura narrativa. Observa-se que sua estrutura dramática não é homogênea. Ao contrário, se no primeiro ato há riqueza de detalhes, sutilezas nos gestos e nas palavras, no segundo são as idéias, as dúvidas e a indefinição que sustentam a narrativa. Nesse sentido, se no primeiro o autor articula com muito mais freqüência passado e

65. Idem, p. 74-76.

64 A CRÍTICA DE UM TEATRO CRÍTICO

presente, no segundo ato, os diferentes tempos são apresentados de maneira mais estanque, mas é nele que explodem as divergências entre Manguari e Luca.

Apesar dessa distinção entre os atos, *Rasga Coração*, por possuir complexidade temática, permite diferentes níveis de abordagens, como aquele que reconhece os impasses que estavam colocados para a militância de esquerda, no exterior e no Brasil. Dessa maneira, percebendo as dimensões teóricas e políticas das críticas, bem como a necessidade de enfatizar a existência de uma prática ancorada no âmbito da legalidade, Vianinha discutiu os problemas no campo da frente democrática, a fim de responder aos questionamentos à tradição do marxismo-leninismo. Assim, em sua última peça, refletiu sobre temas sociopolíticos e analisou as perspectivas de atuação, que se avizinhavam naquela sociedade que havia, em tão pouco tempo, passado por significativas transformações.

EM BUSCA DE UMA SÍNTESE TEATRAL

Após esse percurso, em que suas peças foram analisadas, algumas questões emergem desse exercício interpretativo. Uma delas diz respeito à existência de um autor plural, dinâmico, não atrelado a formas estabelecidas e, muito menos, prisioneiro de conceitos e idéias pré-estabelecidas. Muitas vezes, o dramaturgo que chega, até os dias de hoje, é aquele que atuou no Teatro Paulista do Estudante, no Teatro de Arena, no Centro Popular de Cultura e no Grupo Opinião e, por esse motivo, vem recoberto de uma série de temas, idéias e estruturas narrativas que, em muitos aspectos, foram criticadas.

Embora não deva ser aprisionado a um único tempo ou a grupos específicos, a sua obra revela, com muita propriedade, que Vianinha foi um artista que buscou dar, a ela, materialidade, por intermédio de um diálogo com o período histórico em que escreveu. Nesses termos, é muito difícil apreender aspectos temáticos e estéticos de sua trajetória sem se atentar para o impacto que o Golpe de 1964 teve em seu processo criativo e para sua própria atuação profissional, como homem de teatro e agitador cultural.

Todavia, dada a diversidade e a riqueza de sua dramaturgia, esse impacto foi absorvido de forma distinta pela comédia e pelo drama. No que se refere à produção cômica, constata-se que a sátira política e a comédia de costumes estiveram presentes tanto no período anterior quanto posterior a 1964. Entremeados à tradição da comédia nos palcos brasileiros, Vianinha trabalhou com recursos do teatro engajado alemão, além da literatura de cordel e do teatro de revista. Foi fiel à percepção de que o cômico, por si mesmo, carrega, de forma explícita, a crítica e, dessa forma, redimensionou, ao longo do tempo, a temática,

ODUVALDO VIANNA FILHO: TEMAS, PERSONAGENS E NARRATIVAS   65

mas continuou a dispor dos recursos e dos ensinamentos da comédia, que, no início da década de 1960, foram duramente criticados pelos defensores da dramaturgia nacional e crítica.

Mas o ano de 1964 tem um papel muito importante para o redirecionamento dos dramas escritos posteriormente. As origens sociais das personagens mudaram. Elas passaram a integrar o universo da classe média intelectualizada (artistas, escritores, jornalistas, profissionais liberais etc.), formadora de opinião, com o desejo de refletir sobre os limites de atuação política, em conjunturas não revolucionárias, de um profissional de mercado que, em última instância, está subjugado às regras em vigor!

Em verdade, na dramaturgia de Oduvaldo Vianna Filho, verifica-se que até 1964 o seu trabalho como ator e dramaturgo foi, por ele, compreendido como revolucionário. E, nessas circunstâncias, a atuação deveria ser vista como eminentemente política. Ao lado disso, não se deve ignorar que os espaços em que atuou – Teatro Paulista do Estudante, Teatro de Arena e CPC – em termos econômicos possuíam situações peculiares. O primeiro vinculado ao movimento estudantil. O segundo, após o sucesso de *Black-tie*, transformou-se no porta-voz de uma dramaturgia nacional crítica e colocou-se em sintonia com setores que ansiavam pelas mudanças. Por essa via, passou a ter um público que comungava de suas percepções estéticas e políticas. Já o CPC instrumentalizou a atividade artística e atuou junto à UNE, em especial com a UNE volante, que viajou o Brasil, promovendo discussões de temas importantes e intervenções públicas. Em tais circunstâncias, a criação estética foi compreendida e incentivada como arma política.

Porém, com a conjuntura revolucionária sendo dissipada pela presença dos militares no governo, uma nova questão se colocou: como continuar a fazer um teatro político, submetido às regras do mercado, uma vez que a UNE, colocada na ilegalidade, não mais teria como arcar com esse trabalho?

Desse ponto de vista, mesmo existindo grupos e/ou companhias, estar no circuito comercial e, a partir dele, auferir condições de sobrevivência tornou-se o grande desafio. Como ser de oposição e atuar politicamente em uma sociedade na qual o seu processo criativo é uma mercadoria, a ser consumida, no mercado de bens simbólicos?

Essa indagação acompanhou Vianinha até o fim de sua vida, pois, como diz seu personagem Manguari Pistolão:

MANGUARI: E eu sempre estive ao lado dos que tem sede de justiça, menino! Eu sou um revolucionário, entendeu? Só porque uso terno e gravata e ando no ônibus 415 não posso ser revolucionário? Sou um homem comum, isso é outra coisa, mas até hoje ferve meu sangue quando vejo do ônibus as crianças na favela, no meio do lixo, como porcos, até hoje choro, choro quando vejo cinco operários sentados na calçada, comendo marmitas frias, choro quando vejo vigia de obras aos domingos, sentado, rádio de

66 A CRÍTICA DE UM TEATRO CRÍTICO

pilha no ouvido, a imensa solidão dessa gente, a imensa injustiça. Revolução sou eu! Revolução pra mim já foi uma coisa pirotécnica, agora é todo dia, lá no mundo, ardendo, usando as palavras, os gestos, os costumes, a esperança desse mundo[66].

A busca revolucionária traduziu-se, após 1964, na conquista das brechas, dos espaços de intervenção e, para isso, foi necessário reavaliar temática e esteticamente o seu teatro. As incertezas e as dúvidas passaram a povoar os conflitos de seus protagonistas. Os limites de suas criaturas foram dados pelo local em que trabalhavam e pelas condições de sobrevivência. Não mais a perspectiva revolucionária, de peito aberto, a caminho do dia que virá, e, com ele, o futuro que só precisava da organização dos homens para se materializar. Naquele momento, a realidade passou a ser outra, como bem observou Vianinha, pelas palavras de Galhardo, o proprietário do jornal, em *Moço em Estado de Sítio*:

GALHARDO: A notícia não era bem essa. Não era bom. Mas, não faz mal. Esquerdismo bem domado, fatura. Não é bom ficar só de um lado, não. Não sou hemiplégico, sou tipo universal – dois braços, duas pernas. É verdade que uma cabeça só, mas... eu tenho de ir embora. O que eu quero de você, Lúcio, é o seguinte – você é esquerdista, sabe que no nosso país os órgãos que decidem tudo estão fora de votação, fora da democracia – Sumoc, BNDES, Banco Central, Conselho disso, Conselho daquilo. Eu quero uma coluna aí. Dando notícia, falando, sondando. Trazer esse reino mais pra gente, não é? Dividir o reino da terra que o reino dos céus já está garantido que é prá todos... uma coluna diária, você escreve do seu jeito largado. Fala de cinema, de teatro. As notícias de lá de cima eu dou pra você[67].

Essa percepção do processo histórico fez com que Oduvaldo Vianna Filho reorganizasse suas preocupações, a partir de um diálogo temático e estético com seu tempo, seus companheiros e críticos. Para tanto, retomou os juízos de valor que, em 1960, para ele, deveriam ser superados em nome de um texto capaz de apreender a essência dos conflitos políticos e estruturais da sociedade brasileira.

Ao lado disso, em termos narrativos, desenvolveu uma narrativa híbrida, ao articular o dramático e o épico, seja pelos diálogos, seja pela concepção cênica, seja pela presença de diferentes tempos cronológicos. Em termos formais, o seu teatro interagiu com importantes dramaturgos contemporâneos: Arthur Miller, Nelson Rodrigues, Jorge Andrade, entre outros. Porém, tematicamente, e em relação à construção de personagens, adotou um caminho próprio, isto é, os temas sociais e políticos observados pela trajetória de indivíduos e apreendidos, geralmente, a partir de seu lugar no mercado de trabalho.

Nessas circunstâncias, os seus conflitos dramáticos são, em verdade, as suas dúvidas e a de seus companheiros, com os quais partilhou projetos

66. Idem.
67. O. Vianna Filho, *Moço em Estado de Sítio*, op. cit., 1965, p. 3-7.

ODUVALDO VIANNA FILHO: TEMAS, PERSONAGENS E NARRATIVAS   67

de vida e atuações políticas. Qual o lugar do homem e do artista em uma sociedade de mercado? Talvez, resida nessa questão a grande tragédia contemporânea que Oduvaldo Vianna Filho apreendeu por intermédio de sua escrita teatral, pois como bem observou Raymond Williams:

> Se encontrarmos uma idéia particular de tragédia, em nossa própria época, teremos encontrado também um modo de interpretar uma vasta área da nossa experiência; relevante, com certeza, para a crítica literária, mas relevante também em relação a muito mais. E então a análise negativa é apenas parte daquilo de que necessitamos[68].

Vianinha, em sua última entrevista, disse: "conquistar a tragédia é, eu acho, a postura mais popular que existe: em nome do povo brasileiro, a conquista, a descoberta da tragédia". A impotência de segmentos de oposição, que não conseguiram levar adiante as promessas do que seria um bom futuro, talvez, tenha sido o elemento trágico que marcou a história e a obra desse singular dramaturgo.

68. Raymond Williams, *Tragédia Moderna*. São Paulo: Cosac & Naify, 2002, p. 87.

2. José Renato, Aderbal Freire e Eduardo Tolentino de Araújo: Depoimentos

UMA ESPERANÇA...

José Renato

Acredito ser este um momento bom para lembrar do Vianinha... (como se fosse necessário existir um instante especial para lembrar com saudade e ternura de pessoas que foram marcos importantes na vida da gente). Mas acredito, repito, que este seja um momento especial. Porque sinto que a dramaturgia brasileira está renascendo das cinzas... está ressurgindo... diversificada, adulta, livre e criadora. Nos anos de 1960 nossa dramaturgia florescia, seus frutos maduros aromatizavam os palcos e a esperança crescia a cada instante. Depois de 1968, pensávamos: bom, assim que essa pressão passar, vamos abrir as gavetas e exibir ao país o resultado que a inteligência brasileira está preparando, às escondidas... E se passaram muitos anos... uma geração inteira... depois de Vianinha, perdemos Paulo Pontes – um gigante! – Armando Costa, e tantos outros que nos deixaram... Assim, quando, efetivamente, as gavetas puderam ser abertas... encontramos muita poeira... O massacre de uma geração inteira fora bem premeditado. Alguns tentaram resistir, como Dias Gomes, Consuelo de Castro, Fauzi Arap, Gianfrancesco Guarnieri, mas a TV e outras contingências já estavam firmemente implantadas e ditando as regras do momento. Assim, desde o fim dos anos de 1980 quase uma década se passou sem que a dramaturgia brasileira – a não ser num ou noutro caso sem continuidade – produzisse as obras que a lembrança do Vianinha reclamava.

Mas, nos últimos quatro anos – praticamente na virada do século –, começaram a pintar grandes esperanças! Pipocaram vários cursos de dramaturgia; Chico de Assis e outros incansáveis batalhadores apertaram os parafusos de várias cabeças. Eu tenho lido muita coisa, ultimamente. E, com prazer, afirmo que o fluxo do surgimento de novos e promissores autores no teatro brasileiro é concreto e fecundo. Acredito que, dentro de mais quatro anos, teremos recuperado o tempo que foi escamoteado pela ditadura. Por isso, acredito que é um bom momento para lembrar do Vianinha...

Quais eram suas principais qualidades? A dedicação e a lealdade. A dedicação ao trabalho, à pesquisa, à seriedade... A consciência de que somente com muito esforço e um empenho verdadeiro produziriam os resultados necessários. Ele sempre foi assim. O tempo todo. Nos menores detalhes. Mesmo quando não escrevia. Quando ensaiava, sua atenção redobrava. Exigia de si mesmo resultados objetivos. E brigava. E ria. Divertia-se imensamente quando havia razão pra isso. Uma vez, num bar, em Belo Horizonte, uns rapazes olharam para a nossa mesa e fizeram algum comentário malicioso, visando Vera Gertel, uma atriz do nosso elenco. Vianinha não viu. Os rapazes saíram e o Flávio Migliaccio comentou. Pronto! Foi o que bastou: Vianinha saiu como um raio, correndo atrás dos caras que já haviam sumido de vista. Nós todos corremos atrás e fomos encontrá-lo já aos tapas com os assustados atrevidos. Era impulsivo e direto. E quantas vezes ele não hesitava um instante em declarar sua discordância com algum ato ou palavra que, no grupo, havíamos pronunciado: "Não acho isso, não! O que eu acho é...". E ouvíamos uma cascata de argumentos enfáticos, brilhantes e firmes. Eu nunca vi, em nenhum momento das nossas relações, um comentário maldoso sobre quem não estivesse presente. A mim, o que sempre impressionou no caráter do Vianinha era sua lealdade. Quando fiquei um tempo na Europa, como assistente do Jean Vilar, recebia, volta e meia, cartas dele, relatando com detalhes enfáticos o que acontecia no Arena. E as dificuldades pelas quais o grupo, às vezes, passava. Suas cartas me divertiam, mas, ao mesmo tempo, me faziam sentir que eu estava perdendo um momento importante de crescimento de todos. As cartas apressaram a minha volta. E quando voltei, consegui realizar alguns espetáculos em que a presença do Vianinha foi fundamental. *A Revolução na América do Sul*, por exemplo, e outros mais... E aí, passamos um tempo distante um do outro. Veio 1964 e a coisa piorou. Fomos nos reencontrar anos depois numa comédia divertida, *Allegro Desbum*. Foi muito prazeroso... E um sucesso!

Aí, então, aconteceu o maior presente que Deus me deu. Uma tarde, eu o encontrei e ele me disse: "Tenho um primeiro ato de uma peça; quero que você leia!". E me entregou o primeiro ato de *Rasga Coração*! Naquela noite, eu comecei a ler e me arrepiei todo. Mas não falei com ele imediatamente. Na verdade, eu andava ocupado com problemas pessoais, mas aquele texto não me saia da cabeça. Dois dias depois, tornamos a nos encontrar: "Já sei" – ele disse – "não gostou, e não quis me dizer!". Eu contei a verdade: "Seu texto me causou um tal impacto que eu nem sei o que dizer. É grande demais! É importante demais! É urgente demais! Estive estes dias procurando palavras pra te explicar a emoção que estou sentindo". Só o grande abraço, em seguida, me desculpou. Bom, o que se seguiu, depois, todos sabem. Vianinha já estava doente, eu sabia, conversei muito com a Maria Lúcia*, e, em função dessa maldita doença, ele não conseguia terminar a peça. Mais de um ano se passou... Quando ele viajou para os Estados Unidos, na esperança de encontrar algum tratamento melhor, no caminho do aeroporto, me disse: "– Vou escrever o segundo ato, lá, no hospital americano; tenho todo ele na cabeça!". Dois meses depois ele voltou. Fui buscá-lo. Nem comentei o aperto que senti por vê-lo muito mais magro e enfraquecido. "– Não consegui escrever nada" – disse – "a guerra foi muito dura!". E ele havia perdido a guerra. Bom, todos sabem que ele ditou para a mãe, a incansável Deocélia, quase todo o segundo ato.

E, por isso, enquanto o primeiro ato é uma estrutura inteligente, brilhante, cuidada e precisa, o segundo ato é um jorro de emoção pura que arrebata e, literalmente, rasga o coração. No seu leito de morte, todos nós o poupamos de saber o pior. A censura havia proibido a encenação da peça; mas fomos obrigados a dizer que os ensaios já iam começar e que o elenco era aquele que a gente havia conversado. Depois da morte do Viana, cinco anos de luta se passaram até conseguirmos a liberação. E valeu a pena! E como!

Dirigir *Rasga Coração* foi o maior presente e a maior responsabilidade da minha carreira. Todas as nossas grandes questões lá estavam: a perplexidade que nos assalta na maturidade, quando gerações mais novas contestam a validade dos nossos valores; quando o "aqui e agora" torna-se mais positivo que o "devagar se vai longe"; quando, constatada a necessidade de aceitar os acontecimentos, ou combater para modificá-los, deparamo-nos com as contradições que dificultam a identificação das causas verdadeiras e profundas desses acontecimentos; ou o perigo que se corre de misturar, no mesmo saco, causas e efeitos. Em suma, a consciência de que pagamos um preço para viver e, a cada instante da vida, no momento de pagar, o homem ergue a cabeça e constata – pois é! – "que a primeira obrigação do ser humano é lutar contra a simples sobrevivência, e a segunda obrigação é sobreviver!".

O compromisso do Vianinha com o amor, com o engajamento na luta social, com o prazer da vida, iluminam toda a peça; minha esperança é que essa luminosidade, já que *Rasga Coração* é uma das mais fascinantes obras teatrais já escritas no Brasil, ilumine o caminho dos autores que estão surgindo para revelar a maturidade do teatro brasileiro.

---

* Maria Lúcia Vianna, esposa de Oduvaldo Vianna Filho.

ODUVALDO VIANNA FILHO – A SÍNTESE DO TEATRO BRASILEIRO NO DIÁLOGO ENTRE FORMA E CONTEÚDO*

Aderbal Freire

Depois que encenei *Mão na Luva*, há quase vinte anos atrás, perdi o contato próximo, cotidiano, com a dramaturgia de Oduvaldo Vianna Filho. No entanto, as lembranças que essa dramaturgia me traz são de experiências profundas e marcantes devidas à perfeição das criações artísticas de Vianinha.

O meu encontro com as peças do Vianinha confunde-se um pouco com o início da minha trajetória profissional (1972), com a criação do Grêmio Dramático Brasileiro, no Rio de Janeiro. Foi minha primeira tentativa de formar um grupo permanente e fracassamos já nessa primeira experiência. Só não foi no primeiro espetáculo, porque já nos lançamos com quatro espetáculos, ensaiados e estreados ao mesmo tempo. Era uma providência esperta: se a gente fracassar, eu pensei, não morre sem fazer o segundo espetáculo, só morre antes do quinto. Assim, levado pelas circunstâncias, isto é, forçado pelo fracasso, saí em excursão com o que restou do grupo: juntei uma pequena equipe, outros que não estavam no projeto de estréia, montei às pressas outro espetáculo e descemos rumo ao sul. Quando cheguei a Porto Alegre fui convidado pelo Teatro de Arena de Porto Alegre (Tapa), dirigido à época pelo Jairo Andrade, para encenar *Corpo a Corpo*.

Lembro que nesse primeiro encontro em cena com um texto do Vianna o que mais me encantou foi a clareza. E em relação à sua temática, a capacidade de articular situações individuais, como as vivenciadas pelo personagem Vivacqua, à temática social própria da sua geração. A singularidade da peça estava em expor o personagem como um anti-herói marcado pela dúvida e pela fraqueza: depois de uma noite de desespero, em que recorda que traiu seus ideais de juventude e tenta recompor seus afetos e sua própria trajetória, Vivacqua sucumbe às novas promessas de sucesso que a publicidade e o dinheiro fácil lhe oferecem.

Se *Corpo a Corpo* tem um conteúdo fascinante, o mesmo pode ser dito em relação à sua estrutura dramática, pois é a partir dela que Vianinha refletiu sobre o novo verdadeiro, aquele que vai limpando as diversas camadas deixadas pelo velho. À propósito de *Corpo a Corpo*, para acompanhar sua publicação, ele escreveu um pequeno artigo que

---

* Este texto é resultado de um depoimento de Aderbal Freire, concedido a Rosangela Patriota e Alcides Freire Ramos, em São Paulo, em março/2003, sobre a dramaturgia de Oduvaldo Vianna Filho. A transcrição da fita ficou a cargo de Sandra Rodart Araújo, a revisão e a redação final do texto sob a responsabilidade de Rosangela Patriota e Aderbal Freire.

é uma das melhores coisas que foi escrita na época, no Brasil, sobre o novo, o conceito e o sentido do novo, especialmente no teatro; um texto conciso, objetivo e lúcido, a reflexão que, naquele momento, melhor definiu o novo entre nós, embora muitos dissessem que Vianna odiava o novo. É importante lembrar isso, porque esse preconceito, que muitos artistas e críticos tinham em relação à dramaturgia de Oduvaldo Vianna Filho, estava desmontado nesse texto, uma reflexão oportuna e precisa. Esse enfrentamento entre o preconceito e o valor verdadeiro me provocou como encenador.

Assim, em *Corpo a Corpo*, a sua coragem formal foi um estímulo para mim. Dou um exemplo: os monólogos cobram a utilização de algum recurso dramático para sua sustentação. Vianinha intercalou o discurso do personagem consigo mesmo com vários diálogos que ele mantém por telefone. Alguém poderia dizer que esse recurso seria um elemento facilitador, um jeito de fugir do monólogo por meio de um recurso óbvio. Mas o que é fantástico e corajoso é que o uso extremado, exagerado, dos telefonemas impõe essa opção, faz dela uma clara opção estilística.

Para traduzir cenicamente essa ousadia da peça, nessa montagem gaúcha, coloquei um orelhão em cada um dos quatro vértices do quadrado da arena do palco, fui também exagerado, e prescindi do telefone de mão. A própria mudança de sintaxe deixava claro quando o personagem falava ao telefone, e eu confiei nisso, como sempre confio no texto para uma "atitude" cênica. Nos primeiros telefonemas, Vivacqua ia até um dos orelhões. Devo acrescentar que não existiam telefones dentro dos orelhões, aquela coisa enorme, o orelhão, já era símbolo suficiente. Porém, à medida que o espetáculo transcorria, essa movimentação, a ida de Vivacqua para um orelhão quando falava ao telefone, já não era necessária, o texto dos telefonemas impunha-se, por si mesmo, o discurso entrecortado, sem precisar que ele se dirigisse aos orelhões. E era bastante claro, o entendimento do público não ficava prejudicado.

Minha confiança na força dramática do texto permitiu que eu fosse extremamente fiel a ele; era a fidelidade que alimentava minhas opções cênicas radicais. Tudo isso, somado ao fato de que, nesse época, havia poucos meses que Vianinha falecera, deu-me a seguinte consciência: ao contrário do que se diz dos diretores de teatro, *eu gosto de montar autores vivos*. Por que isso? Quando terminei de conceber o espetáculo, tive uma vontade imensa de dividir o espetáculo com ele, sentir seu prazer de ver uma encenação que, do meu jeito, traduzia com fidelidade sua peça. Eu podia perguntar a ele: *você acha que fui fiel a seu texto?* Eu tinha total convicção de que ele iria gostar, e fiquei arrasado por ele não ter assistido. Em conseqüência disso, eu disse a mim mesmo: *não quero sentir isso de novo*, quero que os autores vejam meus espetáculos, tenho certeza de que onde outros estão vendo infidelidade, porque conhecem

74 A CRÍTICA DE UM TEATRO CRÍTICO

o texto original apenas superficialmente, os próprios autores estarão vendo a cena explorada a serviço da sua peça.

Esse foi meu primeiro encontro teatral com Oduvaldo Vianna Filho. O segundo foi novamente com *Corpo a Corpo*, mas em uma montagem carioca, protagonizada pelo Gracindo Jr., o primeiro espetáculo que fiz na minha volta ao Rio, depois dessa temporada no sul. Foi uma experiência maravilhosa: encadear duas montagens, em circunstâncias diversas, do mesmo texto. Foi uma oportunidade extraordinária para um diretor em começo de carreira, ver assim, imediatamente, as diferentes possibilidades de uma peça teatral. Fico sempre com muita pena do diretor infiel ao texto, porque ele perde muitas possibilidades: puxando o texto para o que quer dizer, nem está livre para dizer o que quer, do jeito que quer, nem mergulha no admirável mundo que outro artista lhe propõe e exercita sua capacidade de criação para expressar esse mundo. E, claro, sua própria visão desse mundo. Veja esse exemplo, foi ótimo reler o texto e construir o espetáculo em novas circunstâncias, isto é, no Rio de Janeiro, com outro ator, novas possibilidades, o olhar procurando e encontrando outros recantos da peça e, conseqüentemente, proporcionando outras expressões cênicas. Já não precisei destacar o telefone com os orelhões, foi ótimo voltar para um telefone comum, e o cenário, feito em parceria com o Mixel, um desenhista e cartunista quase estreante em cenografia, extraordinário parceiro, era constituído de móveis totalmente brancos e o palco cercado por paredes pretas, com faixas de pedestres pintadas, que projetavam em torno do apartamento o asfalto da rua, como uma visão da janela do alto do edifício. E essa imagem que os espectadores tinham diante deles crescia, ganhava mais sentido, no momento em que Vivacqua ameaçava se atirar pela janela. O final do espetáculo traduzia o processo de *coisificação* do personagem. Vivacqua vestia-se totalmente de branco (terno, camisa, gravata), deitava-se na cama branca, rodeado de outros móveis também brancos, e anulava-se no cenário. Ele quis, durante à noite, salvar-se. No entanto, quando o dia clareou, terminou por se entregar.

Lembrando tudo isso, posso destacar a extraordinária dimensão autoral de Vianna, que, ao entrar no difícil território do monólogo, mostrou domínio de técnica, de linguagem e de poética de um autor maior. E posso dizer isso com mais segurança, pois tive a experiência rara para um diretor: fazer duas vezes o mesmo texto, com dois elencos e duas *mise en scene* diferentes. E sem nenhum intervalo de tempo entre uma e outra. Na minha carreira, esse foi um momento, talvez, único, que contribuiu muito para minha formação.

Alguns anos se passaram e eu fui convidado para dirigir *Moço em Estado de Sítio*. Isso foi em 1981, por iniciativa de um grupo de jovens artistas cariocas que queriam fazer um teatro com intenções políticas, em uma época em que esta perspectiva estava sendo rejeitada, pois vivíamos o processo de redemocratização. Aqueles jovens colocavam-se na contramão daquele movimento, pois ali se iniciava uma terminante recusa ao teatro político, definido como algo velho e datado. Esse grupo, que não era formado propriamente por remanescentes dos anos de chumbo, escolheu textos que reafirmavam o compromisso político e social do teatro brasileiro para construir seu repertório. Estrearam com *Liberdade Liberdade* e fizeram muito sucesso.

Assim nasceu o projeto de *Moço em Estado de Sítio*, peça inédita, conhecida por pouca gente, tinha até uma lenda que dizia que teria sido encontrada em uma mala da atriz Ítala Nandi. Histórias à parte, esse texto é um deslumbramento, uma obra-prima. Eu, que já me encantara como leitor e espectador de *Rasga Coração*, vi que tudo que ele explorou depois, no seu último texto, já estava em *Moço*. Lorde Bundinha (personagem de *Rasga Coração*), por exemplo, encontra paralelo em Jean Luc (amigo do protagonista de *Moço em Estado de Sítio*), um personagem com incrível força poética, lindo, que acaba se suicidando. Mais uma vez, através dos conflitos e das desventuras de um personagem, o protagonista de *Moço em Estado de Sítio*, Vianna mostrava o seu domínio de uma técnica apoiada na liberdade, na imaginação deixada livre para inventar sem preocupação com os limites fechados da cena brasileira naquela época. É surpreendente que *Moço* tenha sido escrita em meados da década de 1960. Essa peça me faz lembrar alguns textos que são extraordinariamente precoces, visionários, como *Luces de Bohemia*, do espanhol Ramon Del Valle-Inclan, escrito em 1920, e montado, pela primeira vez, nos anos de 1960, na França e, só na década de 1970, na Espanha.

Portanto, a peça do Vianna é generosa, entre tantas coisas, pela construção de um "teatro aberto". Eu sempre digo que os diretores, no século XX, abriram algumas peças fechadas, isto é, na construção dos espetáculos deram aos textos uma poética cênica aberta, exploraram enormemente as possibilidades do palco, comparando com o palco realista da primeira metade do século. E Vianna deu um passo, antecipou movimentos que só agora, tantos anos depois, tomam consciência dessa questão, esses movimentos recentes de criação de uma "nova dramaturgia", os dramaturgos aproveitando o palco aberto pelos diretores e já buscando escrever peças abertas. Vianna veio antes, escrevendo peças abertas. Um aspecto fácil de identificar, dessa confiança nas possibilidades infinitas do palco, está na questão simples da ambientação das cenas. Em *Moço em Estado de Sítio* as ações se passam em inúmeros lugares: um elevador, a sede do grupo de teatro, a redação do jornal, a rua etc. E esse é só um aspecto fácil, prontamente identificável, dessa liberdade, dessa *abertura*. Em síntese, ele tinha a percepção de que a cena tem infinitas possibilidades expressivas, graças à natureza própria da ilusão no teatro, e a sua dramaturgia é prova disso.

Nesse espetáculo, usamos três grandes painéis com os rostos desenhados dos três últimos presidentes brasileiros, anteriores à ditadura

76 A CRÍTICA DE UM TEATRO CRÍTICO

militar: Juscelino Kubitschek, Jânio Quadros e João Goulart (Jango). Do peito aberto de um deles escorria o sangue que era o nosso sangue, e essa representação simbólica substituía qualquer tentativa de representar os lugares da ação de forma realista. *Moço em Estado de Sítio* é uma peça extraordinária e essa montagem me deu o prêmio Molière, o único Molière que recebi. Vianinha também ganhou esse mesmo prêmio, postumamente, como melhor autor.

Mão na Luva foi a última peça do Vianna que dirigi. A Maria Lúcia Vianna, depois da temporada do *Moço*, me falou de um texto inédito, encontrado entre os papéis do Vianna e me passou esse texto. A peça talvez tivesse passado antes despercebida, porque seu título era *Corpo a Corpo* e quem pegasse aqueles originais podia pensar que se tratava dos originais de *Corpo a Corpo*. O título *Mão na Luva* foi dado pelo Antônio Mercado, aproveitando, com muita felicidade, uma fala repetida na peça. O que aconteceu foi simples: Vianna escreveu a peça *Mão na Luva* (que ele chamou de *Corpo a Corpo*) antes de escrever *Corpo a Corpo*, o monólogo, e não mostrou a ninguém, engavetou. Depois, escreveu um monólogo e *Corpo a Corpo* era um título genial para aquele conflito dentro de um corpo só. Então ele aproveitou o título da peça que tinha escrito e escondido, e aí nasceu o *Corpo a Corpo* que nós conhecemos, que eu montei. Bom, a peça inédita, desconhecida, precisava de um título (*Corpo a Corpo* já intitulava outra peça); o Mercado chamou-a de *Mão na Luva* e assim ela passou a ser conhecida. Eu e Antônio Mercado tínhamos interesse em encenar *Mão na Luva* e, depois de um contato telefônico, decidimos que eu montaria no Rio de Janeiro e ele em São Paulo.

Procurei o Marco Nanini, que se entusiasmou com o projeto. O próximo passo foi encontrar a atriz, e escolhemos a Juliana Carneiro da Cunha, que à época estava no elenco de *As Lágrimas Amargas de Petra Von Kant*, com a Fernanda Montenegro. O Mercado desistiu de fazer em São Paulo e essa acabou sendo minha primeira montagem paulista. Em São Paulo, ensaiamos, estreamos e o público não veio. Mas, com uma única exceção, a crítica paulista recebeu o espetáculo com entusiasmo. E no Rio, em seguida, fizemos um sucesso enorme.

O nosso processo de criação foi maravilhoso. Fiz um espetáculo como uma dança e para isso contei com a colaboração do Klauss Viana, que era um mestre da preparação corporal e conseguiu dos atores uma execução perfeita dessa dança. Inclusive, para entrarmos todos no clima até eu e o cenógrafo fazíamos as aulas de corpo do Klauss antes dos ensaios. Considero *Mão na Luva* uma obra-prima do teatro brasileiro, a melhor peça de Oduvaldo Vianna Filho. Acho *Rasga Coração* extraordinária, assim como *Moço em Estado de Sítio*. Elas são brilhantes! Mas *Mão na Luva* é uma obra maior, tem um lugar na melhor dramaturgia universal.

JOSÉ RENATO, ADERBAL FREIRE E EDUARDO TOLENTINO: DEPOIMENTOS 77

Jean-Claude Carrière, que fez a tradução do *Timão de Atenas* para a montagem do Peter Brook, diz, no prefácio que escreveu para a publicação de sua tradução, que Shakespeare não só não escrevia rubricas, como também não dividia a peça em cenas e atos, porque ele não escrevia para ser lido, para ser editado, mas escrevia para os atores, para o palco. E diz mais: que as falas não tinham pontuação, pois pontuar é o ofício de quem fala, de quem respira, de quem destaca, enfatiza, prepara o que vai dizer, mostra o sentido, fecha um assunto; logo, quem pontua, em última análise, é o ator. Em Shakespeare, o estabelecimento das rubricas, a divisão em atos e cenas, e a própria pontuação do texto foram feitos, *a posteriori*, pelos editores[1].

Pois assim foi encontrado o texto original de *Mão na Luva*, sem pontuação alguma. O estabelecimento da pontuação, com vistas à edição e à leitura, foi feito também pelo Antônio Mercado, o texto que chegou ao público foi aquele trabalhado pelo Mercado. Mas os nossos ensaios para a criação do espetáculo foram feitos com o texto original, sem pontuação. Claro que não quero dizer que o texto é genial só porque, assim como Shakespeare, Vianinha não pontuou suas frases, as falas que os personagens dizem. Mas quero falar de um autor que, além de ter um talento enorme, um grande domínio técnico, uma imaginação extraordinária, tinha, ainda mais, uma segurança absoluta do seu ofício e uma confiança absoluta no teatro, isto é, ele sabia que escrevia para atores, não para ser lido, e não temia que seus textos fossem deturpados pelos atores, pelo contrário, sabia que na voz dos atores a própria qualidade literária dos seus textos seria mais ressaltada ainda. Estava tudo ali, o que ele dizia saía do seu peito e da sua cabeça. Uma obra-prima! Os personagens e os diálogos são brilhantes, construídos com humor, inteligência e são, ao mesmo tempo, expressões da verdade de cada um.

Uma das propriedades da palavra dramática é que a palavra do autor é diferente da palavra do personagem, como observa bem Sanchis Sinisterra, o autor espanhol. Pois esse homem e essa mulher que se enfrentam em *Mão na Luva* são inteiros nas suas singularidades. Hoje em dia, quando me deparo com algumas técnicas ensinadas em cursos de dramaturgia, continuo me surpreendendo com o domínio técnico que Vianinha tinha naturalmente, como ele era capaz de manipular, igual a um feiticeiro, as muitas propriedades da palavra dramática.

Vianna brinca, por exemplo, com a propriedade do duplo destinatário (ainda cito as observações do Sinisterra sobre as propriedades da palavra dramática), quando revela, no final do primeiro ato, quem é o amante da mulher. Como é um personagem tratado sempre pelo

---

1. Sobre esse tema, o leitor poderá consultar o seguinte livro, que discute com detalhes esses procedimentos de edição: *Do Palco à Página: Publicar Teatro e Ler Romances na Época Moderna*, de Roger Chartier (Rio de Janeiro: Casa da Palavra, 2002). (N. da A.)

sobrenome e, nessa hora, a mulher o trata pelo primeiro nome, ela só informa quem é ao homem e não, ainda, ao público. Esclarecendo: como inexiste o narrador no texto dramático, é por meio da fala que um personagem informa ao mesmo tempo seu interlocutor e o público. Por isso, o duplo destinatário. Pois bem, quando a mulher revela o nome do amante, ela diz o primeiro nome, que o público nunca ouviu. O marido fica surpreso e o público não tem idéia de quem se trata. Em seguida, o marido repete o nome completo, nome e sobrenome, e só então informa ao público. O Vianna brinca com essa propriedade como quem sabe manipular muito bem seus poderes. Enfim, considero *Mão na Luva* uma obra-prima, um dos mais importantes textos já escritos no Brasil.

Essas foram as minhas experiências mais profundas com os textos de Oduvaldo Vianna Filho, um dramaturgo engajado, como se costumava dizer, e de extrema sensibilidade artística. E, hoje, trinta anos depois de sua morte, como situar a sua dramaturgia e a própria idéia de teatro político que norteou a sua trajetória?

O teatro não muda a sociedade, pelo contrário, é ela que muda o teatro. No entanto, se o teatro político daquele período tinha a ambição de contribuir, informando, esclarecendo, mostrando algumas questões fundamentais, para a construção de uma sociedade melhor, devemos indagar: alcançou seu objetivo? O mundo já está melhor e prescinde de um teatro político?

Parece que não. A miséria aumentou e, no Brasil, as diferenças tornaram-se maiores. A questão da cidadania, por exemplo: em que medida são respeitados os direitos dos cidadãos no Brasil?

Se essas questões continuam vigentes e se existia um teatro interessado nessas questões, esse teatro continua necessário. Evidentemente, as proposições não são as mesmas. Certamente não são mais as mesmas questões políticas da época da ditadura militar, mas outras são agora cruciais. Por duas décadas, o teatro brasileiro foi ponta de lança da resistência política e cultural à ditadura militar. Talvez, por isso, tenha se cansado desse papel e quando veio a redemocratização bradou: chega de política! Vamos falar de amor! Em um primeiro momento, essa palavra de ordem foi muito bem recebida, era oportuna, até porque os guerreiros estavam cansados. Então, foi bom chegar em casa e amar! Foi bom que isso acontecesse! Mas não se vive na cama o tempo todo.

Agora, é importante ressaltar, eu não quero reduzir o teatro a uma manifestação doutrinária. Busco um teatro político, como foram o de Shakespeare e o de Vianinha. Nesse sentido, acredito que tenha havido, por parte de alguns, uma má leitura da dramaturgia de Vianna, aliada a um preconceito de considerar sua atuação teatral limitada às funções de agitação e propaganda, sem sequer cogitar de uma criação artística. Ledo engano! Encenei os seus textos teatrais com o intuito de evidenciar sua dimensão artística. E fazer isso não foi absolutamente mérito meu, mas uma atitude natural diante de uma obra maior, se houve algum mérito meu, foi o de não me render aos preconceitos. E fiz alguma coisa que identifico como permanente na minha trajetória e, evidentemente, na de Vianinha: a convivência, nem sempre aceita, entre política e estética. Pode ser que, durante algum tempo, o caráter político de seu teatro tenha sido muito sublinhado. Mas, desde o meu primeiro encontro com seu teatro, procurei equilibrar sua dimensão política, com sua dimensão artística. Só quis dar a essa dramaturgia um palco poético!

VIANINHA E O TEATRO BRASILEIRO CONTEMPORÂNEO: TEMAS E INDAGAÇÕES*

Eduardo Tolentino de Araújo

O meu interesse por teatro explicitou-se quando do meu ingresso na PUC, do Rio de Janeiro, para cursar Economia e de onde sai, em 1977, formado em jornalismo. Esse período foi fundamental em minha vida, porque, em meio às aulas de estatística e de economia política, descobri o mundo e várias outras coisas, entre elas, a leitura de Stanislávski. Sob esse aspecto, se eu tiver de definir a minha formação, diria o seguinte: sou um autodidata, um filho da PUC, em síntese, um universitário.

Então, veja, comecei a fazer teatro em fins de 1973 e início de 1974, ano em que Oduvaldo Vianna Filho faleceu. Lá se vão quase trinta anos e, desse ponto de vista, gostaria de refletir tanto sobre a formação que a minha geração teve à disposição, quanto sobre as perspectivas contemporâneas do teatro brasileiro em construir diálogos com a dramaturgia de Vianinha, especialmente, por intermédio da peça *Corpo a Corpo*, que o grupo Tapa encenou sob a minha direção.

Em 1978, época em que o Teatro dos Quatro (RJ) foi inaugurado, assisti a um curso que Sérgio Britto ministrou, juntamente com Amir Haddad, Hamilton Vaz Pereira e Eric Nilsen, e que foi acompanhado pela maioria dos artistas da minha geração, em atividade. Esse momento também foi muito importante, porque conheci pessoas e estreitei meus contatos.

À medida que o tempo foi passando, li intensamente e assisti a muitas coisas. Sou um consumidor voraz de ler e entender teatro. Viajei muito, depois de uma certa fase, para conhecer o que se fazia fora

---

* Este texto é resultado de um depoimento de Eduardo Tolentino de Araújo, concedido a Rosangela Patriota e Sandra Rodart Araújo, em São Paulo, em outubro/2002. A transcrição da fita ficou a cargo de Sandra R. Araújo, a revisão e redação final do texto sob a responsabilidade de Rosangela Patriota.

80 A CRÍTICA DE UM TEATRO CRÍTICO

do Brasil e isso foi um impacto muito grande. Em 1983, fui ao Festival de Caracas e, quando retornei, montei *Viúva, porém Honesta* (Nelson Rodrigues), cujos ensaios foram interrompidos por quinze dias, período de minha viagem. Esse contato foi, para mim, um soco na boca do estômago, na perspectiva do contato com o outro. Isso, em absoluto, significa dizer que não produzimos coisas interessantes ou que nosso trabalho não possui qualidade. No entanto, temos de circular culturalmente, conhecer outras experiências, a fim de que não passemos a vida em torno das mesmas coisas, lutar para que nosso pequeno mundo não se torne a *verdade* e a *vida*, por excelência. É necessário que haja a confrontação com outras experiências para que reflitamos melhor sobre a nossa, via miscigenações culturais e confrontos permanentes. Em verdade, o teatro brasileiro, na maioria das vezes, fica muito fechado em seus pequenos círculos de verdades absolutas.

Eu fui me formando assim, na cara e na coragem, tentando entender as coisas, com um humor muito grande, para rir de mim mesmo, dos próprios acontecimentos e, com a devida consciência, de que não sei nada. Nesse momento, recordo-me de Bernard Shaw. Para ele, a solução era viver, pelo menos, cento e cinqüenta anos, porque, a partir de um determinado momento, estaríamos livres da inveja, do ciúme, da competição, da ambição e da cobiça. De minha parte, uma vida não será suficiente para ver todas as peças que desejo. Porém, esta constatação não impede que eu continue a ter essa vontade. Creio que estamos deixando uma centelha para os que vierem depois. Isso, a meu ver, é a nossa diferença em relação à geração dos anos de 1950, que acreditava que iria fazer a revolução, mudar o mundo por intermédio da arte. Nós, ao contrário, estamos em uma catacumba, deixando a chama viva.

A maioria dos artistas das décadas de 1950-1960 apostou em uma ilusão romântica e foi, por ela, derrotada. O Vianna fala disso em *Rasga Coração*, quando Camargo Moço diz a Manguari Pistolão que eles (a geração de Manguari) não tiveram uma arma fundamental, a dúvida. Em nossos termos, isso significa dizer: duvidarmos de nós mesmos, do que fazemos e pensamos. Eles não tiveram isso, acreditaram no processo histórico e foram derrotados. Já o nosso trabalho, além de vê-lo em catacumbas, eu o reconheço nas cenas de *Farenhait 451*, onde, à medida que os livros são queimados, aqueles que amam as idéias e o debate intelectual declamam, nas ruas, os conteúdos eliminados e anunciam a capacidade de subversão presente no processo de memorização.

Atualmente, temos de compreender as questões que motivam atitudes e posturas e não procurar apreender "romanticamente" o país. Em tais circunstâncias, encenar Vianinha é um momento específico, aliado a vários outros fatores. Primeiro, eu tinha assistido à versão de Aderbal Freire, com Gracindo Jr., e sempre gostei muito dessa peça. Segundo, estávamos com o projeto Panorama do Teatro Brasileiro, onde havíamos apresentado *O Noviço* (Arthur Azevedo) e *Vestido de Noiva* (Nelson Rodrigues), e tínhamos contrato com o Pão de Açúcar para fazermos mais duas peças naquele ano. Terceiro, eu queria montar algo pequeno, pensando na viabilidade, porque não adianta fazer, aqui, um discurso só enaltecendo. Em verdade, houve uma conjugação de realidades, eu tinha um ator para fazer o papel, o que sempre levei em consideração e, por outro lado, achava que Zécarlos Machado deveria, naquele momento, fazer um espetáculo dele. Ele é um ator de excelente gabarito e era preciso lançar um olhar sobre o seu trabalho. Por fim, era uma proposta alternativa dentro do nosso projeto.

No Teatro Aliança Francesa (SP) montamos o espetáculo, em um canto do palco, para um público de cinqüenta pessoas, acomodado no próprio palco. Creio que esse trabalho foi de resistência, tanto no nível interno, na dinâmica do grupo, quanto externamente. Encenamos também em palco italiano, com platéia de mil pessoas. Foi um espetáculo feito de todas as formas possíveis e imaginárias. Viajamos muito com ele. Nenhuma outra montagem nossa circulou tanto, mas era uma discussão que queríamos fazer, porque era um personagem próximo a nós: um publicitário, que sempre quis fazer cinema. Nesse sentido, não nos interessava falar do inimigo, por exemplo, talvez eu não montasse uma peça como *Papa Highirte*, a menos que fosse pelo valor histórico. Vivacqua, ao contrário, é nosso contemporâneo. Somos nós, atores, fazendo publicidade, querendo patrocínio da BR, atuando em novelas, são as nossas crises de sobrevivência diante dessas escolhas. Em verdade, *Corpo a Corpo* foi fruto de uma conjunção de fatores: repertório do teatro brasileiro, com produção barata, feita para poucos espectadores, e com um ator competente para interpretá-la. Todos os fatores foram determinantes, não foi uma coisa só.

O grande desafio para o diretor é transformar a imagem literária em imagem cênica. Cada peça tem uma história e esse trabalho foi meu corpo a corpo com Zécarlos. Foi um desafio, construído no cotidiano, a partir de um exercício intenso. Desenvolvemos o espetáculo de todas as maneiras possíveis, ora enfatizando a agressividade ora destacando os afetos do personagem. Exploramos questões espaciais e temporais. Em relação à primeira, houve um ensaio no qual Zécarlos fez a peça sem sair do lugar, isto é, como se ele estivesse preso e quisesse sair do chão. No que diz respeito ao tempo, chegamos a ensaiar a peça durante seis horas ininterruptas, o tempo real da ação dramática. Nesse meio tempo, ele tomou banho, comeu, realizou todos os seus afazeres. Tivemos o prazer em experimentar e em descobrir novas possibilidades de dizer o texto e de traduzi-lo cenicamente, porque eu não sou um diretor que tem o resultado na cabeça, gosto de ser instigado e desafiado pelo projeto em execução.

A concepção cênica também partiu do nada. Nós não sabíamos o que iríamos fazer, então fizemos um trabalho sério com o realismo.

Usamos o que tínhamos no palco, isto é, portas dos camarins, paredes do teatro. Então o banheiro tornou-se cenário. Tudo tornou-se muito concreto. A luz que entrava era da lua e não da iluminação de teatro. A iluminação lunar esteve presente nos seis movimentos da peça e a cena final era o sol. A luz, dentro da casa, era uma instalação, que poderia estar em qualquer casa, proveniente de uma taça de acrílico e não de um refletor. Todavia, se tivesse de conceber isso hoje, eu colocaria um aquário iluminado com um único peixe. Isso seria metáfora do próprio Vivacqua. Cheguei a essa conclusão depois de cinco anos da peça. Criamos um apartamento de dois andares. Fomos construindo esse espaço a partir do nosso próprio confronto, ator e diretor, em um embate corpo a corpo.

Sob vários aspectos, as peças que fiz não me abandonam, elas continuam pela vida inteira. Elas me perseguem. Uma peça que fiz há vinte anos está incorporada às minhas memórias e às minhas referências, porque elas não são apenas o que o público vê, mas o impacto que elas têm sobre mim. Em verdade, eu não faço teatro para mudar o mundo. Não tenho a menor intenção em mudá-lo. Eu quero me transformar, para melhor, sentir-me mais confortável dentro do mundo. Não tenho nenhuma missão messiânica. Depois de ser universitário, passei a ser uma pessoa de teatro e me tornei mais feliz!

É óbvio, eu não consigo olhar a miséria e ser completamente feliz. Uma vez, conversando com um amigo, ele me disse o seguinte: "faço teatro para fazer a revolução!". A isso, respondi: "desculpe-me, mas eu faço teatro para fazer a minha revolução! E isso já é muito!".

Desse ponto de vista, *Corpo a Corpo* foi pensado também à luz do Brasil contemporâneo, final da década de 1990. Acredito que, hoje, somos todos Faustos, nós bebemos a nossa própria alma. Quando penso nisso tudo, na nossa própria experiência teatral, imediatamente surge, para mim, a seguinte imagem, relativa à geração da década de 1950: existe um disquinho da TV Globo, muito emblemático, no qual está gravado aquela música: "hoje é um novo dia, de um novo tempo"... Esses versos foram cantados pelos contratados da Globo, depois do AI-5. O novo dia havia começado e quem estava na capa daquela celebração? Era a esquerda brasileira cantando, desde os mais engajados, como Dias Gomes, até os mais amargos, como Plínio Marcos.

Eu me recordo desta passagem não com o intuito de julgar as pessoas, mas com o objetivo de dizer o seguinte: "todos nós nos vendemos, no Brasil, com o patrocínio da BR. Todos nós temos a nossa cota de venda, porque, como dizia Bernard Shaw, em *Major Bárbara*: "deixar de vender armas é negar a vida. Não dá para você ficar alheio, não dá para você ficar messiânico, no exército da salvação, porque um dia vai chegar um rico e vai comprar o exército da salvação. É o que acontece!".

Nós nos vendemos e temos crises. Porém, negar isso é negar a própria vida. Nós pagamos um preço e é sobre isso que *Corpo a Corpo* fala. Nós estamos no teatro, na academia, na televisão. Nesse sentido, por que o teatro me fez melhor? Porque, mesmo possuindo opções individuais, temos consciência de que temos a nossa cota de venda cotidiana. Voltando a Bernard Shaw: "o que é a conduta humana, senão a venda diária da própria alma". Como professor, não vendo a alma todo dia pela manutenção de uma cátedra? Não pago impostos, para permitir que existam as penitenciárias? A nossa conduta é nossa própria alma!

Nesse sentido, acredito que temos questões muito próximas às de Vianinha, porque ele se dispõe a refletir sobre essa classe média esquerdizante, colocando-a em xeque. Ele desnuda a nossa falha trágica lindamente e de uma maneira terrível, com muito humor e interesse. Em síntese, acredito que Oduvaldo Vianna Filho é o maior expoente de sua geração, porque ele tem essa crise. Ele tem um câncer provocado por isso, uma tristeza na alma, porque ele tem a falência utópica dentro dele.

3. Múltiplas Apropriações de um Teatro Crítico

As análises dos críticos tornaram-se documentos fundamentais, tanto para estudos contemporâneos quanto para reflexões posteriores, pois, embora atualmente existam importantes iniciativas com vistas a preservar os espetáculos[1], o *fenômeno teatral*, tal qual o acontecimento histórico, extingue-se no momento em que sua ação é finalizada.

Assim sendo, a sua recomposição só poderá ocorrer por meio de seus fragmentos (cenários, figurinos, fotografias, textos etc.) e, sob esse aspecto, a crítica teatral tem se tornado, talvez, o mais recorrente para a confecção da História do Teatro no Brasil[2], ao lado de depoimentos de profissionais da área.

No entanto, a utilização do material crítico não pode ser feita sem que se considere a dimensão histórica do mesmo, pois, como bem observou o crítico Sábato Magaldi, acerca de seu próprio ofício:

1. Apesar de existirem vários registros amadores de ensaios e apresentações, hoje em dia estão colocados à disposição do público filmagens profissionais de espetáculos teatrais que compuseram a cena brasileira, tais como: *Sete Minutos* (de Antonio Fagundes, sob a direção de Bibi Ferreira, 2003) e *Terça Insana* (criação coletiva, direção de Grace Gianoukas, 2004). Do Armazém Companhia de Teatro estão disponibilizados, sob a direção de Paulo de Moraes, *Da Arte de Subir em Telhados* (2002), *Alice Não Mora Mais Aqui* (2004) e *Pessoas Invisíveis* (2003), por meio do Projeto Memória 15 Anos Armazém Companhia de Teatro.

2. Dentre os vários trabalhos existentes, que adotaram esse procedimento, estão *TBC: Crônica de um Sonho*, de Alberto Guzik (São Paulo: Perspectiva, 1986), *Zumbi, Tiradentes*, de Cláudia Arruda Campos (São Paulo: Perspectiva/Edusp, 1988) e *Oficina: do Teatro ao Te-Ato*, de Armando Sérgio da Silva (São Paulo: Perspectiva, 1981).

86 A CRÍTICA DE UM TEATRO CRÍTICO

É muito difícil separarmos aquilo que é um valor circunstancial daquilo que é um valor permanente, que nem existe muito. Nós temos que convir, quando examinamos o teatro grego, que o câmbio dos trágicos gregos variou muito com a época. [...] Essa mudança de valores é inerente às necessidades de cada geração, e nós temos que entender que, assim como os valores são passíveis de discussão a cada geração, os valores críticos se modificam. Uma obra não existe isolada. Uma peça de Shakespeare é ela mesma e mais tudo o que se escreveu sobre ela. Hoje, quando se fala em *O Rei da Vela*, algumas pessoas têm a imagem do espetáculo, que é ele mesmo mais tudo o que se escreveu sobre ele. Uma obra de arte acaba incorporando todos os reflexos que ela produziu através do tempo, e é esta uma das razões que justifica a crítica. Quando a crítica é aguda, atilada, honesta e sincera, ela está refletindo não apenas os valores do crítico, mas, na medida do possível, todos os componentes de uma sociedade pensante que, naquele momento, reflete sobre a arte e sobre o teatro em particular[3].

Essas observações fornecem significativos indícios acerca de como as interpretações, por elas suscitadas, devam ser historicamente circunstanciadas. Nesse sentido, no que se refere a Oduvaldo Vianna Filho e sobre seu trabalho, manifestaram-se os mais importantes críticos daquele período: Sábato Magaldi, Yan Michalski, Macksen Luiz, Jefferson Del Rios, Cláudio Pucci, Ilka Marinho Zanotto, Mariângela Alves de Lima, Flávio Marinho, Aldomar Conrado, Fausto Wolff, João Apolinário, Armindo Blanco, sendo que alguns foram sistemáticos no acompanhamento de sua dramaturgia.

Essa reflexão redundou em um material que se tornou a base a partir da qual muitas análises sobre Vianinha foram construídas. Investigar as interpretações que se consolidaram sobre ele, na História do Teatro Brasileiro, é não ignorar que esses críticos estiveram imbuídos de idéias, projetos, concepções estéticas e políticas que, posteriormente, fixaram o lugar das peças desse dramaturgo, bem como sacralizaram interpretações[4].

Sobre esse aspecto, pode-se dizer que, na maioria das vezes, o trabalho do crítico indica os temas e os lugares nos quais a História do Teatro deve ser pensada. Além disso, ele realiza uma seleção, estabelecendo o que deve figurar para a posteridade ou não, pois como bem

---

3. Sábato Magaldi et alii, *Os Princípios da Crítica*, São Paulo, 22/09/1987, p. 83-84 (mimeo).

4. A título de ilustração serão transcritos dois trechos de trabalhos referentes à História do Teatro Brasileiro, com o intuito de evidenciar que as interpretações críticas, na maioria das vezes, orientam outras reflexões. A primeira é de autoria de Yan Michalski que, além de crítico teatral, foi um dos mais importantes historiadores do teatro brasileiro. Situando a peça *Rasga Coração* no interior da História da Encenação ele afirmou: "Mesmo na montagem grandiloqüente, mas que contava com a forte presença de Raul Cortez no principal papel, o texto-testamento de Vianinha revelava a profundidade do seu engajamento humano e político, e a complexidade dos problemas que ele aborda com admirável honestidade e calor. O protagonista Manguari Pistolão, antigo militante da esquerda, agora reduzido a um medíocre cotidiano da pequena classe média, com tudo que este cotidiano tem de conservador nas suas relações com o filho 'hippie', com

MÚLTIPLAS APROPRIAÇÕES DE UM TEATRO CRÍTICO

advertiu Robert Paris, refletindo sobre a utilização de objetos artísticos como documentos de pesquisa:

> A primeira dificuldade, aliás, é de ordem literária. À diferença do seu colega que exuma uma peça inédita de arquivo, o historiador, aqui, não é nunca o primeiro leitor do documento. Ele aborda esse documento através de uma escala, um sistema de referências, uma "história da literatura", que já separou o joio do trigo, hierarquizando as escritas, as obras e os autores. Portanto, é necessário, sem ocultar o valor estético das obras, lhes creditar "a priori" uma igual carga documental, sujeita à verificação posterior[5].

Por intermédio destas considerações alguns problemas se apresentam. O primeiro foi estabelecer como, pelas encenações, o trabalho de Oduvaldo Vianna Filho foi inserido na História do Teatro Brasileiro, e reconhecer que tal perspectiva permitiu o surgimento de análises, extensivas ao próprio autor, circunstanciadas pela conjuntura na qual esteve em evidência. Na seqüência, merece ser observado o fato de que este material crítico foi forjado no interior de uma proposta estética e política de teatro. E, caso haja pertinência nessa afirmação, é possível dizer: da mesma maneira que a dramaturgia pode ser considerada ultrapassada, a proposta de crítica que surgiu e se consolidou em consonância com esta dramaturgia também faz parte dos anais da História da Crítica no Brasil. Dessa feita, dramaturgo e críticos compartilharam de referenciais semelhantes, daí a possibilidade de construção da identidade, e igual perecimento.

Escreveu-se muito sobre Oduvaldo Vianna Filho, bem como sobre suas peças, que foram presenças marcantes nos palcos brasileiros, desde o final da década de 1950 até meados dos anos de 1980. Elas

a mulher, com o trabalho, mas que assim mesmo preserva dentro de si a sua essência de lutador por um mundo melhor, entrou de imediato para a pequena galeria de personagens antológicos do teatro brasileiro. E no pano de fundo da história da família o público recebia, por meio de uma virtuosisticamente construída estrutura de *flash-backs*, uma fascinante análise de quarenta anos de História do Brasil. A generosidade do texto era convenientemente transmitida pelo espetáculo e intensamente captada pelo público" (Yan Michalski, *O Teatro Sob Pressão:* uma frente de resistência, Rio de Janeiro: Jorge Zahar Editor, 1985, p. 80-81).

Um outro trabalho que vale a pena ser destacado é o do italiano Mario Cacciaglia que, sobre *Rasga Coração*, disse o seguinte: "A obra mais madura de Vianinha talvez seja *Rasga Coração* (1972). A intenção do autor é mostrar que o que é revolucionário nem sempre é novo e o que é novo nem sempre é revolucionário. É a história de Manguari Pistolão, velho militante político, que após quarenta anos de luta por uma nova ordem mais justa é acusado pelo filho de ser conservador, velho, anacrônico. A peça relembra a História do Brasil, desde o integralismo até os movimentos da década de 1930, e até os recentes 'hippies'. No fim, o verdadeiro revolucionário é Manguari Pistolão, em sua luta contra a realidade de todos os dias". (Mario Cacciaglia, *Pequena História do Teatro no Brasil*. São Paulo: T. A. Queiroz/Edusp, 1986, p. 129).

5. Robert Paris, A Imagem do Operário no Século XIX pelo Espelho de um "Vaudeville", *Revista Brasileira de História*. São Paulo/Rio de Janeiro: ANPUH/Marco Zero, v. 8, n. 15, set. 87-fev. 88, p. 84.

88 A CRÍTICA DE UM TEATRO CRÍTICO

foram encenadas, comentadas, analisadas e divulgadas em interpretações que sempre buscaram vincular os textos ao autor. Na maioria das vezes, Vianinha foi apresentado como um dos fundadores do "teatro nacional", projeto que teve apoio de muitos daqueles que analisaram seus trabalhos e foi presença constante na cena cultural brasileira, num período que abarcou quase duas décadas, isto é, de 1959 a 1974. Após sua morte, o ato de mantê-lo vivo na memória coletiva transformou-se numa das bandeiras na luta contra o arbítrio instaurado a partir de 1964.

Desde seus primeiros trabalhos analisados houve, por parte de seus críticos, uma premissa que significava posicionar-se diante dos princípios estéticos e políticos defendidos por ele e pelo grupo ao qual estava vinculado[6]. Ao lado disso, anunciou-se um talento que a trajetória posterior confirmaria e, mais ainda, suas qualidades artísticas estavam comprometidas com uma *causa justa*: a implementação de uma dramaturgia brasileira nacional e crítica.

A postura do autor e o tratamento dos críticos em relação aos textos e à sua pessoa permitem dizer que Oduvaldo Vianna Filho foi um dos mais ilustres representantes de um teatro brasileiro ancorado na dramaturgia. Mais especificamente de uma dramaturgia que buscou sua renovação em peças que resgatassem experiências de camadas populares da sociedade brasileira, tanto urbanas quanto rurais. Nesse horizonte, Vianinha protagonizou embates em prol de um teatro brasileiro, que deveria apresentar-se como resposta a uma concepção "alienada", muitas vezes, interpretada como sinônimo de encenação de autores estrangeiros pelo TBC[7]. Para tanto, conclamou artistas e críticos

6. O Teatro de Arena de São Paulo já havia encenado a peça de Gianfrancesco Guarnieri, *Eles Não Usam Black-tie*, que, aos olhos dos especialistas, havia se tornado um marco na História do Teatro Brasileiro. Nesse sentido, o projeto de um "teatro nacional", interpretado como aquele que se mostra comprometido com as camadas subalternas da população, caminhava a "passos largos" na realização de seu "papel histórico". Entretanto, a garantia desta realização passava pela conquista de "aliados" que fizessem a defesa deste projeto e, neste luta, os *críticos teatrais* que apoiaram a proposta tornaram-se fundamentais.

7. Em um texto de 1958, Vianinha tentou sistematizar a sua opinião sobre as experiências estéticas do teatro brasileiro. Para ele, "o violento aguçamento das contingências sociais e econômicas que agitam o país não poderia deixar de alcançar o teatro. *Desde 1945, nosso teatro vem se desenvolvendo um pouco à margem da realidade social brasileira*. Um pequeno laboratório, de curto alcance, importante para a afirmação do teatro, mas ainda limitado na contribuição cultural que trazia para o povo brasileiro. Diretores estrangeiros trouxeram um salto na concepção do teatro. A elaboração do espetáculo como arte instalou-se na consciência do homem de teatro. Surgiram autores, atores, que determinaram uma nova forma de espetáculo. Mas, ainda pesquisas tateantes, sem bases intelectuais mais sólidas e, principalmente, sem uma urgência humana que, se não justificasse, pelo menos compensaria a debilidade de nosso teatro. Desenvolvendo-se mais e mais, o teatro foi se ligando ao público. A pesquisa, a procura, o estudo foram se firmando como fundamentais para a possibilidade de novos passos. E o ator, o diretor, o autor, o crítico vão deixando a simples inspiração, vão cuidando de apurar a

MÚLTIPLAS APROPRIAÇÕES DE UM TEATRO CRÍTICO 89

a se engajarem no projeto de construção de um "teatro nacional". Buscou estabelecer um coletivo em suas proposições e, nesse sentido, parece que foi atendido, tanto mais que os críticos teatrais conclamaram o público a prestigiar o Teatro de Arena e a sua proposta de trabalho, construída em torno de uma nova dramaturgia e de um novo teatro.

Oduvaldo Vianna Filho foi um profissional que possuía idéias a serem divulgadas, temas a serem defendidos e, para tanto, fez opções estéticas no interior do realismo. Buscou uma coerência temática que foi interpretada por seus analistas como um eixo a ser perseguido no interior de seu trabalho. Vianinha era sensível, inteligente e talentoso, além de estar permanentemente preocupado com os descaminhos da cultura brasileira, sobretudo no plano teatral. Este perfil propiciou a construção de um referencial para enquadrá-lo, a saber: teatro político e/ou teatro social.

Definido o lugar de sua dramaturgia, coube a ele seguir a trajetória de todo artista: construir a obra-prima. E, por essa via, qual seria o parâmetro?

Este parâmetro seria dado pelo seu trabalho ao longo do tempo. A comparação da peça analisada em relação às anteriores. Observar se novas técnicas foram incorporadas à confecção do texto, se seus personagens estão constituídos de maior ou menor verossimilhança, bem como perceber se a estrutura dramática propiciou o pleno desenvolvimento da temática abordada.

Sistematicamente, a "obra de Oduvaldo Vianna Filho" foi sendo construída por seus críticos e, neste contexto, entendendo a obra como o conjunto de trabalhos que carregam as marcas do dramaturgo, como garantia de identidade e de autoria. Neste percurso, a busca teria de convergir para a obra-prima e, no caso de Vianinha, elas foram localizadas em *Papa Highirte* e *Rasga Coração*.

sua forma, vão reconhecendo suas enormes debilidades. A pretensão dos espetáculos diminui, os espetáculos melhoram. Nada mais é última palavra. E a necessidade do humano, da criação de um repertório, que possibilitasse algo mais que uma simples bela realização artística de quatro paredes, vai tomando forma, vai se agigantando.

O teatro, com o seu próprio desenvolvimento, ligando-se ao público, criando escolas, sofrendo todo o processo de conscientização dos problemas brasileiros que atravessa o nosso povo em geral, nossa cultura em particular, chega a um momento capital: definir-se. Definição. Ou a agora cômoda realização de espetáculos muito bem montados, *partindo de peças absolutamente alienadas para o povo brasileiro*, de mau gosto literário, com um estilo de interpretação ainda baseado na superficialidade da emoção. Um teatro *alienado* que vai se requintando em pseudobeleza plástica, em pseudograndes interpretações e grandes montagens, carregadas de vazio e pretensão; ou a realização de espetáculos, onde a procura do autêntico, do humano, do urgente mesmo, *estabeleça a ligação imediata do teatro com a vida que vivemos?* Um teatro comercial ou um teatro brasileiro, com raízes na nossa vida e na nossa cultura, que é o único que pode sobreviver, criar e tornar-se um verdadeiro teatro? A resposta vem dos jovens na sua maioria, e são os jovens que compõem a maioria do teatro brasileiro: um *teatro nacional*". (Oduvaldo Vianna Filho, Momento do Teatro Brasileiro, em F. Peixoto (org.), *Vianinha: Teatro, Televisão, Política*, p. 23-24). (grifos nossos)

90 A CRÍTICA DE UM TEATRO CRÍTICO

A partir do instante em que seus críticos localizaram-nas como obras-primas, elas tornaram-se as balizas para a análise dos trabalhos anteriores, nos quais o dramaturgo exercitava as técnicas ou, então, estava em busca da realização plena de sua obra. Um exemplo lapidar deste procedimento com relação a Oduvaldo Vianna Filho pode ser encontrado na seguinte ponderação de Sábato Magaldi:

uma obra extensa e variada, para quem não viveu quatro décadas. Talvez, por isso, não fosse injusto eu ter sempre elogiado a dramaturgia de Vianinha, mas observado que lhe faltava escrever a obra-prima, à maneira de seus companheiros de geração. Vianinha considerava *Papa Highirte* a semidefinitiva e o empenho com que concluiu *Rasga Coração* no leito de morte prova que ele acreditava demais no seu alcance. Já condenado pelo câncer, sem que os amigos soubessem, ele promoveu numa madrugada a leitura do primeiro ato, no Teatro Paiol, para ouvir se valia ou não a pena continuar o trabalho. O estímulo recebido deve ter sido animador, porque todos elogiamos a parte pronta e exigimos que ele terminasse *Rasga Coração*[8].

Dessa maneira, *Rasga Coração* assumiu um lugar emblemático na dramaturgia de Vianna Filho e no debate político e cultural do país, com sua interdição e posterior proibição pela Censura Federal. As análises, envolvendo autor e obra, foram veiculadas por meio da imprensa escrita no período correspondente a 1979. Jornais – entre eles *Folha de S. Paulo*, *Jornal da Tarde*, *O Estado de S. Paulo* e *Jornal do Brasil* – e revistas semanais – como *Veja* e *Isto É* – assumiram um papel de combate no que se refere à denúncia do arbítrio, instaurado com o advento da censura, da interdição e posterior liberação da peça *Rasga Coração*. Nesses veículos de comunicação evidencia-se a atuação de determinados jornalistas que constantemente ocuparam os espaços para denunciar a proibição, bem como para informar o leitor acerca dos caminhos trilhados por este texto teatral.

Por este viés, quando a peça de Vianinha é recuperada como um dos momentos da luta contra a censura, pois sua proibição é um dos exemplos mais acabados desse embate, observa-se que isso ocorreu em, pelo menos, três níveis. O primeiro referiu-se ao ato de proibição em si. O segundo envolveu o seu autor, a sua trajetória, a elaboração da peça, e esta foi encarada como síntese de um trabalho e o testamento intelectual, político e estético do dramaturgo. O terceiro apontou que, mesmo tendo sido privada de estar em cena no seu momento adequado, isto é, contemporâneo à sua elaboração, *Rasga Coração*, desde sua premiação pelo Serviço Nacional de Teatro (SNT), em 1974, foi qualificada como a obra-prima de Oduvaldo Vianna Filho.

Entretanto, verificou-se, também, que esta peça não obtivera espaços na imprensa apenas em 1979. De acordo com a documentação arrolada, vislumbra-se que, durante cinco anos, ela teve um acompa-

8. S. Magaldi, Vianinha Volta ao Palco, *Jornal da Tarde*, São Paulo, 14/07/1979, p. 8.

nhamento sistemático, principalmente quando da proibição oficial, ocorrida em 1977. Essa censura, além de evidenciar uma contradição no interior do governo Ernesto Geisel – pois o Ministério da Educação premiou, ao passo que o Ministério da Justiça censurou –, permitiu que vários jornalistas se manifestassem de forma indignada com relação a este procedimento governamental. Yan Michalski, em sua coluna no *Jornal do Brasil*, denunciou que a Censura Federal, com esta atitude, assumia perante a população brasileira a responsabilidade de impedir que toda a sociedade tivesse acesso a um trabalho considerado, pelos especialistas, como uma das poucas e autênticas obras-primas da literatura dramática brasileira.

Com indignação, leituras dramáticas foram organizadas, ou como atestaram as palavras de Ignácio de Loyola Brandão e Flávio Rangel, a peça tornou-se conhecida, discutida e analisada por meio do "sistema xerox". O diretor José Renato, como revelou a sua carta nas páginas do *Jornal do Brasil*, tornou-se um defensor intransigente da liberação de *Rasga Coração*. Colocou-a na história do teatro brasileiro como um divisor de águas na dramaturgia brasileira, assim como o fora a peça *Vestido de Noiva* de Nelson Rodrigues. Encaminhando o seu raciocínio, José Renato atribuiu à sua geração a derrota pela proibição do texto de Vianinha, em um procedimento que buscou a homogeneidade e a coesão em torno da peça como símbolo de luta, como se a luta tivesse sido a mesma, em objetivos e intensidades, para todos os setores da sociedade brasileira e, em especial, para o setor artístico.

Vários jornalistas assumiram, também, a defesa inconteste da obra. O crítico teatral Yan Michalski é o exemplo acabado desta militância em prol da liberação e da encenação de *Rasga Coração*. Como ele próprio afirmou, a sua coluna transformou-se em uma trincheira na defesa da peça, denunciando, sistematicamente, o arbítrio que significava a sua interdição. Para Michalski, a peça era um dos textos mais significativos da dramaturgia brasileira, uma obra de arte com todas as suas rubricas e, seu autor, Oduvaldo Vianna Filho, figura-chave para compreender os últimos quinze anos da história brasileira. O referido crítico, ao formular esta conclusão, sentenciava que as reflexões que tivessem por tema a História da Cultura no Brasil, do final da década de 1950 até meados dos anos de 1970, necessariamente teriam, em algum momento, Vianinha como interlocutor privilegiado. E, por este viés, se essa expectativa pode ser pensada em âmbito geral, no universo teatral brasileiro, ele tornar-se-ia figura obrigatória das discussões.

As opiniões de Yan Michalski sobre a peça foram compartilhadas por críticos como Sábato Magaldi, Mariângela Alves de Lima, Jefferson Del Rios, entre outros. Para este último, a peça recuperou momentos do país, mas não como um sociólogo ou historiador o fariam e sim como um ficcionista que trabalha com conflitos humanos, em situações dramáticas.

92 A CRÍTICA DE UM TEATRO CRÍTICO

Intelectuais como Paulo Sérgio Pinheiro, Gilberto Velho e Ignácio de Loyola Brandão; jornalistas não especializados em crítica teatral, como Alberto Dines; e diretores teatrais como Flávio Rangel enfatizaram a importância da peça de Vianinha. A sua liberação foi interpretada como uma conquista da sociedade civil, uma vez que ela tinha se tornado uma trincheira avançada da resistência, da cultura, da arte, da história. Nesse sentido, a sua exibição pública significaria uma conquista das forças progressistas do país, no ano de 1979. Por essa via, peça símbolo, fruto do trabalho de alguém que enfrentou a opressão, a censura, a repressão, mas, mesmo com todas essas adversidades, não se deixou abater. Acreditou na possibilidade de atuar nas brechas, nas fissuras existentes em todos os níveis das relações sociais. Assim, autor e obra foram transformados em sustentáculos da luta por uma sociedade mais igualitária.

O espaço da imprensa foi utilizado para que se dissesse, com todas as letras, que "*Rasga Coração* não deveria passar em brancas nuvens", pois ela resgatara momentos da história brasileira que, até então, haviam sido desprezados em nome de discussões mais significativas. Ao lado disso, esta peça, vinculada aos temas da censura e da redemocratização, entre tantos outros, tornou-se, no nível simbólico, essencial para compreender o lugar das artes e, em especial, do teatro, na luta política contra a ditadura militar.

Nesse sentido, por intermédio da fortuna crítica, observa-se que a trajetória de *Rasga Coração* pode ser compreendida como parte integrante de um ciclo que se encerrou com a denominada "abertura política de 1979". Por outro lado, porém, tal evidência suscita, em relação ao material crítico, a seguinte indagação:

> Como entender esses jornais enquanto *documento* a ser trabalhado pelo historiador? Devo *reduzi-los* apenas à condição de textos onde leio um conjunto de informações que eles me apresentam ou então os descreve? Se o fizer, corro o risco de perder exatamente o ângulo entrevisto acima, esses jornais, em sua peculiar interação com certos intelectuais e com um certo público leitor, aparecem não como folhas mortas, mas dotados de *ação*. Estou diante do significado do documento enquanto sujeito. Ou melhor, essa imprensa, nesse caso, expressa a luta política, e as páginas desses diários não podem isolar-se dessa condição, elas são *prática* política de sujeitos atuantes[9].

Esse questionamento traduz o nível de complexidade que envolve as críticas disponíveis sobre Oduvaldo Vianna Filho e sua dramaturgia. É cristalino observar que os jornais e os jornalistas, bem como aqueles que foram à imprensa expressar, especialmente, suas opiniões sobre *Rasga Coração*, estiveram imbuídos de perspectivas que buscaram compreender a liberação da peça como um dos índices da redemocratização do país. Todavia, este texto teatral não foi escolhido aleatoriamente. Ao contrário, diante de tantos textos censurados e dos mais

---

9. Carlos Alberto Vesentini, Política e Imprensa: Alguns Exemplos em 1928, *Anais do Museu Paulista*, São Paulo, XXXIII, 1984, p. 37. (grifos do autor)

MÚLTIPLAS APROPRIAÇÕES DE UM TEATRO CRÍTICO   93

diferenciados níveis de repressão, a última peça de Vianinha foi considerada como objeto privilegiado de reflexão, capaz de canalizar a indignação daqueles que clamavam por democracia já.

Para além das qualidades do texto e do arbítrio do qual fora vítima, no que se refere a seu autor, estava-se perante alguém que havia consolidado uma obra que se tornara pública e que poderia servir a interpretações particulares, já que a sua morte prematura não comprometeria o seu passado a partir de ações futuras. Em outros termos, Vianinha não poderia externar a sua opinião sobre a redemocratização, e a condução do processo em 1979. Contudo, ele se constituiu em sujeito social por sua obra e por sua trajetória, carregadas de significados, de ações e intenções, que foram resgatadas, atualizadas e reinterpretadas.

Seus intérpretes, os agentes de 1979, inseridos na luta política do período, retomaram Vianinha e recuperaram valores e motivações. Defenderam, de maneira intransigente, as liberdades democráticas e o Estado de Direito. Tudo isso foi feito em jornais que, tendo apoiado ou não o movimento de 1964, transformaram-se em porta-vozes da luta pelas liberdades democráticas, especialmente pela liberdade de imprensa.

Em meio a esse acontecimento particular, relativo à peça *Rasga Coração*, a seu processo de censura e de liberação, é conveniente recordar que a dramaturgia de Oduvaldo Vianna Filho sempre foi objeto de análise dos críticos teatrais nas décadas de 1960 e de 1970. Por este motivo, dada a importância histórica e interpretativa desse material, estamos reproduzindo algumas das mais significativas em relação a distintos textos teatrais, assim como disponibilizamos, na seqüência, uma listagem atualizada, na medida do possível, da presença deste dramaturgo e de sua obra na imprensa brasileira.

Oduvaldo Vianna Filho

MAGALDI, Sábato. Vianinha: o tempo trará mais sucesso. *Jornal da Tarde*. São Paulo, 18/07/1974.

ZANOTTO, Ilka Marinho. A Luta Eterna Pelos Valores Humanos. *O Estado de S. Paulo*. São Paulo, 25/06/1981.

Chapetuba Futebol Clube

MAGALDI, Sábato. Problemas de *Chapetuba Futebol Clube*. *O Estado de S. Paulo*. São Paulo, 04/04/1959.

HELIODORA, Bárbara. O Futebol como Tema Dramático. *Jornal do Brasil*. Rio de Janeiro, 06/02/1960.

Se Correr o Bicho Pega, Se Ficar o Bicho Come

D'AVERSA, Alberto. Triunfa o Jogo do Bicho no Galpão (1). *Diário de S. Paulo*. São Paulo, 02/10/1966.

PÁGINA 6 □ CADERNO B □ JORNAL DO BRASIL □ Rio de Janeiro, sábado, 6 de outubro de 1979

ODUVALDO VIANNA FILHO

Mary Ventura

Colá um sorriso compassivo, a enfermeira aproximou-se para mais uma das injeções com as quais ajudavam a minorar as dores atrozes. "Isso é uma guerra." Sabendo da morte próxima, ele apenas respondeu: "Não, a guerra é pior". Pouco depois retomava o trabalho de ditar para a mãe mais uma das páginas daquele que seria o seu último trabalho dramatúrgico, *Rasga Coração*. No dia 16 de julho de 1974, terminava *Rasga Coração*. Oduvaldo Vianna Filho, 38 anos, morria de câncer no pulmão, detectado cerca de dois anos antes, quando a abreugrafia tirada no exame médico para admissão na TV Globo revelou sinais inquietadores, confirmados na radiografia tirada a seguir e aparentemente sanados com a operação que encobriu por um ano o nascimento da terceira filha, Mariana, em 1973.

Até a ida para Houston, nos Estados Unidos, para uma última tentativa de cura, cinco meses antes da morte, Vianinha escreveu — juntamente com Armando Costa — *A Grande Família*, um seriado que ele considerava "a crônica de uma família saudável". E, 10 dias antes, comentavam os amigos no enterro, surpreendeu a todos dirigindo à emissora um especial intitulado *Turma, Minha Doce Turma*, uma tragicomédia sobre um grupo de quarentões em crise existencial. Enfrentando a sua própria tragédia sem fugas ou lamentações, ele apenas pedia aos médicos que o mantivessem vivo até a estréia de *Rasga Coração*, programada para três meses depois.

Os três meses de sobrevida — que não teve — não bastariam, porém, para a realização desse desejo. Foram necessários cinco anos até que a peça pudesse finalmente ser encenada por José Renato, a quem ele confiara a tarefa. Assim que a recebeu, José Renato, além de prometer que cuidaria imediatamente da montagem, enviou a peça à Censura, onde foi vetada.

— Nós sabíamos que estava proibida, mas não tínhamos — lembra-se Armando Costa — coragem de contar-lhe. Até o fim ele dizia que tinha questão de ir à estréia.

No mesmo ano de 1974, por iniciativa de sua mãe, Deocélia, e de sua mulher, Maria Lúcia, a peça foi inscrita no concurso de Serviço Nacional de Teatro, com pseudônimo, e entre 400 concorrentes obteve o primeiro prêmio, por unanimidade de júri composto por Celso Nunes, Gianni Ratto, Hermilo Borba Filho, Ilka Marinho Zanotto e Yan Michalski. Imediatamente após, apesar dos protestos e negociações, foi proibida por ordem do então Ministro da Justiça, Armando Falcão.

A partir de então, *Rasga Coração* tornou-se a peça mais semeada e lida não somente nos meios teatrais como entre intelectuais e estudantes — em entrevista, o jogador Sócrates mencionou que era a sua leitura no momento. A sua estréia nacional em Curitiba, dia 21 de setembro, provou a sua explosão de uma das mais importantes obras de toda a dramaturgia nacional.

Foi, na verdade, o coroamento natural da carreira daquele jovem muito magro e alto, bonito e tímido, que com as mãos em eterno movimento desprendia fezos em debates, discussões e doutrinações a respeito de suas paixões: o teatro e o povo brasileiro. A política era parte integrante de sua vida desde o nascimento, embora a prática tenha começado aos nove anos, quando participou, em São Paulo, da campanha do pai, teatrólogo Oduvaldo Viana, a deputado estadual, com o apoio do Partido Comunista Brasileiro.

O episódio é sua mãe quem comenta: "Oduvaldo ficou como suplente de Mário Schemberg e disso se orgulhava muito. Mas desde o primeiro dia da campanha trabalhamos muito. Nessa noite não o deixamos em casa e saímos, com outros companheiros, para pregar cartazes. Começamos no Sumaré e, às nove horas da manhã seguinte, chegamos à Avenida Ipiranga. Quando acordou, Vianinha reclamou por não o termos levado, e é claro que ficou assustado com a nossa ausência".

— No dia das eleições, pediu ao portador do prédio em raízes o livro com a Avenida Ipiranga, onde, entalzinho, distribuiu 5 mil cédulas que Chateaubriand nos deu, não por questões políticas mas porque meu marido era funcionário das Associadas. Quando foi levar-lhe o almoço, ele muito orgulhoso me comunicou que não era preciso: o carinhoso do Partido havia passado e ele recebera, como qualquer outro militante, a sua quota de sanduíche e refrigerante.

Com os pais, vivera dois anos de exílio em Buenos Aires, dos três aos cinco anos, e conheceu a carreira artística. Aos três meses já atuava no filme *Busequinha de Seda* e aos dois anos teve um papel em outro, *Alegria*, ambos de seu pai. Até então a família vivia no Rio, onde Vianinha nascera perto da Praça General Osório, mas de volta da Argentina transferiu-se para São Paulo, onde ali nasceria a sua verdadeira vocação: o teatro. Ela faria a Faculdade de Arquitetura Mackenzie, aos 17 anos e meio. Dos 185 candidatos e cinco tiro o terceiro lugar, entre os 25 aprovados.

Os dois primeiros anos revelaram um aluno aplicado, embora já engajado no Teatro Paulista dos Estudantes, dirigido por Ruggero Jacobbi. Mas o no terceiro, atuando em várias produções do grupo, que finalmente resolve mudar-se para o seu destino. Contra a vontade do pai, que por sua vez havia abandonado a profissão de dentista pelo teatro, e portanto conhecia bem as "dificuldades dessa vida instável", larga a faculdade e se torna ator profissional.

Tanto quanto o cigarro Continental sem filtro, o vício do choque, a camisa social branca de peito aberto e as brasas, marcas registradas também eram características suas o gosto pelo trabalho em grupo e a necessidade de ter o seu trabalho avaliado e criticado. No Teatro de Arena, com seu Seminário de Dramaturgia, no Centro Popular de Cultura da UNE e no Opinião, escrevia-se, discutia-se a exercitava-se em busca de uma forma final que atingisse a qualidade artística e os objetivos políticos, e Vianinha sempre exercia uma forte autocrítica. As peças que escreva sozinho, mostrava aos amigos e ia para os companheiros e críticos. Ouvia os comentários, pesando-os criteriosamente.

— Ele já tinha pronto o primeiro ato de *Rasga Coração* quando a Globo nos mandou a São Paulo, onde lariamos uma pesquisa para o especial que poderia gerar uma nova série, *Turma, Minha Doce Turma*.

Paulo Afonso Grisolli, seu antigo companheiro no Arena e diretor de *A Grande Família*, conta a viagem, da qual Armando Costa também participou.

— Fizemos a viagem de trem e se considerava curado depois da operação feita quase um ano antes. Mas assim mesmo ficava examinando as linhas, alguém lhe dizem que quando surgissem nódulos ea sinal de que algo não ia bem. Estávamos em Janeiro e no dia seguinte à nossa chegada Vianinha programado a leitura do grupo no Teatro Paulista dos Estudantes, dirigido por Roggero Jacobbi. Mas o no terceiro, atuando em várias produções do grupo, que finalmente resolve mudar-se para o seu destino. Contra a vontade do pai, que por sua vez havia abandonado a profissão de dentista pelo teatro, e portanto conhecia bem as "dificuldades dessa vida instável", larga a faculdade e se torna ator profissional.

A PAIXÃO DO ENCONTRO DO INTELECTUAL COM O POVO

Para a mãe, Deocélia, Vianinha ditou no hospital o final de *Rasga Coração*

os Estados Unidos, entretanto, com a maior esperança, achando que lá dar-se-ia. Na volta estava desesperançado, e achi que ele devia ter, um pouco para terminar o trabalho que tinha começado. Isto se inclui a peça e o especial.

Grisolli fez visita-lo no hospital e entranhou a forte solange. "Que é isso, rapaz, voltou a se pauliar-la!" "Pois é, estou diluindo os personagens para o gravador e foro falando igual a eles".

— Ele tinha se proposto a recrever o piloto e por uma questão de brio e coerência levou a tarefa até o fim. Já que a Globo estava pagando do tratamento, ele tinha de trabalhar para justificar isso. Veja que loucura! Ele quería escrever *Rasga Coração*, sabia que ia morrer, tinha um prazo pessoal íntimo, para escrever a peça, que era a coisa que ele queria fazer efetivamente. Apesar disso, por gravarem as horas de ditar para um gravadorzinho um esquadrão matinal. Estava muito debilitado pela quimioterapia, ditava rouco, quase sem voz, mas considerava uma obrigação para com a empresa.

Também ditada foi a sua última carta, para Ferreira Gullar e sua mulher, Teresa Aragão, na época em Buenos Aires.

— Só agora, dia 6 de junho, minha mãe bate estas linhas para mim. Passei 20 dias no Hospital Silvestre, recebi o jornal e a carta. Junte-se aos 20 de hospital o carago que a doença provoca. E seu derrubadora. Desânimo, falta de vontade para as coisas, dores intermitentes, pequenas manchas que aparecem aqui, você tome conta, surgem em outro lugar. Realmente não estou nada bem. A doença está muito generalizada não tem dado mostras de regressão. No máximo, em alguns dos focos, acionou de estagionação. Estou tentando lutar, e claro, com todas as forças, procurando não me entregar, mas a tentação de entrega cresce a cada dia de minando o organismo. Demorei tanto para escrever esta carta porque a uma carta de m... De qualquer maneira comecei terminar tal peça *Rasga Coração* que estou escrevendo desde 1971. A TV Globo tem sido sensacional comigo (Daniel Filho, Boni e Bojalão). Estão me pagando sem que eu trabalhe além de terem pago minha viagem para os Estados Unidos. Não vou escrever mais. Perdoa. Um grande abraço, Viana."

Nos 40 dias que lhe restaram se voltou a trabalhar em *Turma, Minha Doce Turma*, novamente no hospital, até terminá-la. E no dezeno que adoecido à ilusão virtava a se reunir com seus companheiros do CPC, discutindo a proposta de estender à cultura ao povo e a validade dos métodos de atuação do grupo.

— Essa foi na verdade uma preocupação que o dominou constantemente. Em sua última entrevista, pouco antes de embarcar para os Estados Unidos, fez uma autocrítica do processo:

— Descobríamos que na horizontalização da cultura há necessidade, em primeiro lugar, de um trabalho de continuidade, que para nós praticamente não existia. Eu acho que realizei espetáculos teatrais em todas as favelas do Rio de Janeiro, mas devo ter realizado um ou dois em cada uma. Isso significa uma total descontinuidade e não tinha nenhum significado. Nós trabalhávamos em sindicatos, mas as condições de trabalho eram utópicas. Era a procura do encontro do intelectual com o povo, e para nós era incandescente, mas, ao mesmo tempo, muito romântico. Informou muito mais a nós do que a massa trabalhadora. Eles continuam com seus problemas de lutas salariais, e nós, em determinado momento, descobrimos que estávamos reduzindo nossas conquistas culturais ao ir e ir para o sindicato e fazer um "auto do tipo que acabou", defendendo o aumento salarial. Isso era um aprofundamento dos problemas culturais da sociedade brasileira. Essa é uma coisa que hoje eu repudio porque acho que o processo de aprofundamento cultural tem de ser feito diante das forças que observem cultura, e eu não posso inventar outros componentes, os que não os da nossa sociedade.

Pol graças à sua capacidade de agilitação, à sua forte liderança e a seu entusiasmo contagiante que o CPC surgiu, depois da saída de Vianinha do Teatro de Arena, em 1960. Apesar de enorme repercussão da chegada do grupo ao Rio, com Eles Não Usam Black-Tie, de Gianfarri, e, em seguida, *Chapetuba Futebol Clube*, seu primeiro texto montado no qual trabalhava também como ator e premiado (prêmios Saci, Governador do Estado e Associação Paulista de Críticos Teatrais, de São Paulo; e Governador do Estado e Associação Brasileira de Críticos Teatrais, do Rio), a falta de dinheiro e dúvidas internas levam à desagregação. Vianinha foi o pioneiro a sair, a ai a considerara que o Arena não cumpria a finalidade a que ele se tinha proposto como intelectual: fazer teatro para a popularização.

Reunindo alguns jovens estudantes, partiu para um projeto que Grisolli considera hoje um marco no teatro brasileiro. *A Mais Vila Vai Acabar*, Seu Edgar, foi montada no Teatro de Arena da Faculdade de Arquitetura (não a UFRJ), com texto coletivo e direção de Chico de Assis, "uma mudança de rumos na dramaturgia brasileira, desapegada de qualquer modelo que nos fosse essencialmente brasileiro, como a revista e o circo, discutindo a exploração do homem numa linguagem chã e bem humorada". — Evidentemente — diz Grisolli — não era uma peça popular no sentido de ser entendida por um operário, pressupunha um tipo de informação anterior. É mais moderno do grupo uma distanciada ideológica que terminou com a idéia de um curso de História da Filosofia. Conseguimos o auditório da UNE e o curso foi dado por Carlos Estevan e José Américo Pessanha.

Era o embrião do CPC, onde mais uma vez Vianinha assumiu a liderança. "Ele era um excelente agitador de reuniões, de assembléias e mesmo de rua" (Ferreira Gullar), "amigo que mantinha sempre disciplina. Acontava lê seu da manhã para ir o estudar, nas achava que as outros eram calibradores. Perturbado na parede, um papel escrito: às 7 horas da manhã para gravação. Todas acharam que ele outras horas botarias já tinha prontos. Ou gratuitamente no jornal, escrever etc."

No CPC faziam-se espetáculos periféricos, populares, sem nenhum formalismo, levantando-se mais que exigissem o povo. Sobre um caboré, Vianinha, enorme chapéu de Tio Sam, roupas coloridas, mostrava em versos os canções as agroras de um João da Silva, as garras do imperialismo. Em pleno Governo Jânio Quadros o país se agitava e o grupo, já agora bem mais aberto, seguia pelo Brasil afora com a UNE-Volante.

— Viena nunca saiu do Brasil, embora tivesse por duas vezes aludiu a prêmio Moliére (com *Se Corre o Bicho Pega*, em parceria com Ferreira Gullar, e A **Longa Noite de Cristal**) — conta Teresa Aragão, companheira do CPC e do Grupo Opinião. "Não por medo de avião, afinal ele rodou o país inteiro em ônibus-pau da FAB. Acho que já se a curtida Ionse, isso aparte ele estava esse rotalizar sozinho".

Pouco sozinho pelo curto tempo em que esteve preso, em 1961, aproteado num dos esperáculos de Rio. Foi elias a sua única priso, sem maiores complemoseccial a em sinais pos tariores, porque, expoente Presidente, Jango, segurança sua mãe, "mandou limpar a São Paulo". Quase todos os membros do CPC foram indicados em IPMs, Jerdoru Gullar, mas ele, que elias fica preoccupado: "Vão pensar que sou do Suol polir". A explicação ao roots era uma confunda de cortes, pois o aó, no organio, escrecen o Filho. Elo se chamava, legitimate, Orduvaldo Viana, como p pai e o ven como ele concurdedo quando apresentaba do documenta.

Em 1964, com o ioncado da UNE na voopensa da inauguração do seu teatro com a montagem de **Os Axoscodoc Mais os Banavides**, de a autoridades, saderam se a arras tura tão intensamente virida de cultura popular. Os renaueren res ces grupo refugiam se ser 23 Cartola, na Rua da Garton, uma redatro do samba sefo conhida curiera. E hol só que mala tarde vea Vianinha faltou em se juntamente pura fazer alguma coise.

— O Grupo Opinião, do qual frearam a parte Pauli, Tereza, Armando, Paulo Pontes, Denoy, Oliveira, João das Neves, Pichin, Pilé e eu — diz Gullar — recuperou a junção do teatro com a pasion popular e incorporou os dados políticos, como estatísticas e depoimentos nascidos nos autos de CPC. Foi do Viana a idéia de juntar a música da Zona Sul (Nara Leão, o malemalo cantor Zé Kéti) e o nordestino João do Vaille numa aproximação de classes. Isso correspondia a sua preoccupação de tornar uma frente ampla

MÚLTIPLAS APROPRIAÇÕES DE UM TEATRO CRÍTICO 95

MICHALSKI, Yan. O Bicho que já Pegou. *Jornal do Brasil*. Rio de Janeiro, 20/04/1966 (Caderno B).
WOLFF, Fausto. O Bicho: Começo de Arte (I). *Tribuna da Imprensa*. Rio de Janeiro, 20/04/1966.

Dura Lex Sed Lex no Cabelo só Gumex
MICHALSKI, Yan. Da Lei Áurea a "Dura Lex". *Jornal do Brasil*. Rio de Janeiro, 07/01/1968 (Caderno B).

Longa Noite de Cristal
MICHALSKI, Yan. A Longa Noite de uma Geração Acuada. *Jornal do Brasil*. Rio de Janeiro, 12/09/1976, p. 10 (Caderno B).
MOTTA, Nelson. Vianinha e o Cristal: Breves e Discutíveis Idéias Sobre um Talento Indiscutível. *O Globo*. Rio de Janeiro, 25/02/1977.

Corpo a Corpo
MICHALSKI, Yan. A Longa Noite da Verdade. *Jornal do Brasil*. Rio de Janeiro, 18/03/1975.

Allegro Desbum
GUZIK, Alberto. *Allegro Desbum*, Alegre Vianinha. *Última Hora*. São Paulo, 12/04/1976.
LIMA, Mariângela Alves de. Comédia é Exemplo de Bom Teatro Comercial. *O Estado de S. Paulo*. São Paulo, 26/03/1976.
MAGALDI, Sábato. O Alegre Repouso de Vianinha. *Jornal da Tarde*. São Paulo, 24/03/1976.
MICHALSKI, Yan. Alegro: Consumo Anticonsumista. *Jornal do Brasil*. Rio de Janeiro, 03/05/1977.

Papa Highirte
LUIZ, Macksen. Em *Papa Highirte* o Testemunho de uma Prática Cultural. *Jornal do Brasil*. Rio de Janeiro, 18/07/1979 (Caderno B).
MAGALDI, Sábato. *Papa Highirte*: Dança a Chula, Embriaga-se, Ama. Um Velho Ditador Vive seu Ocaso. *Jornal da Tarde*. São Paulo, 14/07/1979.
MICHALSKI, Yan. *Papa Highirte*: uma Obra Continental. *Jornal do Brasil*. Rio de Janeiro, 15/08/1979 (Caderno B).

Rasga Coração
DEL RIOS, Jefferson. Beleza e Emoção na Obra-prima de Vianna. *Folha de S. Paulo*. São Paulo, 21/10/1980.
LIMA, Mariângela Alves de. Peça-Símbolo da Fase da Censura. *O Estado de S. Paulo*. São Paulo, 24/04/1979.
MAGALDI, Sábato. *Rasga Coração*, um Momento de Perfeição do Nosso Teatro. *Jornal da Tarde*. São Paulo, 29/10/1980.
MICHALSKI, Yan. *Rasga Coração*: Documento Poético dos Nossos Becos Sem Saída. *Jornal do Brasil*. Rio de Janeiro, 13/10/1979.
PINHEIRO, Paulo Sérgio. Um Ajuste de Contas com o Passado. *Isto É*. São Paulo, 25/04/1979.

96 A CRÍTICA DE UM TEATRO CRÍTICO

VELHO, Gilberto. Teatro Político e Pluralismo Cultural (a propósito de *Rasga Coração*). *Jornal do Brasil*. Rio de Janeiro, 11/11/1979 .

ZANOTTO, Ilka Marinho. Penar da Alma Brasileira. *O Estado de S. Paulo*. São Paulo, 26/10/1980.

Moço em Estado de Sítio

MAGALDI, Sábato. Uma Peça Obrigatória para quem Ama o Teatro. *Jornal da Tarde*. São Paulo, 20/08/1982.

MICHALSKI, Yan. Longa Jornada Estado de Sítio Adentro. *Jornal do Brasil*. Rio de Janeiro, 30/11/1981 (Caderno B).

CRÍTICAS

Vianinha: O Tempo Trará mais Sucesso

SÁBATO MAGALDI

Oduvaldo Vianna Filho pedia aos médicos que o mantivessem vivo até a estréia de *Rasga Coração*, prevista para outubro. Sei que os médicos achavam que a sobrevivência, até anteontem, ia além de todas as previsões favoráveis. A vantagem do dramaturgo é que o texto permanece além dele e, quando *Rasga Coração* estrear, provará que os 38 anos de Vianinha foram suficientes para deixar uma obra coesa e madura.

Não há dúvida em afirmar que, de todo o grupo que renovou a literatura dramática brasileira moderna, a partir do Seminário de Dramaturgia do Arena, Vianinha foi quem deu a contribuição de maior sensibilidade. A visão clara da sociedade nunca impediu que ele procurasse sempre o drama do homem – o indivíduo solitário e desamparado, dentro de uma engrenagem trituradora, concentrou o seu interesse mais profundo. Por isso, Papa Highirte, protagonista de uma peça do mesmo nome, não se transformou em caricatura, embora fosse criticado como ditador de uma republiqueta latino-americana. Vianinha captou com admirável acuidade o vazio desse homem que, de concessão em concessão, criou um deserto à sua volta.

Rasga Coração é, no teatro brasileiro, a mais completa sondagem do país, desde a conturbada década de trinta até os nossos dias. Os acontecimentos políticos servem, entretanto, como pano de fundo para a caracterização de personagens representativas. Ficam em primeiro plano os conflitos humanos, sem que o enfoque ideológico deturpe os fatos e a autenticidade das psicologias.

Vianinha sempre se debruçou com extremado carinho sobre as suas criaturas. Sensibilizava-o, mais do que as vitórias, a derrota do ser humano. Não uma derrota metafísica, determinada pelo efêmero da nossa condição, mas aquela que as forças opressoras condicionam. Por trás do indivíduo batido de Vianinha há sempre uma sociedade adversa, que recusa a expansão de suas potencialidades. A palavra final de Vianinha não era, portanto, pessimista: basta vencer os obstáculos para que prevaleça o otimismo. Modifique o homem o mundo, que ele estará intimamente modificado.

Diversos textos expressivos marcaram uma trajetória rica, desde a estréia de *Chapetuba F. C.* em 1959. Aí, já se via o dramaturgo preocupado em levantar um importante setor da realidade brasileira, ainda que sob o prisma dos marginalizados. *Se Correr o Bicho Pega, Se Ficar o Bicho Come,* peça escrita de parceria com Ferreira Gullar, mostrava, em 1966, o beco sem saída de uma determinada realidade social. E *A Longa Noite de Cristal,* encenada em 1971, fixava a trajetória

Morte

Vianinha: o tempo trará mais sucesso.

Para Sábato Magaldi, as duas peças inéditas que Oduvaldo Vianna Filho deixou são seus melhores trabalhos.

Oduvaldo Vianna Filho pedia aos médicos que o mantivessem vivo até a estreia de **Rasga Coração**, prevista para outubro. Sei que os médicos achavam que a sobrevivência, até ante-ontem, ia além de todas as previsões favoráveis. A vantagem do dramaturgo é que o texto permanece além dele e, quando **Rasga Coração** estrear, provará que os 38 anos de Vianinha foram suficientes para deixar uma obra coesa e madura.

Não há dúvida em afirmar que, de todo o grupo que renovou a literatura dramática brasileira moderna, a partir do Seminário de Dramaturgia do Arena, Vianinha foi quem deu a contribuição de maior sensibilidade. A visão clara da sociedade nunca impediu que ele procurasse sempre o drama do homem — o indivíduo solitário e desamparado, dentro de uma engrenagem trituradora, concentrou o seu interesse mais profundo. Por isso, Papa Highirte, protagonista de uma peça do mesmo nome, não se transformou em caricatura, embora fosse criticado como ditador de uma republiqueta latino-americana. Vianinha captou com admirável acuidade o vazio desse homem que, de concessão em concessão, criou um deserto à sua volta.

Rasga Coração é, no teatro brasileiro, a mais completa sondagem do país, desde a conturbada década de trinta até os nossos dias. Os acontecimentos políticos servem, entretanto, como pano de fundo para a caracterização de personagens representativas. Ficam em primeiro plano os conflitos humanos, sem que o enfoque ideológico deturpe os fatos e a autenticidade das psicologias.

Vianinha sempre se debruçou, com extremado carinho, sobre as suas criaturas. Sensibilizava-o mais do que as vitórias, a derrota do ser humano. Não uma derrota metafísica, determinada pelo efêmero da nossa condição, mas aquela que as forças opressoras condicionam. Por tras do indivíduo batido de Vianinha há sempre uma sociedade adversa, que recusa a expansão de suas potencialidades. A palavra final de Vianinha não era, portanto, pessimista: basta vencer os obstáculos para que prevaleça o otimismo.

Modifique o homem o mundo, que ele estará intimamente modificado.

Diversos textos expressivos marcaram uma trajetória rica, desde a estreia de **Chapetuba F. C.** em 1959. Aí, já se via o dramaturgo preocupado em levantar um importante setor da realidade brasileira, ainda que sob o prisma dos marginalizados. **Se Correr o Bicho Pega, Se Ficar, o Bicho Come**, peça escrita de parceria com Ferreira Gullar, mostrava, em 1966, o beco sem saída de uma determinada realidade social. E **Longa Noite de Cristal**, encenada em 1971, fixava a trajetória do protagonista, reduzido a usar a voz, em programas radiofônicos da madrugada, depois que contrariou os interesses criados na televisão.

Escrevi, há algum tempo, que Vianinha havia composto várias peças de qualidade, não tendo ainda produzido a obra-prima que se esperava dele. Talvez fosse correta a observação, antes de **Papa Highirte** e de **Rasga Coração**. Nesses últimos textos, ainda inéditos no palco, Vianinha aceitou o desafio para ir mais longe, e venceu.

Sua dramaturgia, com o tempo, sofreu uma evolução significativa. Nas primeiras obras, ele estava mais preso ao realismo, até na continuidade cronológica dos atos. À medida que foi dominando seu instrumento, utilizou com maior liberdade a imaginação, e passado e presente se fundem, e as mudanças de cenários e de ambientes se tornaram flexíveis.

Não se pode esquecer também a contribuição de Vianinha como ator de qualidade. Além de ter recebido Sacis, Prêmios Molière e Governador do Estado como dramaturgo, já em 1957 se distinguiu como o melhor coadjuvante, em **Juno e o Pavão**, de O'Casey. Uma sensibilidade quase romântica era o seu traço dominante como intérprete. São numerosos, por outro lado, os seus trabalhos para a televisão, com boa acolhida do público e da crítica especializada.

Falecido muito jovem, Vianinha só tende a crescer com o tempo, quando a sua obra inteira puder ser encenada com a verdade que nunca deixou de revelar.

Sábato Magaldi

MÚLTIPLAS APROPRIAÇÕES DE UM TEATRO CRÍTICO

do protagonista, reduzido a usar a voz, em programas radiofônicos da madrugada, depois que contrariou os interesses criados na televisão.

Escrevi, há algum tempo, que Vianinha havia composto várias peças de qualidade, não tendo ainda produzido a obra-prima que se esperava dele. Talvez fosse correta a observação, antes de *Papa Highirte* e de *Rasga Coração*. Nesses últimos textos, ainda inéditos no palco, Vianinha aceitou o desafio para ir mais longe, e venceu.

Sua dramaturgia, com o tempo, sofreu uma evolução significativa. Nas primeiras obras, ele estava mais preso ao realismo, até na continuidade cronológica dos atos. À medida que foi dominando seu instrumento, utilizou com maior liberdade a imaginação, e passado e presente se fundem, e as mudanças de cenários e de ambientes se tornaram flexíveis.

Não se pode esquecer também a contribuição de Vianinha como ator de qualidade. Além de ter recebido Sacis, Prêmios Molière e Governador do Estado como dramaturgo, já em 1957 se distinguiu como o melhor coadjuvante, em *Juno e o Pavão*, de O'Casey. Uma sensibilidade quase romântica era o seu traço dominante como intérprete. São numerosos, por outro lado, os seus trabalhos para a televisão, com boa acolhida do público e da crítica especializada.

Falecido muito jovem, Vianinha só tende a crescer com o tempo, quando a sua obra inteira puder ser encenada com a verdade que nunca deixou de revelar.

Jornal da Tarde, 18/07/1974

A Luta Eterna pelos Valores Humanos

ILKA MARINHO ZANOTTO

Tenho diante dos olhos uma fotografia de Oduvaldo Vianna Filho adolescente, contracenando com Guarnieri em *Rua da Igreja*, montagem de estréia, em 55, do TPE, no Arena, grupo que contava com a supervisão de Ruggero Jacobbi, morto na semana passada. De Vianinha escrevia o crítico de *O Estado* na época: "Tem uma porção de defeitos... mas com tudo isso, é um ator, possuindo o físico, a presença, a simpatia e a imaginação cênica requerida pelo palco". Quatro anos depois, em 59, pela primeira vez era encenada uma peça sua no mesmo Arena, texto que ele já lera no ano anterior para nossa turma da EAD com o entusiasmo característico e com aquele jeito esbaforido – os gestos largos, as palavras céleres, atropelando-se – de quem aposta corrida com o tempo. Essa vocação irrestrita para o palco, essa necessidade urgente de compreender o mundo e de comunicar a todos as próprias idéias fervilhantes, essa sofreguidão frente à vida e à arte, fizeram com que Vianinha produzisse em pouco mais de 15 anos obra de fôlego, nem sempre homogênea, mas decididamente em linha ascendente de qualidade, abrangendo teatro, cinema e TV, e constituindo, muitas de suas peças, obras-primas de nossa dramaturgia. Por tudo isso, é extremamente oportuna a iniciativa da Edições Muro, propiciando um panorama global dessa obra infelizmente interrompida no auge da capacidade criativa do autor, justamente com a peça-testamento que é *Rasga Coração*, da qual já disse Marcos Flaksman: "Lidar com Vianinha de (*Rasga Coração*) é como trabalhar com Shakespeare, no tempo dele". De sua primeira peça, *Bilbao Via Copacabana*, pouco mais que uma anedota ampliada sobre um conto do vigário, mas já com diálogos e situações vivazes e teatrais, a *Chapetuba*, houvera evidente progresso, na medida em que esta pesquisava uma linguagem própria para a dramaturgia brasileira. Fruto direto dos Seminários de Dramaturgia do Arena, em cujo cadinho os jovens autores forjaram textos de cunho deliberadamente engajado, vazados em linguajar colado ao jargão coloquial. *Chapetuba* definia por antecipação uma das vertentes da obra do autor, a mais significativa, que escarafuncha as motivações profundas do ser humano, traçando uma radiografia solidária do calvário do indivíduo contemporâneo, fiel aos valores éticos e pressionado por um mundo esvaziado de sentido. Da corrupção nos bastidores do futebol à expoliação dos plantadores sem terra (*Os Azeredo Mais os Benevides*), do drama do repórter íntegro, massacrado pela engrenagem das redes de televisão – tendo como pano de fundo as relações de poder nas grandes empresas – (*A Longa Noite de Cristal*) à descrição incisiva da "hora do lobo" na vida do publicitário cuja ascensão é pontilhada de concessões (*Corpo a Corpo*), da narração da odisséia da velhice solitária (*Em Família*), ao amplo painel político e existencial de *Papa Highirte* e, finalmente, à estupenda síntese de 40 anos de Brasil (*Rasga Coração*), Vianinha soube vazar em termos da mais lata teatralidade uma visão de mundo que transmite intacta a fé na perenidade dos valores humanos e na validade da luta pela sua implantação. A outra vertente, representada pelas peças escritas "na boca do cofre" que flagravam o cotidiano em *flashes* vivazes e muitas vezes superficiais, compreende dos textos escritos para CPC, à guisa de comício político semelhantes aos *sketches* didáticos brechtianos, até os musicais de protesto e às análises satíricas do momento político social das quais o melhor exemplar é *Se Correr o Bicho Pega...* Ressentem-se muitas delas da profundidade, fato que o próprio autor assinala no prefácio de *Dura Lex Sed Lex*, quando expressa o desejo de passar de panfleteiro a artista, "acompanhando a evolução do humano deste país". E isto ele consegue fazer de modo insuperável.

O Estado de S. Paulo, 25/06/1981

Problemas de Chapetuba F. C.

SÁBATO MAGALDI

Como encarar *Chapetuba F. C.*? Que importância atribuir-lhe no panorama do nosso teatro? Essas e outras perguntas não são difíceis de responder: a peça de Oduvaldo Vianna Filho representa mais um passo significativo para a instauração de uma dramaturgia brasileira autêntica. Nossos jovens autores, conscientes da missão que desempenham, repudiam os compromissos comerciais e os barateamentos ao gosto do dia. Lançam-se à pesquisa da realidade nacional, trazendo para o debate do teatro os temas capazes de empolgar as grandes camadas latentes do público. O futebol é um dos assuntos mais vivos do País. Lota os estádios e faz com que a Nação se paralise, quando da disputa de um troféu mundial. Liga os torcedores de origens mais diversas a uma única emoção, diante de um lance decisivo. Sob certo aspecto, preenche um papel de união da coletividade (apesar da disputa de adversários), que era antes atribuído ao próprio teatro. Não se poderia desconhecê-lo por mais tempo na literatura dramática. *Chapetuba F. C.* vem examinar, por dentro, o mecanismo do esporte, engastando-o no quadro mais amplo da realidade social, que o condiciona e sem dúvida lhe determina as características.

O texto transcende, nesse caminho, as fronteiras da tipificação de um grupo humano para situar-se como estudo de indivíduos de uma classe desfavorecida em face da ordem social injusta. Os vários jogadores, sem serem abstrações, simbolizam as diversas fases de uma evolução em que lutam desesperadamente por sobreviver. E sabe-se, com certeza, que o tempo os esmagara. Durval, ex-campeão do mundo, está relegado ao posto de técnico e jogador de um clube da segunda divisão de profissionais, que nem conseguirá vencer a prova final para mudar de categoria. Tem consciência de que o futebol se joga com as pernas, não lhe adiantando as maquinações cerebrais. A idade o levará ao ostracismo definitivo junto dos seus companheiros da vitória contra a Itália, um dos quais morreu solitário em leito de hospital. O pai de Paulinho, homem rico, pagará a irradiação da partida, desde que o locutor diga que seu filho é o melhor do campo. O futebol serve de pretexto a especulações de outra natureza. Decide-se, na organização atual, fora do campo e os homens no gramado são antes títeres de uma vontade alheia superior.

A generosidade criadora do dramaturgo espraia-se na preocupação até abusiva de não deixar nenhuma personagem em segundo plano, sendo todas merecedoras de seu carinho. As várias criaturas têm oportunidade de definir-se – em determinada cena se abrirão para o público de molde a não deixar dúvidas sobre a sua verdade. O pecado em *Chapetuba* é de excesso. O desvelo do dramaturgo às vezes acom-

MÚLTIPLAS APROPRIAÇÕES DE UM TEATRO CRÍTICO   103

panhado em demasia pelo itinerário de cada personagem, retendo-o amorosamente na pintura dos caracteres quando o painel ganharia com o contraste das figuras em planos diversos ou a fusão mais completa da história num ritmo coeso. Apresentam-se desequilíbrios na estrutura pelo fato de que todas as personagens têm, cada uma por sua vez, ensejo de manifestar-se.

Outro senão da peça refere-se ao desajuste entre a sensibilidade e o domínio da trama, natural por se tratar de estreante. *Chapetuba F. C.*, como aliás a maioria das peças nascidas no espírito do Seminário de Dramaturgia de S. Paulo, pertence à escola do realismo, que ao menos em princípio pretende fixar a realidade tal como ela se apresenta. A invenção de um entrecho coerente e o seguro desenvolvimento da narrativa são, entretanto, conquistas da maturidade, e *Chapetuba* incorre em insuficiências que beiram a inverossimilhança. Nota-se que o autor se escravizou à noção de conflito, segundo a qual devem sempre estar contracenando opositores permanentes ou ocasionais. A peça descamba às vezes, por isso, para um equivalente dramático da briga de galos, em que os contendores não se concedem um instante de repouso, e há pouca transição psicológica. É evidente que as discussões, que em princípio se justificam pelo clima de nervosismo que antecede os grandes prélios, levam o desempenho em certas cenas a inevitável melodramaticidade. O autor carrega as cores nas reações, a ponto de provocar uma discutível bebedeira de Durval na véspera da partida e a confissão de suborno de um jogador, com atitudes improváveis, inclusive a de jogar no chão o cheque recebido. O próprio vestiário em que se passa o terceiro ato parece-nos pouco adequado: como poderiam as personagens estar encerradas nele, ora ouvindo a irradiação da partida, ora com o aparelho desligado, nos momentos finais? É estranhável a ausência dos outros componentes do Chapetuba, embora o autor tente explicá-la com informações laterais trazidas ao público. Essas lacunas, se comprometem a perfeita realização artística do texto, são compensadas pelo dom de presença das cenas e das personagens. Enquanto se desenvolve diante do espectador, o texto convence pela força da sinceridade.

Daí preferirmos esses defeitos a outros méritos de efabulação, em que uma carpintaria de receituário procura disfarçar a falta de um pensamento mais ousado. Chás e simpatia, piqueniques e outras obras do gênero exemplificam essa mediocridade engalanada que, a rigor, deveria ser a norma de como não fazer teatro. Cabe ainda tomar plenamente em conta o lugar comum: quando a técnica deixa de ser o suporte invisível da obra, desaparece a arte. As peças bem arrumadas na aparência podem constituir o gáudio do público médio, que fica satisfeito em perceber a preparação para o desfecho. Mas a dramaturgia está longe desse jogo mecânico de relaxamento e tensão, preparo e ataque. *Chapetuba*, sob esse aspecto, encontra-se no justo limite

104   A CRÍTICA DE UM TEATRO CRÍTICO

em que um pouco mais de indicações mergulharia os diálogos em fácil didatismo. Já nos inquieta o uso excessivo da escorregadela nos bastidores para chegar-se ao efeito desejado: primeiro, Cafuné machuca-se de verdade; depois, Paulinho simula a queda para brincar com os companheiros; finalmente, Maranhão utiliza-se do recurso como *deus ex machina* para não entrar na partida, permitindo que se efetive o suborno. Está tudo bem dosado mas os andaimes começam a ficar à mostra. Que o autor recuse em outra peça esses truques de *playwright*.

Chapetuba F. C. coloca-se acima de conjecturas menores pela seriedade do mergulho na condição humana. Conhecemos os princípios do dramaturgo e por eles o texto, além do estudo realista de um problema social, deveria chegar à denúncia das falhas do sistema e ao vislumbre de uma solução satisfatória. Parece-nos honesto esse propósito e ele em nada prejudicaria a dignidade artística. Entretanto, Oduvaldo Vianna Filho foi mais coerente com a sua experiência, com o travo das descobertas dos vinte anos e, traindo-se talvez nos seus anseios mais lúcidos, conseguiu alcançar uma autenticidade maior. Pelo raciocínio frio, pela inteligência alerta, podemos pôr a serviço de uma causa nosso esforço diurno. Mas o substrato profundo de nossa geração ainda são os descaminhos, as inquietudes sem resposta, o mundo insatisfatório. *Chapetuba* reflete com seriedade essa herança intelectual e daí o resultado da peça ser menos o de um processo em marcha que o de uma triste verificação. Sabemos que, para o autor, a realidade deveria ser esta: o futebol está sujo mas poderia ser limpo, se as condições em que fosse praticado se apresentassem diversas. Não se mostra assim, contudo, a última palavra do texto. É bem verdade que Zito acredita na sincera confraternização do público diante da grandeza de uma partida. Enquanto se desenrola o jogo, nasce o filho dele, que terá o nome de Durval, em homenagem à glória do esporte e, sugerindo a idéia da continuidade do valor. Cafuné, também, é um puro e, no seu primarismo de superstições, com a promessa de não fazer barba e usar sempre a mesma camisa em campo, afirma a incorruptibilidade de seu caráter, o desejo claro de apenas vencer. Todos eles acabam sendo curvados, porém, pela idéia do irremediável. Diante do fato consumado – o suborno de Maranhão e a parcialidade do juiz – concluem que será inglória a luta pela anulação do jogo. Durval pronuncia as últimas palavras do texto, numa desalentada compreensão do gesto do companheiro que os traiu: "tá certo, sim, tá certo". E o desfecho torna-se mais amargo quando Maranhão decide apanhar o cheque e guardá-lo no bolso. Confessara-se subornado porque tinha o desejo firme de expiação – esse encontro do herói trágico com a própria responsabilidade. O desprezo dos colegas e o inaproveitamento do dinheiro seriam o castigo capaz de reabilitá-lo. A última cena não se contenta com essa visão do problema, mostra-se mais dura. Depois de ter sorvido toda a humilhação,

MÚLTIPLAS APROPRIAÇÕES DE UM TEATRO CRÍTICO

a personagem decide-se pelo caminho acomodatício – afinal de contas, já que o mal foi praticado, será preferível utilizar o cheque para os numerosos compromissos não satisfeitos. Maranhão assume de novo a máscara do jogador machucado para reintegrar-se no cotidiano.

Será lícito perguntar aqui se o dramaturgo não pecou de outra forma, levando ao exagero o conformismo dos companheiros. Numa versão anterior do texto, a "compra" da partida era pretexto para uma objurgatória de Pascoal, um dos mantenedores do clube. Aqueles que se utilizam do futebol como veículo de ambições políticas cumpriam os seus desígnios, gritavam para prevalecer-se da demagogia de esbulhados. Esse estorno do protesto verdadeiro em benefício de interesses particulares parecia-nos um índice a mais da procedência da denúncia. Misturar-se-iam aos reclamos sinceros as palavras falsificadas dos aproveitadores da situação. Mas ficaria patente a luta de alguns pela limpeza do esporte, microcosmo da possível limpeza das relações humanas. Como está, o texto converte em pessimismo duradouro o pessimismo de um momento. Deixa de ser a melancólica reflexão sobre um estágio superável para tornar-se o veredicto de um mundo. O peso da herança literária abateu a ideologia otimista do dramaturgo.

Oduvaldo Vianna Filho entra na dramaturgia pelo grande caminho. Essa estréia é muito mais que a simples estréia de um autor talentoso: ele se coloca, desde já, na primeira linha do nosso teatro, entre os poucos dramaturgos que merecem consideração. Prestigiar o espetáculo do Arena é fazer a única política elevada para a emancipação da cena brasileira. É contribuir, conscientemente, para que possamos em breve orgulhar-nos de nossa literatura dramática.

O Estado de S. Paulo, 04/04/1959

O Futebol como Tema Dramático

BÁRBARA HELIODORA

Quando o Brasil começa a buscar sua temática teatral nos aspectos mais característicos de sua fisionomia, era natural, era lógico, que o futebol, tema que apaixona maior número de brasileiros do que qualquer outro, eventualmente encontrasse o caminho do palco. O caminho não esteve sempre aberto ao futebol e seus problemas, pois seria difícil tratar dele na velha escola do correto uso da segunda pessoa e suas inflexões, ou, pior ainda, com ecos portugueses na prosódia dos atores. O Teatro de Arena, como já sabem todos, é uma das mais interessantes pesquisas que se tem feito no Brasil nos últimos tempos em questões dramáticas e teatrais, e o estilo que já agora se pode reconhecer como sendo seu (o clima de três espetáculos nacionais o atesta) é, sem dúvida, o mais indicado para que finalmente o futebol chegasse efetivamente até nossos palcos. As possibilidades dramáticas do assunto só podem ser desconhecidas pelos brasileiros que não sofram na carne, como sofremos nós, a luta dominical por aqueles preciosos dois pontinhos de campeonato. São, acreditamos, minoria.

Chapetuba F. C., de Oduvaldo Vianna Filho é, sem dúvida, mais uma contribuição positiva para a dramaturgia brasileira. Infelizmente, a obra sofrerá as inevitáveis comparações com *Eles Não Usam Black-tie*, e dizemos infelizmente porque *Chapetuba* tem de ser considerada por seus próprios méritos e não pelo fato de não atingir a mesma qualidade da peça de Guarnieri. Mas é inegável que são ambas o produto de uma mesma escola de dramaturgia (ambas são resultados do Seminário de Dramaturgia) o que se sente muito mais através da estruturação e tratamento técnico do tema do que na própria temática ou na caracterização. A diferença fundamental entre as duas obras reside exatamente na colocação do autor perante o problema: Guarnieri expunha um problema e sugeria incisivamente o que lhe parece ser a solução acertada para o mesmo: se o problema de Tião tinha a sua simpatia emocional, Otávio tinha sua simpatia intelectual e ideológica; já Oduvaldo Vianna Filho parece optar pelo dificílimo caminho tchecoviano, o da exposição dramática da situação em todos os seus aspectos e detalhes, com o conseqüente estabelecimento da importância do problema existente, e distribuição eqüitativa de suas simpatias entre todos os elementos, por mais diversos que sejam. O caminho é nobre, mas perigoso; as deficiências de *Chapetuba F. C.* deixam transparecer as dificuldades que enfrenta um estreante para juntar os fios de sua meada no sistema panorâmico de Tchecov. E não é só em Tchecov que Oduvaldo Vianna Filho pode encontrar notável exemplo para esse sistema de simpatia por todas as causas – foi esse o método de Bernard Shaw, grande como poucos.

MÚLTIPLAS APROPRIAÇÕES DE UM TEATRO CRÍTICO

Se nessa atitude se definem as diferenças entre os dois, nos recursos teatrais, dramatúrgicos, definem-se as semelhanças de alunos da mesma escola. Toda arte tem seu artesanato indispensável, e o Seminário de Dramaturgia tem procurado esclarecer seus freqüentadores a respeito dos recursos técnicos à disposição do possível autor para que sua obra encontre expressão realmente dramática teatral. Nas aulas do Seminário aqui no Rio, a que tivemos a ocasião de assistir, pudemos observar a análise de cenas, o estudo de certas leis básicas de conflito, a relação entre personagens maiores e menores etc., e são esses os recursos que nos parecem demais semelhantes em *Eles Não Usam Black-tie* e *Chapetuba F. C.*: a busca consciente de ciclos de ação, aumento e diminuição de tensão dramática, necessidade de caracterizações e motivações multilaterais, a relação entre protagonista e antagonista, personagens secundários para reforço ou alívio da situação dramática central, subenredo em contraponto com o tema central, todos esses detalhes técnicos são bastantes semelhantes nas peças de Guarnieri e Vianna Filho, com as ilusões de Tião e Maranhão se contrapondo às desilusões de Durval e Otávio, Chiquinho e Terezinha correspondendo a Bila e Fina, e – por que não dizê-lo? – Zito contribuindo com a dose de vivido bom-senso que no *Black-tie* caracterizava Romana. Não há paralelismos e nem queremos aqui encontrá-los; falamos apenas dos aspectos funcionais de alguns personagens, cada um deles perfeitamente independente de seu correspondente no outro texto, cada um deles, é também necessário que se diga, perfeitamente integrado no texto em que vive. Sendo ambos autores jovens, que se iniciam em suas carreiras, não é de espantar que haja também pontos de contato no tipo de pesquisa de linguagem, no tipo de busca de expressão popular.

A grande diferença que situa tanto *Chapetuba* quanto o *Black-tie* num nível inteiramente diverso e, infinitamente acima de muita coisa que se apresenta como sendo *popular* é o respeito básico pela massa popular que é inerente à atitude dos dois autores. O autor *popular* do gênero barato comercial, quando diz que quer divertir o povo pressupõe um nível de inteligência que pouco varia do zero nesse mesmo público, considera-o incapaz de ter um interesse real por sua própria existência; mantém, inalterado, o conceito romano do pão e circo, sem que lhe ocorra (ou que lhe seja conveniente) qualquer coisa que não seja a cuidadosa preservação da ignorância e do mau gosto ou, melhor dizendo, do gosto mal-educado da massa popular. Guarnieri e Oduvaldo Vianna Filho – e não são eles os únicos – fazem à sua platéia a cortesia de considerá-la capaz de pensar, capaz de se interessar pelas aperturas por que passa o gênero humano. Por nossa parte, ficamos agradecidos, e esperamos que perseverem.

Entremos, então, nos méritos da escolha do autor de seu tema e dos resultados obtidos como aproveitamento dramático do mesmo. Pois

108 A CRÍTICA DE UM TEATRO CRÍTICO

foi exatamente aqui que nos parece ter sido particularmente feliz o autor; não só o clima de uma disputa de final de campeonato de futebol traz em si qualidades dramáticas de primeira ordem para o estabelecimento de um conflito teatral realista, que tende a prender efetivamente a atenção de uma platéia, como também o tipo de problema debatido à base do tema futebol, ultrapassam sua significação específica para atingir significação muito mais ampla e genérica, não restrita aos incidentes apresentados no palco. Em sua concepção geral, portanto, *Chapetuba F. C.* nos parece integralmente satisfatória – é na elaboração dos detalhes da obra que aparecem as falhas, e não a menor delas é a longuíssima duração do primeiro ato, no qual além do estabelecimento das premissas do conflito a preocupação do panorama total tchecoviano faz com que o autor inunde a ação de incidentes meramente atmosféricos que mereciam uma severa poda, muito embora sejam praticamente todos, individualmente, interessantes. Essa profusão de incidentes se torna ainda mais desnecessária dada a presteza e simplicidade com que o autor introduz um dos conflitos centrais da obra, o problema do suborno oferecido a Maranhão por Benigno, que seria o mais difícil, já que o conflito de Durval, o ex-ídolo, é inseparável de sua própria caracterização, o mesmo se dando nos casos de Pascoal e Cafuné.

O ponto alto de *Chapetuba F. C.* é, para nós, o segundo ato, pois nele Oduvaldo Vianna Filho consegue um equilíbrio entre forma e conteúdo, entre conflito e atmosfera, entre o futebol e o problema humano; o desenvolvimento dramático dos problemas individuais e de conjunto são dinamicamente conduzidos com correspondência justa entre diálogo e ação, sendo que mesmo a grande cena de Durval que o autor se permite não é sem estática (dramaticamente falando) e nem um comentário coral – através dela o problema evolui, a ação se desenvolve, amadurece. Se ressalvas fazemos à cena de Durval, serão todas dirigidas a uns poucos momentos em que a busca de um certo tom de literatura se torna por demais manifesta. Já o terceiro ato nos parece mais fraco do que o segundo, muito embora seja bastante superior, dramaticamente, ao primeiro. Enquanto que no início da peça, Oduvaldo Vianna pecara por excessos de forma, no último ato o material dramático já se expandira a tal ponto que não nos pareceu ter sido possível encontrar solução satisfatória para uma integração real de todos os conflitos criados em relação uns aos outros. O perigo de observações como as que acabamos de fazer consiste na possibilidade de virmos a ser julgados, nós, como defensores da *pièce bien faite* e de querermos soluções *direitinhas* para tudo o que foi posto em cena. Não é sob esse aspecto que nos parece insatisfatório o final de *Chapetuba F. C.*, mas sim como realização material integral da visão inicial do autor, realização esta que deveria tornar a obra perfeitamente contida em si mesma. A intenção de Oduvaldo Vianna Filho não era dar solução aos problemas mas

MÚLTIPLAS APROPRIAÇÕES DE UM TEATRO CRÍTICO 109

sim apresentá-los, e esta apresentação, que até certo ponto é levada a cabo com excepcional lucidez, confunde-se um pouco no final, principalmente em virtude de um desvio de interesse no problema central, introduzido pelo próprio autor por intermédio da discussão, bastante inopinada, entre Paulinho e Bila, que deixa irresolvida a relação Maranhão x Durval, premissa fundamental da peça. Peca o último ato, também, por um abuso de sucessão de clímax e anticlímax.

Acreditamos nós que o próprio tipo de restrições que aqui fazemos, indica, acima de tudo, a boa qualidade fundamental de *Chapetuba F. C.* Afora o que foi dito acima, só nos ocorre apontar o uso, por vezes desnecessário, de expressões por demais violentas que são os ossos do naturalismo, elimináveis na transposição do fato para a expressão artística. De qualquer maneira, o que nos parece fora de qualquer dúvida é de que a peça de Oduvaldo Vianna Filho é uma contribuição indiscutível à nossa dramaturgia, que deve merecer toda a atenção de nosso público.

A direção de *Chapetuba F. C.* é de Augusto Boal e não podia ser mais perfeitamente exemplificadora de tudo o que o grupo do Teatro de Arena de São Paulo vem procurando fazer, seja nos seus (muitos) bons, seja nos seus (alguns) maus, aspectos; os segundos são, nas mais das vezes, conseqüências de excessos dos primeiros. O Teatro de Arena, como sabem todos, tem feito uma procura metódica e consciente de uma expressão brasileira de teatro – texto, interpretação, devem ter expressão imediatamente reconhecível a platéias brasileiras. Acontece, porém, que o Brasil é grande, e que, principalmente em questões de linguagem, a preocupação com a fidelidade aos meios de expressão populares, o resultado é menos brasileiro do que paulista, especificamente. Não achamos que isso destrua a validez do trabalho do Arena, e no *Chapetuba*, que é especificamente situado em São Paulo, o resultado é mais satisfatório do que no *Black-tie*, que se passava numa favela carioca. Os congressos que até hoje se preocuparam com a questão da prosódia teatral, e para esse fim chegaram a publicar regulamentações, continuam desconhecidos e inoperantes, e assim continuarão enquanto permanecer a ausência de professores adequados para o treinamento da prosódia.

Mas é na linha interpretativa que o Teatro de Arena atinge seus pontos mais altos e, ao mesmo tempo, revela os maiores perigos de seu trabalho: buscando um despojamento total, um comportamento cênico integralmente realista, uma autenticidade muito grande na criação de tipos tirados da grande massa popular brasileira, o estilo dos atores do Arena é eminentemente satisfatório como instrumento de expressão dos textos que vem apresentando recentemente, de autor nacional que estuda problemas brasileiros em ambientes culturalmente limitados, mas ocorre-nos o problema de uma limitação profissional do ator que se adaptar, integral e exclusivamente, a esse tipo de interpretação.

A CRÍTICA DE UM TEATRO CRÍTICO

Resultados igualmente autênticos poderão ser alcançados por atores treinados em todos os aspectos da arte de representar, com um tal domínio de si mesmos que possam determinar o grau de acabamento que cada tipo interpretado requer para ter vida cênica – mas no presente caso, temos a impressão de que os atores estão sendo treinados exclusivamente dentro de uma linha, ou de um gênero, o que não lhes será profissionalmente suficiente, já que nem só de naturalismo vive o homem. De qualquer maneira, dentro da linha do texto e da linha interpretativa até aqui adotada pelo grupo, a direção de Boal é de primeira ordem na grande maioria de seus aspectos. Como já dissemos acima, acreditamos que o primeiro ato poderia ter sofrido cortes, e talvez a direção pudesse ter controlado um pouco mais o último ato, que apresenta por vezes um clima por demais exacerbado, que contribui para a confusão reinante. A maior qualidade resultante da direção (e do próprio fato da equipe já se conhecer tão bem) é o equilíbrio do espetáculo, a intimidade entre os atores-personagens, e a vivacidade de ritmo. O espetáculo tem uma fluidez em sua execução que é óbvio resultado da perseverança na busca do estilo, do conjunto, da linguagem cênica brasileira que é a razão de ser do Teatro de Arena. Na interpretação temos, em *Chapetuba F. C.*, a atuação mais categorizada, individualmente, que já encontramos na equipe do Arena: Nelson Xavier apresenta características invulgares de ator, e se seu Maranhão é exemplar, temos a impressão de que é capaz de alcançar outros gêneros e estilos (sem prejuízo de seu rendimento neste estilo particular). Flávio Migliaccio novamente contribui com uma atuação de categoria, com a grande vantagem de provar aos descrentes de que ele não é o Chiquinho do *Black-tie*, atuando em tom e ritmo bem diversos dos usados naquela outra atuação, revelou seu gabarito de ator. Xando Batista tem um desempenho muito interessante, parece-nos que em Durval conseguiu integração mais real com o estilo e o clima do Teatro de Arena do que na peça de Guarnieri, sendo que o ex-ídolo Durval nada tem de fácil em sua interpretação. Também tem rendimento muito bom no *Chapetuba*, Francisco de Assis, no bronquíssimo Cafuné, que representa o jogador de futebol em sua forma silvestre. Surpreendentemente Oduvaldo Vianna Filho está menos satisfatório aqui, em seu próprio texto, do que no Tião de *Black-tie*, mas mesmo assim sua atuação é positiva. Os menos brilhantes do elenco do próprio Arena são José Renato e Dirce Migliaccio que, é indispensável notar, são tão perfeitamente integrados no estilo do grupo que mesmo sem contribuir com grandes parcelas pessoais deixam perfeitamente definida a presença de seus respectivos personagens no panorama geral do espetáculo.

Justamente por não estarem integradas no sistema do Arena é que mais chocam as atuações de Joel Barcelos e Sérgio Belmonte, que substituem no Rio dois atores da equipe, que estão em São Paulo. São patentes os esforços da direção para orientá-los no sentido do conjunto interpretativo do grupo, mas a não ser em raros momentos, essas duas atuações são fracas. Não chegaram para empanar as qualidades de *Chapetuba F. C.*

Recomendamos o novo espetáculo do Teatro de Arena ao público carioca: versando sobre um tema que conta com tantos entusiastas, *Chapetuba F. C.* é realmente uma experiência teatral válida e muito interessante, que provavelmente fará com que cada espectador se esqueça, tranqüilamente, dos detalhes técnicos de boa ou má qualidade para se concentrar, tão-somente, na decisão de vida e morte daquele pequeno *team* de interior, e nos problemas de seus vários integrantes.

Jornal do Brasil, 06/02/1960

Triunfa o Jogo do Bicho no Galpão (I)

ALBERTO D'AVERSA

O público paulista tem a ocasião de confirmar – pelo curto prazo de um mês – o maior êxito do Rio de Janeiro e, sem dúvida, uma das peças mais felizes deste ingeneroso ano teatral: *Se Correr o Bicho Pega, Se Ficar o Bicho Come* de Ferreira Gullar e Oduvaldo Vianna Filho.

A peça tem a perigosa virtude de ser inteligente e de falar por metáfora (primeira condição, segundo Borges, para qualquer poeticidade, também dramática), valendo-se de uma estrutura totalmente livre e, portanto, sem condicionamentos retóricos. Em outras palavras, os autores não tiveram medo de assumir a responsabilidade da incoerência assim que o espectador, uma vez colocado na situação de aceitar o jogo espontâneo e quase improvisado da fantasia cênica, está apto e disponível para qualquer invenção. Tudo, nesta peça, é possível desde a apelação ao canto, aos momentos de poesia, à pregação política; e tudo acontece sem aparente esforço e com uma fluidez rítmica que é própria dos acertos meditados.

Os autores escolheram um tema convencional e quase retórico, de folclórica e aproximativa realidade nordestina, sem nenhuma preocupação de veracidade, enfim, todos os elementos de uma fácil mitologia e, uma vez declarados os limites, partiram para um discurso analógico onde a verdade e profundidade das intenções eram sempre resguardadas pela eficácia das fórmulas, podendo assim dizer mais, e mais autenticamente, as próprias verdades.

A forma escolhida oscila entre o cancioneiro da literatura de cordel e o teatro popular fim-de-século e, enquanto se alimenta das substanciosas indicações da natureza concreta de uma realidade que tem suas raízes na tradição popular aproveita para quebrar, depois de utilizá-las, todas as convenções de uma teatralidade – mais burguesa que popular – cuja credibilidade é de ordem pura e, exclusivamente, mecânica.

Assim podemos assistir às aventuras de dois personagens que lembram os modismos de um João Grilo ou de um Pedro Malasarte desenfreados numa série de situações cômicas que, por vezes, são consubstanciais a postulação dos caracteres e, por vezes, agem como elementos de uma convencionalidade burguesa, mais para quebrá-la e renová-la: Roque e Brás das Flores cantam, dançam, brigam, enfim, vivem uma contemporaneidade de uma convenção que é autêntica e artificial ao mesmo tempo, e sempre eficazmente teatral, assim que não assombra se, depois de uma cena de ordem lírica o enredo precipita numa situação de "pochade" numa promiscuidade que é limite, mas também conquista.

A peça tem a virtude de ser em versos. Há anos que estamos falando sobre a necessidade de usar novamente o verso no teatro para um tipo determinado de repertório. As vantagens podem ser controladas neste surpreendente "... bicho que pega e come": uma imediata libertação de todas preocupações naturalistas, uma liberdade de invenção cênica que pode chegar até a improvisação, que é o limite altíssimo de toda arte representativa, uma possibilidade de comunicação que, não sendo postulada sobre os cânones realistas, permite uma adesão imediata e mais penetrante.

Os primeiros dois atos desta peça são verdadeiramente insólitos e de rara felicidade; o terceiro decai porque os autores, mais que seguir a fértil linha indicada pelos personagens principais preferiram declarar idéias de ordem social e política, mas de forma quase que autonomal, ou seja, sem se servir do natural veículo dos personagens.

Enfim, e felizmente, um espetáculo obrigatório.

Diário de São Paulo, 02/10/1966

NOTA CRÍTICA

Triunfa o jôgo do bicho no Galpão (1)

O Bicho que já Pegou

YAN MICHALSKI

Sem ser nenhuma obra-prima, *Se Correr o Bicho Pega, Se Ficar o Bicho Come* é um pequeno milagre. Milagre, pela coesão e solidez fundamental do resultado final, não obstante a extraordinária variedade de meios que foram usados para se chegar a esse resultado. Os ingredientes usados no preparo da salada são numerosíssimos: romance de aventuras, literatura de cordel, sátira de costumes, sátira política, farsa rasgada, *commedia dell'arte*, comédia à *la Freydeau*, comédia de *nonsense*, musical, comédia poética; mas a salada é gostosíssima, e o tempero foi preparado de maneira tão adequada que o sabor de nenhum dos ingredientes destoa demais, nem se impõe abusivamente aos demais. Esse tempero consiste num ângulo de constante charme e humor sob o qual os acontecimentos são vistos – charme e humor genuinamente brasileiros, pois baseados em última análise, e de acordo com uma tradição autenticamente nossa, na glorificação de um certo e simpático tipo da falta de caráter e de marotice.

Partindo de todos esses elementos, Oduvaldo Vianna Filho e Ferreira Gullar construíram uma comédia admiravelmente rica, alegre e eficiente. Ao instinto teatral e à experiência cômica de Oduvaldo Vianna Filho, a sensibilidade poética e a qualidade literária de Gullar trouxeram um complemento valioso e enriquecedor, e a fusão dos dois talentos resultou extremamente feliz e harmoniosa, a tal ponto que, embora seja possível reconhecer na obra as características da personalidade dos dois autores, não temos nunca a desagradável impressão de que um deles fez isto e o outro fez aquilo, como acontece tantas vezes em trabalhos a quatro mãos. A unidade fundamental da obra, que resiste tão bem a variedade dos seus elementos componentes, resiste também, e com igual coesão, a essa dualidade de autoria.

Acreditamos, todavia, que com um pouco mais de esforço de autocrítica o resultado final poderia ter sido ainda bem mais satisfatório. Todo o início da peça está estruturado de maneira hesitante: a primeira cena – a apresentação dos personagens – não funciona, não contribui concretamente para esclarecer e preparar a ação que vai começar; e quando essa ação começa, ela custa muito a pegar de verdade: o espectador fica muito tempo sem saber de que se trata no fundo, e não consegue fixar seu interesse nos acontecimentos que lhe são apresentados de modo arrastado e confuso. Da metade do primeiro ato em diante, as coisas começam a se tornar mais claras e a ação mais densa e enxuta, mas mesmo então, e até o final, a peça sofre um pouco do seu excesso de prolixidade, que lhe impõe uma narrativa muito fragmentada, e faz com que digressões acessórias e às vezes até gratuitas desloquem a evolução do enredo central para o segundo plano. Acreditamos que com alguns cortes, principalmente na primeira parte, ainda seria possível concentrar a ênfase da peça mais diretamente nas aventuras do herói (ou anti-herói?) Roque, o que daria à peça a clareza que lhe falta em muitos momentos. E se cortes forem feitos, os autores poderiam aproveitar a oportunidade para diminuir o número de referências a necessidades fisiológicas, cuja freqüência, no *Bicho*, parece desagradavelmente obsessiva.

Mas essas deficiências não chegam a prejudicar seriamente o excelente material que o texto oferece ao diretor, graças à fertilíssima imaginação na criação de situações, ao colorido desenho dos personagens, aos achados humorísticos (sempre) e à força poética (às vezes) do diálogo, e graças também ao estimulante desafio que representa, para o diretor, a necessidade de harmonizar e assimilar estilisticamente essa obra baseada em tantas sugestões de estilos diferentes.

Gianni Ratto respondeu ao desafio, antes de mais nada, com uma enorme agilidade. Agilidade mental, necessária para fundir a sua longa experiência e o seu grande conhecimento da mecânica de todos esses gêneros de farsas e comédias e transformá-los pelo menos num esboço de um estilo próprio que o texto propõe: a agilidade técnica, necessária

TEATRO IAN MICHALSKI | O *BICHO* QUE JÁ PEGOU

116 A CRÍTICA DE UM TEATRO CRÍTICO

para movimentar o complexo conjunto com a indispensável verve, com o ritmo exato e com uma certa espécie de elegância que não exclui a consciente *grossura* popular que constitui um dos charmes da peça. O resultado é amplamente satisfatório: o tom certo foi encontrado, as constantes eternas da farsa e da comédia clássica foram eficientemente aproveitadas e devidamente adaptadas às exigências de uma interpretação popular brasileira (ainda que sem a procura de uma pronunciada e exata cor local regional, que dificilmente poderia, aliás, ser corretamente assimilada pelo elenco); e a mecânica do espetáculo tem a vibração e a inventividade de marcações que eram necessárias para explorar todo o potencial de colorido teatral que o texto oferecia. Neste capítulo, cabe mencionar também os extraordinariamente bem *bolados* elementos cênicos do próprio Gianni Ratto (principalmente as deliciosas camas-mesas do segundo ato), uma das mais ricas e variadas iluminações que já tenhamos visto num teatro de arena, e os inteligentes figurinos de Valter Hacei. E se o ritmo do espetáculo ainda tropeça às vezes, a culpa cabe menos a encenação do que aos já aludidos desnecessários alongamentos de algumas cenas, e a algumas mal resolvidas transições de uma cena para outra.

Também na direção de atores e não de diretor se faz sentir de uma maneira muito positiva, na surpreendente homogeneidade de nível do numerosíssimo elenco – façanha raríssima no Brasil – e na excelente exploração do potencial pitoresco e colorido de certos intérpretes para o enriquecimento dos respectivos personagens. É evidente que as diferenças individuais de talento e experiência não foram anuladas, mas mesmo aos atores menos dotados e menos tarimbados foram dadas armas com as quais eles podem, pelo menos, se defender contra a canastrice – sem falar no fato de que na própria seleção do elenco já aparece, com clareza, a visão do espetáculo que esse elenco irá interpretar. Agildo Ribeiro, num papel que parece feito sob medida para ele, faz valer mais uma vez a sua excepcional comunicabilidade cômica e prova que para esses tipos de personagens populares, marotos, vivos e desabusados, não existe no Brasil intérprete melhor do que ele. Oduvaldo Vianna Filho nos pareceu realizar no *Bicho* o melhor trabalho da sua carreira de ator, sem a gesticulação tensa e artificial que o caracterizava até agora, e demonstrando grandes progressos pela sinceridade, simplicidade e agilidade do seu desempenho, e pela inteligente união das características líricas e humorísticas do personagem. Fregolente, Osvaldo Loureiro, Helena Inês e Sérgio Mamberti sustentam com a habitual competência e força de presença os seus respectivos papéis, mas é em papéis menores que estão concentradas algumas das contribuições mais criativas do espetáculo, a cargo de Virgínia Valli, Francisco Milani, Telma Reston e Antônio Pitanga. O espaço não nos permite comentar detalhadamente as atuações do numeroso elenco, mas repetimos que o rendimento geral se coloca nitidamente acima da média habitual, e a alegria de representar que domina

MÚLTIPLAS APROPRIAÇÕES DE UM TEATRO CRÍTICO   117

todo o grupo é responsável, em grande parte, pela intensa comunicação que o espetáculo estabelece com a platéia.

A Música de Geni Marcondes e Denoy de Oliveira é quase sempre bonita, mas também quase sempre bonitinha demais, sem o colorido melódico e sem a força irônica que seria necessária para carregar o espetáculo para frente. Diante da grossura (proposital e positiva) do texto e do espetáculo, a delicadeza da música se dilui, a não ser nos momentos líricos, quando o seu rendimento corresponde à expectativa. Por outro lado, as canções nem sempre estão entrosadas com habilidade no enredo e, em certos momentos (como por exemplo na canção de Odete Lara – canção cujo lirismo de melodia destoa, aliás, particularmente da ironia do texto), a ação pára por completo, com evidente prejuízo do ritmo do espetáculo, até o intérprete terminar a execução do seu número.

Depois de dois grandes sucessos, como *Opinião* e *Liberdade, Liberdade* – sucessos respeitáveis e perfeitamente válidos em função do momento nacional, mas essencialmente circunstanciais e sem maior abertura de horizontes do ponto-de-vista teatral – o Grupo Opinião realiza agora a sua primeira tentativa de teatro, digamos, artístico, e alcança, logo nessa primeira tentativa, uma surpreendente e agradabilíssima teatralidade. É provável que o alcance político do *Bicho* fique muito aquém daquilo que os realizadores almejavam – mas o teatro brasileiro ganhou uma obra cheia de vida e de beleza. E como dizem os mentores do grupo, "obras belas são fundamentais para o teatro brasileiro, cada vez que forem conseguidas".

Jornal do Brasil, 20/04/1966

O Bicho: Começo de Arte (I)

FAUSTO WOLFF

Leitores, vou lhes falar sobre uma experiência positiva chamada *Se Correr o Bicho Pega, Se Ficar o Bicho Come*, de Oduvaldo Vianna Filho, Ferreira Gullar, e mais uma equipe de argumentistas. O espetáculo que está sendo apresentado no Teatro de Arena da rua Siqueira Campos, pelo grupo *Opinião* tem, sem dúvida, muitos erros: alguns inclusive flagrantes, mas trata-se – tenho certeza – de um acontecimento. Talvez o mais sério que me foi dado testemunhar e – caso sejam mantidas as proposições de pesquisa, crítica (e, então, também, amor) e estudo fixará – estou certo – um marco na história do teatro realmente brasileiro que muitos, equivocados até hoje julgam estar fazendo. *Se Correr o Bicho Pega, Se Ficar o Bicho Come* é, talvez – e é da maior importância que os seus autores gravem isso em suas cabeças antes de se deixarem envolver por problemas atracionais de superfície convencional, sejam eles políticos, artísticos, econômicos – uma prova de humildade. Não quero dizer com essas palavras (detesto ser mal interpretado) que o fato do espetáculo *existir* é uma prova de humildade, não. Quero dizer que o fato dele existir como um *princípio* sadio de uma escola teatral autenticamente brasileira e por isso mesmo sem uma tradição cultural solidificada, coloca os autores em *prova* e obriga-os a serem humildes. Este pode não ser o *teatro brasileiro,* mas poucas vezes se chegou tão perto. Quero que me entendam: finalmente, depois de anos de arrogantes adolescentes tentativas, apenas desbocadas, conseguimos as abelhas. Quero dizer: um espetáculo conseguiu provar, apesar dos seus erros, sobre os quais falarei mais tarde, que existem as *abelhas* a fonte de uma cultura nacional (mesmo que inculta e grosseira, isso não importa) no Brasil, como em todos os países do Mundo. O espetáculo mostra as abelhas, finalmente, descobertas; abelhas que colocam os autores à prova; ou dentro em breve apresentam o mel, o resultado da pesquisa, o prosseguimento da escola, ou acabam sendo ferroados pelas abelhas. O espetáculo aponta dois caminhos: 1. o da solidificação de um teatro, não diria popular, mas brasileiro que se faz pressentir; 2. caso os autores sucumbam as atrações de superfície que não conseguem ir além da epiderme, o outro caminho aponta para a subversão, para a "falsa genialização" para mais um movimento *nati-morto*. Mas a função do crítico (embora eu muitas vezes duvide da razão prática e eficiente desta função) não é fazer propaganda, criar mitos, inventar igrejinhas. Deixo isso para os cronistóides, produtos híbridos que nascem quase que diariamente nas mais diversas redações de jornais. A função do crítico – dizia eu – é a de explicar, analisar, indicar caminhos na tentativa de encontrar uma trilha para a cultura, e isso tem, inclusive, muito de existencial. Passo à

MÚLTIPLAS APROPRIAÇÕES DE UM TEATRO CRÍTICO

análise, portanto, e sei que aqueles que têm acompanhado este jogo de basquete no pântano que é o teatro brasileiro, sempre politiquinho, adolescente, provinciano ou artisticamente europeu, mas nunca brasileiro, entendem o que quero dizer.

Devemos atuar dentro de uma cultura nossa. O que não podemos, porém, é subverter essa nossa cultura em favor de tesezinhas politicóides, em favor de uma subversão gramatical (tu ama eu – lembram-se?) ou em favor de problemas pessoais nossos (no caso, dos autores). Para tanto, é necessário que encontremos a nossa cultura e a enfrentemos, por mais elementar que ela possa nos parecer à primeira vista. Peter Brook é um diretor europeu que atua dentro de uma cultura inglesa e – dentro dela – tem procurado pesquisar em busca de uma reformulação teatral na tentativa de evitar que a *arte-viva* transforme-se num museu, como no dizer de Dürrenmatt. Pessoalmente, creio que encontrou o princípio dessa reformulação numa peça importante na medida em que desvenda um novo caminho, mostrando o ser humano passível de análise mais coletiva e menos *psicológica menor* que jamais transcende o momento. Falo em *Marat-Sade* de Peter Weiss. Mas, por favor, não estou pleiteando Marats ou Sades para o nosso teatro. Isso apenas serve de exemplo. Há alguns anos, ainda tentando um caminho, Brook fez um desafio aos críticos. Esse desafio consistiu em perguntar: "Que gênero de teatro julga essencial para o progresso da vida?";, "De que gênero de teatro gostaria de participar?"; "De que gênero de teatro sentiria mais falta?". Evidentemente, não faz sentido responder a esta pergunta da forma com que no Brasil, atualmente, se tenta um inútil debate em qualquer reunião: gosto mais de louras do que de morenas ou mais de strogonoff do que picadinho. É necessário estabelecer critérios éticos – e embora pareça paradoxal – sociológicos, para uma resposta. Eu gostaria de participar, por exemplo, de um teatro novo; de um teatro brasileiro. Um teatro como aquele que – ocasionalmente ou não e com muitos erros – o *Grupo Opinião* está apresentando. Deixo-os por aqui, leitores, e amanhã tratarei de explicar-lhes a razão da opção, da filiação que me parece fundamental para os destinos da nossa arte cênica.

Tribuna da Imprensa, 20/04/1966

Da Lei Áurea a"Dura Lex"

YAN MICHALSKI

A idéia que inspirou a Oduvaldo Vianna Filho a experiência de *Dura Lex Sed Lex no Cabelo só Gumex* – a reabilitação do teatro-revista, através da correção dos seus conhecidos excessos de vulgaridade e mau gosto – é válida e interessante. Poucos gêneros teatrais, ou talvez nenhum, atingiram até hoje no Rio a autêntica comunicação popular que caracterizou, durante décadas, os espetáculos de revista. Este fato não deve ser esquecido e desprezado sob o simples pretexto de que se tratou sempre de um gênero artisticamente menor, e que hoje em dia se encontra num estado de irreversível decadência, esmagado que foi, por um lado, pela evolução do gosto do público e, por outro lado, pelo florescimento de determinados programas de televisão. Pelo contrário, creio que vale a pena tentar salvar esse potencial de popularidade, procurando canalizá-lo numa direção artística e intelectualmente defensável.

O êxito da experiência foi parcial e, na verdade, talvez mais relativo do que seria de se esperar. *Dura Lex* deixa a impressão de um produto híbrido, diluído e artificial, a tal ponto que parece legítimo indagar se a essência do êxito do gênero revista, não está, afinal, indissoluvelmente ligada à sua vulgaridade e ao seu primarismo, não suportando, portanto, um tratamento forçosamente mais sofisticado e intelectualizado que um dramaturgo talentoso e inteligente como Oduvaldo Vianna Filho possa lhe dar. Seria precipitado, porém, transformar esta indagação numa conclusão categórica: a experiência tentada pelo Teatro do Autor Brasileiro é suficientemente importante para que mereça ser repetida, procurando corrigir as deficiências constatadas na atual primeira tentativa, tanto no que diz respeito ao texto como – principalmente – à encenação.

É verdade que em vários momentos o texto de Vianna atinge o pretendido. Ele soube compreender e aproveitar perfeitamente pelo menos um dos principais filões básicos do teatro-revista: o filão da irreverente, gaiata e eminentemente popular crítica política e de costumes. O conhecido senso de humor de Oduvaldo Vianna Filho atinge aqui muitas vezes, apesar dos obstáculos colocados pela censura, uma intensidade desenfreada, e se renova minuto após minuto, através de piadas nem sempre muito finas, rebuscadas ou originais – o que seria contrário ao espírito da revista – mas quase sempre eficientes, comunicativas, baseadas num notável espírito de observação. "Estes caras são de morte, não deixam passar nada!", dizia um espectador sentado ao meu lado – e creio que este é exatamente o tipo de elogio que deve agradar ao autor.

Mas o mal é que *Dura Lex* não vai além disso, não se estrutura dinamicamente, não varia suficientemente os seus meios de ação. Piada

MÚLTIPLAS APROPRIAÇÕES DE UM TEATRO CRÍTICO 121

após piada, todas aproximadamente no mesmo estilo – e eis que uma certa monotonia acaba se instalando no palco. Por outro lado, sente-se muitas vezes um certo estado de conflito entre a tentação de um vôo mais criativo, livre e alto, à qual o talento do autor deve ter-se achado exposto, e os estreitos limites impostos pelo aspecto populoresco do gênero abordado. Para quem vem de escrever (embora em regime de parceria) uma obra do quilate de *Se Correr o Bicho Pega, Dura Lex* não pode deixar de ser uma concessão artística. Oduvaldo Vianna Filho aceitou esta concessão de uma maneira consciente, premeditada e perfeitamente legítima; mas de vez em quando adivinhando no texto alguma coisa que escapa ao controle do autor, e que pode ser interpretada como: "Eu estou me 'avacalhando' de propósito, e em nome de uma idéia na qual acredito – mas não pensem, pelo amor de Deus, que não sei fazer coisa melhor!".

Numa revista, a música tem praticamente tanta importância quanto o texto. Seria impossível negar que as músicas de Dori Caimi, Francis Hime e Sidnei Waismann formam um conjunto de grande beleza e sensibilidade e que algumas delas, mesmo separadas do contexto, poderiam figurar em qualquer festival. Mas lhes falta muitas vezes a simplicidade, a alegria, o *punch* que seriam necessários para animar esse tipo de espetáculo. E a comunicabilidade das músicas fica gravemente prejudicada pela fórmula de execução que foi adotada e que, comprovadamente, não funciona: os intérpretes cantam ao vivo, acompanhando em *play-back* gravado no qual as mesmas canções se acham interpretadas por outras vozes.

Mas aqui já estamos abordando as falhas de encenação. E o problema do canto misturado com *play-back* prende-se no fundo a um erro ainda maior – embora talvez inevitável – cometido pelo diretor Gianni Ratto: um *casting* hesitante, deficiente, realizado aparentemente sem uma definição prévia do tipo de intérprete adequado para esse gênero de espetáculo.

Ora parece-me evidente que o tipo de intérprete adequado, no caso, é um comediante popular com larga experiência de espetáculos de revista e até dos detestáveis programas humorísticos de TV. Esse comediante tem o tipo de comunicabilidade popular que *Dura Lex* pede; esse comediante sabe cantar, dançar, fazer imitações – enfim, possui a gama de recursos técnicos que lhe permite animar o espetáculo; e, no caso da parte feminina do elenco, essas comediantes possuem um tipo de malícia e *sex-appeal* agressivo que constitui uma das essências do gênero. É claro que este tipo de comediante, formado dentro de uma experiência artisticamente duvidosa, será naturalmente propenso a cometer toda uma série de excessos – mas será mais fácil para um encenador competente cortar esses excessos do que criar um tom de comunicabilidade popular em quem não possui naturalmente. É por isso que os dois autênticos comediantes populares do elenco – a divertida e simpática Berta Loran e o engraçadíssimo Paulo Silvino, uma gratíssima revelação – roubam quase completamente o espetáculo. E é por isso que é justamente a parte do elenco, na qual Ratto afastou-se completamente dessa noção de comediantes populares, a que mais desequilibra a realização: o pálido corpo de *coristas*, composto de moças lindas, mas – com as únicas exceções das excelentes Selma Caronezzi e Maria Regina – sem qualquer afinidade com o espírito da iniciativa, e sem o indispensável mínimo de desembaraço e extroversão. É por isso, finalmente, que a parte musical do espetáculo resultou decepcionante: a maioria dos intérpretes não tem nem material vocal nem preparo técnico necessário para defender as partituras da trinca de compositores, tornando necessário o discutível e desagradável recurso de *playback* cantado. Claro que, além de Berta Loran, Paulo Silvino, Selma Caronezzi e Maria Regina, há outros intérpretes competentes no elenco: Ítalo Rossi não desmente em nenhum momento a sua conhecida categoria. Gracindo Jr. e Paulo Nolasco demonstram apreciáveis progressos, João Marcos Fuentes e Haroldo de Oliveira têm momentos divertidos; mas quase ninguém parece se sentir inteiramente à vontade, inteiramente dentro do seu elemento.

Abstraindo do indeciso critério na escolha do elenco, e de alguns equívocos menores (tais como a duplicidade dos títulos dos capítulos apresentados simultaneamente em *áudio* – texto gravado e vídeo – *slides*), Gianni Ratto movimentou e dinamizou a encenação com a sua conhecida competência e vitalidade; mas somente numa cena – a do *iê-iê-iê* – o diretor atinge a plena medida do seu talento criador. De repente, o espetáculo levanta vôo, sacode a platéia, a mergulha num irresistível clima de loucura; até o inexpressivo cenário de Carlos Fontes adquire aqui um inesperado relevo, como se tivesse sido concebido especialmente em função dessa cena, que justifica, decididamente, o espetáculo.

Já os figurinos de Marie Louise Nery funcionam engenhosamente do início até o fim, sendo que o vestidinho da Princesa Isabel é uma das coisas mais deliciosas da realização.

Apesar das restrições, pode-se afirmar que o Teatro do Autor Brasileiro já disse a que veio: *Dura Lex Sed Lex* não se limita a trilhar caminhos já conhecidos, mas procura explorar antigas tradições para cristalizar uma fórmula nova.

Jornal do Brasil, 07/01/1968

A Longa Noite de uma Geração Acuada

YAN MICHALSKI

Uma das qualidades fundamentais de *A Longa Noite de Cristal*, como de todas as boas peças de Oduvaldo Vianna Filho, reside no fato de que ele sabia, como poucos, dizer coisas importantes sem precisar elocubrar, sem perder o dom de uma comunicação simples e direta. Formalmente, a peça não passa de um singelo quadro de costumes, focalizando um setor restrito de atividades – os bastidores de uma emissora de televisão – que o autor conhecia a fundo através de longa experiência pessoal, e estava, portanto, apto a retratar criticamente, sem precisar de grandes vôos de imaginação. Mas ao enfrentarmos este quadro de costumes, percebemos que ele é surpreendentemente dotado não só de um potencial emocional digno de uma pequena tragédia moderna, mas também de uma madura reflexão cujo alcance ultrapassa de longe os limites do alvo aparentemente focalizado. Não é mais de bastidores da televisão que se trata, ou pelo menos não somente: *A Longa Noite de Cristal* é também todo o Brasil de hoje; e é também o homem contemporâneo frente a frente com forças manipuladas por interesses ocultos, sobre as quais ele não exerce nenhum controle, e que ameaçam esmagá-lo.

Todo o Brasil de hoje, na medida em que a crise de valores em que se afoga a carreira profissional e a vida particular do locutor Cristal é certamente um fenômeno nacional. Num país pressionado, de um lado, por uma explosão demográfica que joga nos mercados de trabalho multidões de jovens munidos de um código ético radicalmente oposto ao da geração anterior; num país dominado, por outro lado, por uma circulação precária de informações e esclarecimentos, que favorece a inferiorização de todos os valores diante dos decisivos argumentos ditados por considerações de consumo; num país como este não é de se espantar que enormes contingentes de homens de meia-idade, potencialmente em plena capacidade produtiva, sejam marginalizados, reduzidos à solidão e ao desespero, incompreendidos nos seus conceitos de honra e dignidade, resquícios de uma formação cujo sentido sofreu fulgurante processo de esvaziamento. Embora dotado de fortes características pessoais e profissionais, Cristal é, mais do que um indivíduo, um protótipo de profissional liberal brasileiro de 46 anos de idade, obcecado pela pecha do já era, perplexo diante do conflito entre a vontade de adaptar-se às exigências de um mundo novo e hostil e a necessidade de permanecer fiel aos valores fundamentais da sua própria geração.

Por outro lado, a obra transcende o ambiente restrito da televisão na medida mesmo em que aborda criticamente este ambiente. Ou seja, na medida em que desmistifica, com extrema exatidão de diagnóstico, os mecanismos das *mass media* que tão freqüentemente nos manipulam, sem o sabermos. Sendo levado a fazer uma crítica das técnicas de comunicação que tem o hábito de acolher passivamente, e cujos *podres* Vianinha revela com implacável lucidez, o espectador aprende a compreender melhor todo o funcionamento da sociedade em que vive, e ganha alguma espécie de acesso à verdade escondida por trás das mensagens que diariamente o bombardeiam e escravizam.

Dentro desta obra generosa, comovente e esclarecedora, dois aspectos intimamente interligados incomodam-me um pouco. O primeiro deles é o saudosismo. Vianna não consegue impedir-se de considerar o *antigamente* não apenas diferente, mas também sistematicamente melhor do que o *agora*. Os seus jovens são em geral corrompidos pelo sistema, como é o caso do prepotente executivo Fernandinho, da ambiciosa locutora Flávia ou da terrível *fanzoca* de 13 anos; mas mesmo quando não o são, mesmo quando representam a parte mais sensível e sensata da juventude atual (exemplos: o telejornalista Murilo e sobretudo o universitário Celso, filho de Cristal), as suas figuras são extremamente insignificantes e os seus valores bastante inconsistentes quando confrontados com a esmagadora silhueta do próprio Cristal, um personagem como poucos na moderna dramaturgia nacional, e com alguns idealizados valores dos bons velhos tempos (e, inclusive, do bom velho jornalismo) que Cristal defende. Paralelamente a este nem sempre justificado saudosismo flui o derramado romantismo tão típico do autor, sem dúvida responsável pelo encanto de alguns *morceaux de bravoure* de grande impacto teatral, mas que às vezes enfraquece a eficiência da sua argumentação, e desloca o debate para os confins da lamúria.

Apesar disso, permanece sempre viva a sensação de uma rara verdade. Personagens muito parecidos com pessoas que conhecemos na vida real estão colocados em situações-limite que nos são bem familiares; e a luta que eles travam é eticamente importante, a tal ponto que diz respeito não só a eles, mas a todos nós. Sentir isto num teatro é coisa rara nos dias que correm, e que não pode deixar de proporcionar um profundo prazer.

O que salta primeiramente aos olhos na direção de Gracindo Júnior é o sólido domínio do *métier*, que seria espantoso num estreante, se não se tratasse de um estreante com 16 anos de experiência em outras funções teatrais. Gracindo percebeu lucidamente que a peça estava a pedir uma encenação simples e clara na sua linha narrativa, mas que tal simplicidade e clareza não implicavam indigência de recursos cênicos. Decisivamente ajudado pela virtuosística cenografia de José de Anchieta, responsável em grande parte pelo ritmo nervoso e pelo tenso dinamismo do espetáculo, o diretor construiu uma encenação complexa e exata, na qual os cortes de luz criam a convincente impressão de uma intensa movimentação, embora os intérpretes fiquem praticamente

Teatro

A LONGA NOITE DE UMA GERAÇÃO ACUADA

Yan Michalski

UMA das qualidades fundamentais de A Longa Noite de Cristal, como de todas as boas peças de Oduvaldo Viana Filho, reside no fato de que ele sabia, como poucos, dizer coisas importantes sem precisar encubrar, sem perder o dom de uma comunicação simples e direta. Formalmente, a peça não passa de um singelo quadro de costumes, focalizando um setor restrito de atividades — os bastidores de uma emissora de televisão — que o autor conheceu a fundo através de longa experiência pessoal; e estava portanto apto a retratar criticamente, sem precisar de grandes vôos de imaginação. Mas ao enfrentarmos este quadro de costumes, percebemos que ele é surpreendentemente dotado não só de um potencial emocional digno de uma pequena tragédia moderna, mas também de uma madura reflexão cujo alcance ultrapassa de longe os limites do alvo aparentemente focalizado. Não é mais de bastidores de televisão que se trata, ou pelo menos não somente: a Longa Noite de Cristal é também todo o Brasil de hoje; e é também o homem contemporâneo frente a frente com forças manipuladas por interesses ocultos, sobre as quais ele não exerce nenhum controle, e que ameaçam esmagá-lo.

Todo o Brasil de hoje, na medida em que a crise de valores em que se aloja a carreira profissional e a vida particular do locutor Cristal é certamente um fenômeno nacional. Num país pressionado, de um lado, por uma explosão demográfica que joga nos mercados de trabalho multidões de jovens munidos de um código ético radicalmente oposto ao da geração anterior; num país dominado, por outro lado, por uma circulação precária de informações e esclarecimentos, que favorece a inferiorização de todos os valores diante dos decisivos argumentos ditados por considerações de consumo; num país como esse não é de espantar que enormes contingentes de homens de meia-idade, potencialmente em plena capacidade produtiva, sejam marginalizados, reduzidos à solidão e ao desespero, incompreendidos nos seus conceitos de honra e dignidade, requisitos de uma formação num sentido sofrem fulgurante processo de esvaziamento. Embora dotado de fortes características pessoais e profissionais, Cristal é, mais do que um indivíduo, um protótipo de profissional liberal brasileiro de 40 anos de idade, obcecado pela pecha de já ser, perplexo diante do conflito entre a vontade de adaptar-se à exigências de um mundo novo e hostil e a necessidade de permanecer fiel aos valores fundamentais da sua própria geração.

Por outro lado, a obra transcende o ambiente restrito da televisão na medida mesmo em que aborda criticamente este ambiente. Ou seja, na medida em que se desmistifica, com extrema exatidão de diagnóstico, os mecanismos dos mass media que tão frequentemente nos manipulam, sem o sabermos. Sendo levado a fazer uma crítica das técnicas de comunicação que tem o hábito de acolher passivamente, e cujas pedras Vianinha revela com implacável lucidez, o espectador aprende a compreender melhor todo o funcionamento da sociedade em que vive, e ganha alguma espécie de acesso à verdade escondida por trás das mensagens que diariamente o bombardeiam e escravizam.

Dentro desta obra generosa, comovente e esclarecedora, dois aspectos intimamente interligados incomodam-me um pouco. O primeiro deles é o saudosismo. Viana não consegue impedir-se de considerar o antigamente não apenas diferente do mais também sistematicamente melhor do que o agora. Os seus jovens são em geral corrompidos pelo sistema, como é o caso do prepotente executivo Fernandinho, da ambiciosa locutora Flávia ou da terrível famosa de 13 anos; mas mesmo quando não o são, mesmo quando representam a parte mais sensível e sensata da juventude atual (exemplos: o telejornalista Murilo e sobretudo o universitário Celso, filho de Cristal), as suas figuras são esmaterialmente insignificantes e os seus valores bastante inconsistentes quando confrontados com a esmagadora silhueta do próprio Cristal, um personagem como poucos na moderna dramaturgia nacional, e com alguns idealizados valores dos bons velhos tempos (e, inclusive, do bom velho jornalismo) que Cristal defende. Paralelamente a este nem sempre justificado saudosismo fui o germi-

nado romantismo tão típico do autor, sem dúvida responsável pelo encanto de alguns morceaux de bravoure de grande impacto teatral, mas que às vezes enfraquece a eficiência da sua argumentação, e desloca o debate para os confins da lamúria.

Apesar disso, permanece sempre viva a sensação de uma rara verdade. Personagens muito parecidos com pessoas que conhecemos na vida real estão colocados em situações-limite que nos são bem familiares; e a luta que eles travam é estranhamente importante, a tal ponto que diz respeito não só a eles, mas a todos nós. Sentir isto num teatro, é coisa rara nos dias que correm, e que não pode deixar de proporcionar um profundo prazer.

O que salta primeiramente aos olhos na direção de Gracindo Júnior é o sólido domínio do métier, que seria espantoso num estreante, se não se tratasse de um estreante com 16 anos de experiência em outras funções teatrais. Gracindo percebeu fundamentalmente que a peça estava a pedir uma encenação simples e clara na sua linha narrativa, mas que tal simplicidade e clareza não implicavam indigência de recursos cênicos. Decisivamente ajudado pela virtuosística cenografia de José de Anchieta, responsável em grande parte pelo ritmo nervoso e pelo leque dinâmico do espetáculo, o diretor construiu uma encenação complexa e exata, na qual os cortes de luz criam a convincente impressão de uma intensa movimentação, embora os intérpretes fiquem praticamente confinados dentro de espaços muito exíguos. Os sofisticados detalhes ultra-realistas de um estúdio de televisão acabam criando um inédito clima de fria poesia tecnológica. O dedo do diretor está perceptivelmente presente em todos os detalhes de uma encenação pessoal e coerente.

A direção de atores não escapa a esta coesão geral, graças à qual mesmo os pequenos papéis, nem sempre muito bem interpretados, parecem nivelar-se aos brilhantes desempenhos dos papéis centrais. Neste setor houve, porém, algumas opções interpretativas sem dúvida conscientes, mas discutíveis, com sérias repercussões para o conjunto do espetáculo.

Este seria o caso da linha dada ao personagem principal, ao qual Osvaldo Loureiro confere, dentro da sustentação adotada, uma admirável dimensão de força e sinceridade. Acontece que Cristal não me parece ser esta lamentável ruína humana que o ator representa do início até o fim. Falta na sua composição o charme de uma dignidade meio antiquada e desambientada, e em consequência disso o conflito básico desloca-se um pouco do terreno da perplexidade geral de uma geração acuada para o terreno menos relevante, de uma neurose individual. Claramente neurótico demais, a ponto de tornar-se artificial, parece-me também o desempenho de Isabel Therezá, remitindo dal uma colocação muito discutível dos problemas conjugais do protagonista. Já as presenças de Maria Cláudia e Denis Carvalho, de verdade que em papéis mais esquemáticos, são impecáveis, extremamente exatas na dosagem dos elementos de comentário crítico e de credibilidade autêntica. No elenco coadjuvante, destaque para as intervenções de Pedro Paulo Rangel, Jorge Botelho, Helena Velasco (como Mãe de Santo) e Sônia de Paula.

DENIS CARVALHO: NO TEATRO, UM OCUPADÍSSIMO DIRETOR DE TV

126 A CRÍTICA DE UM TEATRO CRÍTICO

confinados dentro de espaços muito exíguos. Os sofisticados detalhes ultra-realistas de um estúdio de televisão acabam criando um insólito clima de fria poesia tecnológica. O dedo do diretor está perceptivelmente presente em todos os detalhes de uma encenação pessoal e coerente.

A direção de atores não escapa a esta coesão geral, graças à qual mesmo os pequenos papéis, nem sempre muito bem interpretados, parecem nivelar-se aos brilhantes desempenhos dos papéis centrais. Neste setor houve, porém, algumas opções interpretativas sem dúvida conscientes, mas discutíveis, com sérias repercussões para o conjunto do espetáculo.

Este seria o caso da linha dada ao personagem principal, o qual Oswaldo Loureiro confere, dentro da empostação adotada, uma admirável dimensão de força e sinceridade. Acontece que Cristal não me parece ser esta lamentável ruína humana que o ator representa do início até o fim. Falta na sua composição o *charme* de uma dignidade meio antiquada e desambientada, e em conseqüência disso, o conflito básico desloca-se um pouco do terreno da perplexidade geral de uma geração acuada para o terreno menos relevante de uma neurose individual. Claramente neurótico demais, a ponto de tornar-se artificial, pareceu-me também o desempenho de Isabel Teresa, resultando daí uma colocação muito discutível dos problemas conjugais do protagonista. Já as presenças de Maria Cláudia e Denis Carvalho, é verdade que em papéis mais esquemáticos, são impecáveis, extremamente exatas na dosagem dos elementos de comentário crítico e de credibilidade autêntica. No elenco coadjuvante, destaque para as intervenções de Pedro Paulo Rangel, Jorge Botelho, Helena Velasco (como Mãe de Santo) e Sônia de Paula.

Jornal do Brasil, 12/09/1976

Vianinha e o Cristal: Breves e Discutíveis Idéias sobre um Talento Indiscutível

NELSON MOTTA

Depois de uma estranha e insólita *suspensão* e do final da temporada no Teatro Glória, volta à cena hoje, no João Caetano, *A Longa Noite de Cristal*, em temporada popular de um mês. Oswaldo Loureiro continua à frente do elenco, vivendo um magnífico personagem, transbordante de humanidade, numa das melhores criações de Oduvaldo Vianna Filho e sob a direção de Gracindo Júnior.

Ao contrário de muitos que vêem na obra de Vianinha (e de outros autores de sua geração) os maiores méritos em mostrar o povo brasileiro em seu cotidiano dramático e em levar para o palco uma visão política e consciente dos problemas graves e crônicos que afligem o homem comum, acredito que é na criação de *personagens* da dimensão e verdade desse belíssimo locutor decadente (o Cristal) que o talento e a generosa humanidade de Vianinha brilham mais e por mais tempo brilharão. Com o maior respeito pelas idéias que sempre mereceram a sua fidelidade e que nortearam seu trabalho de autor teatral, cada vez mais o teatro de Vianinha se mostra mais vivo através da irresistível humanidade de seus grandes personagens que dos contextos onde elas transmitam seu humor, seus sonhos e suas tragédias cotidianas.

No caso desse inesquecível Cristal, frágil, caótico, contraditório, apaixonado, sanguíneo, trágico e cheio de um resistente humor diante da vida, o talento de Oduvaldo Vianna Filho (e do ator que lhe deu vida e do diretor que lhe deu rumo e forma) atingem as luminosas dimensões da permanência e possuem lugar certo nas memórias sensíveis.

Talvez o universo onde Cristal vive a sua tragédia individual se apequena diante da grandeza do personagem, delirantemente poético (no maior sentido da palavra) e cheio de um transbordante romantismo que foi para Vianinha, ao mesmo tempo, o grande impulso criador para seus personagens maiores e o ponto frágil de sua visão política de artista.

Atenção, revisão! "Romantismo" não significa pieguice, ingenuidade ou até mesmo lirismo. Para mim, é um conceito muito mais ligado aos estados emocionais que habitam os criadores sensíveis, mesmo nos que tentam se encouraçar numa visão racional do fenômeno da existência. Não falo em "romantismo" como uma escola artística, mas como uma abordagem da vida praticamente inevitável em criadores que, por amarem o povo brasileiro e por serem eles mesmos uma parcela e uma resultante desse mesmo povo, acabam por atingir seus grandes momentos de criação artística quando, instintiva e irresistivelmente, transportam para seus personagens essa maravilhosa, delirante e complexa "alma brasileira".

É traço característico de uma parte significativa da geração de Vianinha essa paixão pelo homem brasileiro, em que o talento criador encontra solo fértil para a concretização desse encanto. E justamente o amor e a preocupação pelos destinos do homem brasileiro é que são responsáveis por alguns dos – embora corajosos e nobres – equívocos de uma respeitável parcela dos criadores dessa geração.

Tanto Vianna como Paulo Pontes, Augusto Boal, Ferreira Gullar, Armando Costa, João das Neves e muitos outros, sempre criaram movidos por uma sincera e enorme preocupação pelo destino do homem brasileiro. E se – muitas vezes – foram frágeis ou ingênuos nas denúncias, superficiais ou apaixonados na revelação das (concretas e doloridas) chagas coletivas, imprecisos ou precipitados ao apontar soluções para uma vida melhor, na maioria das vezes foram capazes de mostrar através de seus personagens algumas das faces mais verdadeiras do brasileiro; mostrando através de seres vivos, eternos, o que de realmente eterno, apaixonado e apaixonante existe nesse rico e inesgotável personagem: o brasileiro.

Cristal é um brasileiro, um brasileiro absoluto, total, formado de pedaços de tantos que andam pelas ruas e pelas vidas onde andamos todos, ricos e pobres, pretos e brancos, homens e mulheres, liberais e conservadores, doces e violentos, racionais e instintivos, generosos e mesquinhos.

É claro que sei da irresponsabilidade e leviandade com que são aplicados os conceitos de "reacionário" ou "alienado" – e que provavelmente serão arremessados diante dessas idéias (apenas idéias, imprecisas, discutíveis, mas conscientes e responsáveis) que tenho sobre o trabalho de Vianinha e de sua geração. Aliás, é muito mais fácil ficar gritando "vivas" e slogans, que buscar uma real compreensão e dimensão no trabalho de uma sofrida, generosa e talentosa geração de criadores. Mas por que não discutir, apenas discutir (um saudável e enriquecedor hábito dos seres pensantes) a luta dessa geração entre uma natural vocação para a grandeza do indivíduo e o tomar para si as árduas, áridas e complexas formulações políticas? Não, meu precipitado amigo, ninguém acha que um indivíduo existe fora da sociedade; todo mundo sabe que são amplas, imprecisas e coletivas as determinantes da vida de uma pessoa. Todas as pessoas com um mínimo de consciência sabem da responsabilidade de todos, de cada um, para que seja possível uma vida melhor para todos. Como todos os que vivem de seu trabalho sabem respeitar o trabalho alheio.

O que – no momento – acho injusto para com Oduvaldo Vianna Filho é dar uma maior dimensão ao conteúdo "político" de seu trabalho que ao seu formidável talento de autêntico criador teatral, no sentido mais amplo dessa mágica forma de comunicação humana. Vianna lutou sempre pelo respeito aos fundamentais direitos do indivíduo com as armas de seu ofício, com sua sinceridade e seu talento. Não, amiguinho, é claro que uma coisa não existe sem a outra; mas a História é rica, riquíssima em exemplos de artistas que só conseguiram ser ingênuos e frágeis políticos, devorados pela concretude e brutalidade dos jogos do poder. É ainda mais rica em grandes artistas que – movidos por um verdadeiro amor pelas grandezas da condição humana – foram capazes de tão profunda e generosamente testemunharem o seu tempo, que se transformaram em alguns dos mais preciosos subsídios para uma visão política da vida.

Num criador sensível e responsável, a visão do indivíduo e a da sociedade brotam naturalmente juntas, indissolúveis, integradas; sem que seja necessário um "empenho" ou um "objetivo" no que está para ser criado, que freqüentemente leva a lamentáveis e superficiais equívocos, responsáveis por insignificâncias artísticas e políticas.

Vá ver o "Cristal", vá testemunhar a tragédia pessoal de um personagem-síntese, fascinantemente próximo, vivo e intenso em seu caminho para a morte. Vá compartilhar da trajetória de um derrotado e sentir a amargura de sua impotência e de seu desajuste para um mundo para o qual não estava preparado e onde não podia exercer sua formidável alegria. Mas não o empobreça, vendo-o como um símbolo, nem que seja o símbolo de uma época; ele é mais, ele é um homem que

130 A CRÍTICA DE UM TEATRO CRÍTICO

contém em si os conflitos, contradições, grandezas, encantos e generosidades que tornam tão fascinantes a aventura humana. Vá ver um homem caminhando entre seu choro calado e sua estrondosa gargalhada pelos lados escuros da vida. Vá compartilhar da luta inglória de um fraco, dos patéticos e heróicos romantismos de seus gestos, de seu humor e sua amargura. Ande com ele em seus caminhos noturnos e viva a sua perplexidade, participe dos abismos que existem entre ele, sua mulher, seu filho e seu tempo.

Cristal é uma exemplar criação dentro dos difíceis terrenos da magia do teatro, do amor ao indivíduo e dos mais poderosos sentidos que podem existir na expressão não apenas da realidade imediata, mas das dimensões mais grandiosas, das eternas misérias e maravilhas da condição humana. No que Oduvaldo Vianna Filho foi generoso mestre.

O Globo, 25/02/1977

A Longa Noite da Verdade

Yan Michalski

Primeira peça de Oduvaldo Vianna Filho montada no Rio depois de sua morte, *Corpo a Corpo* vale, antes de tudo, como uma emocionada homenagem à memória do autor. Isto é tornado claro desde o momento em que as luzes da sala se apagam e o público ouve, antes mesmo do início da ação, uma série de entrevistas gravadas – pena que parcialmente inaudíveis – nas quais artistas de teatro falam do dramaturgo prematuramente desaparecido.

A própria peça é também, indiretamente, uma homenagem a Vianinha, na medida em que é impossível deixar de reconhecer no personagem único um claro reflexo da situação em que o autor viveu, dos problemas que deve ter enfrentado e dos conflitos que deve ter sofrido no seu foro íntimo durante alguns dos últimos anos de sua vida. A imensa distância entre a grandeza dos sonhos idealistas e a mesquinha dimensão das realizações possíveis, bem como a permanente pressão das concessões quase inevitáveis, formam a sina comum do personagem de ficção que é o publicitário Vivacqua e, na vida real, da geração de intelectuais e artistas de que Vianinha foi um dos expoentes. Em cada um dos cerca de 90 minutos de *Corpo a Corpo*, a nota dominante é a dificuldade de resistir ao vazio de valores que se abriu de uns tempos para cá, diante dos criadores e profissionais liberais de 30 a 40 anos, os mesmos que aos 20 e poucos alimentaram todas as esperanças de criar uma sociedade brasileira melhor, mais justa e humana.

Bastaria esta definição da temática para mostrar que no atual oceano de futilidade teatral carioca, *Corpo a Corpo* é uma ilha de seriedade, uma das pouquíssimas manifestações ultimamente surgidas através das quais o artista criador se interroga, com angustiada obstinação, sobre o sentido da sua presença e atuação num meio ambiente intensamente desfavorável à concretização dos seus ideais.

Infelizmente, isto não basta para garantir a qualidade da obra. Mais do que um texto teatral elaborado com lucidez e eficiência, *Corpo a Corpo* é um desabafo muito subjetivo e repetitivo de alguém que precisa chegar a bons termos com a sua própria consciência. E isso impõe ao personagem único, porta-voz óbvio do autor, um número excessivo de pedidos de desculpa e um tom geral lamuriento demais para que a peça possa cumprir, com adequada densidade, os objetivos a que ela aparentemente se propõe.

Durante a sua longa e atormentada noite da verdade, o talentoso, sensual e fundamentalmente bem-intencionado publicitário Vivacqua dá-se conta de que sua vida é uma grande mentira, em todos os seus setores: na atividade profissional, na qual ele se acomoda a uma estrutura empresarial que só lhe exige servilismo e frustra a sua criatividade; na vida afetiva, na qual ele se encaminha, por pura acomodação, para um casamento *a*

TEATRO | Yan Michalski

A LONGA NOITE DA VERDADE

Primeira peça de Oduvaldo Viana Filho montada no Rio depois da sua morte, Corpo a Corpo vale, antes de tudo, como uma emocionada homenagem à memória do autor. Isto é tornado claro desde o momento em que as luzes da sala se apagam e o público ouve, antes mesmo do início da ação, uma série de entrevistas gravadas — pena que parcialmente inaudíveis — nas quais artistas de teatro falam do dramaturgo prematuramente desaparecido.

A própria peça é também, indiretamente, uma homenagem a Vianinha, na medida em que é impossível deixar de reconhecer no personagem único um claro reflexo da situação em que o autor viveu, dos problemas que deve ter enfrentado e dos conflitos que deve ter sofrido no seu foro íntimo durante alguns dos últimos anos de sua vida. A imensa distância entre a grandeza dos sonhos idealistas e a mesquinha dimensão das realizações possíveis, bem como a permanente pressão das concessões quase inevitáveis, formam a sina comum do personagem de ficção que é o publicitário Vivacqua e, na vida real, da geração de intelectuais e artistas de que Vianinha foi um dos expoentes. Em cada um dos cerca de 90 minutos de Corpo a Corpo, a nota dominante é a dificuldade de resistir ao vazio de valores que se abriu de uns tempos para cá, diante dos criadores e profissionais liberais de 30 a 40 anos, os mesmos que aos 20 e poucos alimentavam todas as esperanças de criar uma sociedade brasileira melhor, mais justa e humana.

Bastaria esta definição da temática para mostrar que no atual oceano de futilidade teatral carioca, Corpo a Corpo é uma ilha de seriedade, uma das pouquíssimas manifestações ultimamente surgidas através das quais o artista criador se interroga, com angustiada obstinação, sobre o sentido da sua presença e atuação num meio ambiente intensamente desfavorável à concretização dos seus ideais.

Infelizmente, isto não basta para garantir a qualidade da obra. Mais do que um texto teatral elaborado com lucidez e eficiência, Corpo a Corpo é um desabafo muito subjetivo e repetitivo de alguém que precisa chegar a bons termos com a sua própria consciência. E isto impõe ao personagem único, porta-voz óbvio do autor, um número excessivo de pedidos de desculpa e um tom geral lamuriento demais para que a peça possa cumprir, com adequada densidade, os objetivos a que ela aparentemente se propõe.

Durante a sua longa e atormentada noite da verdade, o talentoso, sensível e fundamentalmente bem intencionado publicitário Vivacqua dá-se conta de que a sua vida é uma grande mentira, em todos os seus setores: na atividade profissional, na qual ele se acomoda a uma estrutura empresarial que só lhe exige servilismo e frustra a sua criatividade; na vida afetiva, na qual ele se encaminha, por pura acomodação, para um casamento a priori errado, e que com certeza será profundamente traumatizante para a sua apaixonada noiva; na vida sexual, na qual procura exaustivamente afirmar a sua própria virilidade, através de dezenas de encontros sem nenhum envolvimento emocional; no seu relacionamento com as suas raízes — sua mãe e sua cidade natal — que ele procura eliminar arbitrariamente da sua memória, embora no fundo sejam os únicos elementos a que ele esteja ainda efetivamente ligado. A partir do reconhecimento desta situação mentirosa, esperamos que Vi-

GRACINDO JR.

vacqua tome decisões que permitam dar um rumo mais coerente e construtivo à sua existência. Mas não: basta o vago aceno de uma proposta que lisonjeia sua vaidade e lhe oferece vantagens materiais, para que ele se engaje, desta vez definitivamente, na mentira que o sufocava, e com o agravante de ter de trair, para isso, a confiança do único amigo a quem respeita e admira.

Situações como esta existem, sem dúvida. Mas quando se trata de homens como Vivacqua, que não é nem um tolo nem um mau caráter, tais situações não podem ser consideradas inevitáveis e justificadas, que é, em última análise, o que a peça parece insinuar. A não ser que o autor nos mostrasse o background geral que existe por trás das atitudes existenciais do personagem e nos convencesse de que esse background não deixa a homens como Vivacqua outras opções senão as da concessão e da acomodação. E essa extra-

polação a peça não consegue e aparentemente nem tenta realizar.

No belo e impiedosamente frio cenário branco e preto de Mizel Gantus, Aderbal Jr. realizou um espetáculo bonito e inteligente, rompendo a toda hora a convenção realista que o texto à primeira vista sugere, mas sem nunca cair no preciosismo da fantasia arbitrária. Resulta disso uma empostação meio fantasmagórica, que enriquece a idéia central do espetáculo, na medida em que deixa claro que o corpo a corpo de Vivacqua o opõe aos seus próprios fantasmas. Um destes fantasmas — a noiva — toma corpo em cena através das intervenções da atriz Daisy Poli, que não estavam previstas no texto original. A idéia tem certa eficiência teatral, pois a atriz consegue marcar o espetáculo com a força da sua presença muda, e dá visível apoio ao protagonista; mas, ao mesmo tempo, ela coloca uma ênfase excessiva na importância que a noiva ocupa na vida de Vivacqua, e relega seus outros fantasmas a um plano relativamente secundário.

Gracindo Jr. luta feito leão, com uma garra incomum e uma apreciável sinceridade, procurando dar consistência e vitalidade ao desespero existencial do personagem. Seu desempenho é uma talentosa performance de atletismo interpretativo, mas falta-lhe ainda uma gama maior de recursos, que seria necessária para dar adequado relevo de contrastes ao personagem e evitar repetidos momentos de monotonia aos quais, aliás, o texto conduz quase inevitavelmente. Seus melhores momentos — alguns autenticamente comoventes e espontâneos — estão no registro médio; seus pontos mais falhos concentram-se nas cenas de mais forte explosão emocional, e naquelas em que o humor de Viana Filho pediria uma interpretação mais corrosiva e mordaz.

MÚLTIPLAS APROPRIAÇÕES DE UM TEATRO CRÍTICO 133

priori errado, e que com certeza será profundamente traumatizante para a sua apaixonada noiva; na vida sexual, na qual procura exaustivamente afirmar a sua própria virilidade, através de dezenas de encontros sem nenhum envolvimento emocional; no seu relacionamento com as suas raízes – sua mãe e sua cidade natal – que ele procura eliminar arbitrariamente da sua memória, embora no fundo sejam os únicos elementos a que ele esteja ainda efetivamente ligado. A partir do reconhecimento desta situação mentirosa, esperamos que Vivacqua tome decisões que permitam dar um rumo mais coerente e construtivo à sua existência. Mas não: basta o vago aceno de uma proposta que lisonjeia sua vaidade e lhe oferece vantagens materiais, para que ele se engaje, desta vez definitivamente, na mentira que o sufocava, e com o agravante de ter de trair, para isso, a confiança do único amigo a quem respeita e admira.

Situações como esta existem, sem dúvida. Mas quando se trata de homens como Vivacqua, que não é nem um tolo nem um mau caráter, tais situações não podem ser consideradas inevitáveis e justificadas, que é, em última análise, o que a peça parece insinuar. A não ser que o autor nos mostrasse o *back-ground* geral que existe por trás das atitudes existenciais do personagem e nos convencesse de que esse *background* não deixa, a homens como Vivacqua, outras opções senão as da concessão e da acomodação. E essa extrapolação a peça não consegue e aparentemente não tenta realizar.

No belo e impiedoso frio cenário branco e preto de Mixel Gantus, Aderbal Jr. realizou um espetáculo bonito e inteligente, rompendo a toda hora a convenção realista que o texto à primeira vista sugere, mas sem nunca cair no preciosismo da fantasia arbitrária. Um destes fantasmas – a noiva – toma corpo em cena através das intervenções da atriz Daisy Poli, que não estavam previstas no texto original. A idéia tem certa eficiência teatral, pois a atriz consegue marcar o espetáculo com a força de sua presença muda, e dá visível apoio ao protagonista; mas, ao mesmo tempo, ela coloca uma ênfase excessiva na importância que a noiva ocupa na vida de Vivacqua, e relega seus outros fantasmas a um plano relativamente secundário.

Gracindo Jr. luta feito leão, com uma garra incomum e uma apreciável sinceridade, procurando dar consistência e vitalidade ao desespero existencial do personagem. Seu desempenho é uma talentosa performance de atletismo interpretativo, mas falta-lhe ainda uma gama maior de recursos, que seria necessária para dar adequado relevo de contrastes ao personagem e evitar repetidos momentos de monotonia aos quais, aliás, o texto conduz quase inevitavelmente. Seus melhores momentos – alguns autenticamente comoventes e espontâneos – estão no registro médio; seus pontos mais falhos concentram-se nas cenas de mais forte explosão emocional, e naquelas em que o humor de Vianna Filho pediria uma interpretação mais corrosiva e mordaz.

Jornal do Brasil, 18/03/1975

A CRÍTICA DE UM TEATRO CRÍTICO

Alegro Desbum, *Alegre Vianinha*

ALBERTO GUZIK

Fui ver *Alegro Desbum*, no Maria Della Costa, com os dois pés atrás. É tanta comédia-bobagem em cartaz, tanta porno-teatrada que a fama do *Desbum* parecia se incluir na categoria como uma luva. Engano meu. A comédia de Vianinha, de Oduvaldo Vianna Filho, que morreu estupidamente aos 38 anos em 74, talvez não seja uma obra-prima, mas é um trabalho tão lúcido, tão cheio de humor que acaba se transformando numa reflexão honesta e sincera sobre a realidade dura da nossa vida. Se colocasse a peça num outro contexto não sei o que pensaria dela, mas quando a vejo contra um pano de fundo na qual figuram coisas como *A Feira do Adultério* e *A Gaiola das Loucas*, *Alegro Desbum* é dotada de uma inteligência que os outros desconhecem.

Trata-se de uma comédia de costumes, gênero que floresceu em 1838 com Martins Pena para se tornar a mais aborígene de todas as formas de teatro. Filho de Oduvaldo Vianna. Inteiro conhecedor da área: Vianinha sentiu o potencial eminentemente popular dessa expressão cênica e a explorou várias vezes. *Em Família*, *Corpo a Corpo* e mesmo *Chapetuba Futebol Clube* e *Rasga Coração* (peça premiada e até hoje inexplicável ou explicavelmente inédita), todas elas contêm visíveis traços da comédia de costumes.

Alegro Desbum é um texto de humor vigoroso e corajoso, visivelmente inspirado num dos núcleos habitacionais pobres que pululam pelo Brasil. Ao redor do personagem central, Buja, publicitário que largou um emprego de 40 mil mensais por discordar do sistema, se reúne uma fauna de tipos populares tratados caricaturalmente, o que torna mais nítidas as intenções do autor. Estão na dança a garota hippie, o homossexual, o dono da agência de publicidade, o chefe de escoteiros, o cafetão, a virgem casadoira munida de mãe cafona. Vianinha escreveu uma peça alegre, triste, cafajeste, hilariante, séria. Uma peça brasileira. Vendo a permanência, o pulso, a atualidade do *Desbum*, sua morte me parece ainda mais ilógica e estúpida. Com o véu do humor a protegê-lo, Vianinha estuda a realidade circundante, compreendendo as contradições das personagens. Não acusa nem defende. Só mostra. E, numa prova definitiva de acuidade, aborda a situação de duas minorias oprimidas, a mulher e o homossexual, sem preconceitos e com extrema simpatia. Não sei se estou certo, mas talvez Vianinha tenha sido o primeiro autor brasileiro moderno e importante a adotar uma atitude não-sexista. Se assim for, aleluia.

No *Alegro Desbum* de São Paulo o texto só não explode em toda a sua potencialidade porque há problemas com a direção e o elenco. José Renato criou um espetáculo eficiente, mas de pouca criatividade.

A falta de fluência do segundo ato torna evidentes os defeitos de

MÚLTIPLAS APROPRIAÇÕES DE UM TEATRO CRÍTICO

construção da obra e não os resolve. Peça e espetáculo se arrastam interminavelmente em informações redundantes que uma direção mais enérgica e veloz poderia ter aparado com facilidade. O papel central foi confiado a Edgard Franco que não é de confiança. Em 80% de seu trabalho é impossível encontrar um momento de sinceridade ou descontração. Jussara Freire, boa comediante, é uma virgem perdida e sem direção – de ator, claro. Sebastião Campos repete mais uma vez aquela presença cênica que é só presença, mesmo. Eugênia De Domênico tem uma força gostosa e convincente como Enia, a hippie. Nair Bello foi e continua sendo fantástica para esse humor tradicional-mente brasileiro que fez parte da glória das rádios, antes do ataque da televisão. Paulo Hesse, como o gay, é ator em pleno amadurecimento, criando um papel difícil – pois já nasceu da cuca do autor como uma caricatura – de forma tão tranqüila, despreconceituada e simpática quanto Vianinha o imaginou. Pela força do dramaturgo e por essas boas interpretações *Alegro Desbum* é bom de se ver.

Última Hora, 12/04/1976

Comédia é Exemplo de Bom Teatro Comercial

MARIÂNGELA ALVES DE LIMA

Alegro Desbum tem como ponto de partida um publicitário que resolve abandonar um salário altíssimo para não se comprometer com as mentiras que a sua profissão vende como verdades. A peça localiza-se num minúsculo apartamento, quase um cortiço, onde as pessoas lutam desesperadamente para conseguir uma parcela das oportunidades que o publicitário acaba de desdenhar. Há uma perplexidade geral em torno desse homem que abandonou um salário de quarenta mil cruzeiros para ficar na miséria.

Uma vez colocada a situação inicial, não há mais tipos dramaticamente privilegiados. Todas as personagens são igualmente interessantes: mostram facetas diferentes da reação às limitações e ao medo da pobreza. O que as faz cômicas é a naturalidade com que desvendam suas pretensões.

São pessoas que se equilibram precariamente na fronteira da classe média. Dispensam a máscara, porque estão todos no mesmo barco. Dessa honestidade contraditória, que revela propósitos nada altruístas, o autor extrai a sua visão positiva. Estão todos decididos a explorar o mundo da forma mais conveniente. Mas são, afinal, incapazes de exercer a exploração dentro do seu próprio grupo social. Quando as coisas apertam, esses vizinhos ocasionais transformam-se numa comunidade solidária e desajeitadamente afetuosa. A franqueza acaba criando laços firmes, mesmo quando as aspirações são competitivas.

Sem dúvida, *Alegro Desbum* é uma comédia muito engraçada. Os momentos mais fracos são os breves instantes em que o publicitário tenta teorizar sobre a ética da publicidade. Torna-se uma redundância a discussão teórica de um problema que já está fartamente ilustrado no relacionamento cotidiano. A graça do texto está em parte na revelação de um comportamento e de uma linguagem que conhecemos na vida brasileira, mas que raramente aparecem nos nossos palcos. Vianna Filho constrói esses seres humanos sem poupar críticas à sua ingenuidade e ao seu descompromisso moral. Mas mantém ao mesmo tempo uma visão compassiva das fraquezas. Deixa transparecer a sua admiração pelo humor e versatilidade com que enfrentam as mesquinharias do cotidiano.

Como espetáculo, *Alegro Desbum* aproveita e faz viver todas as qualidades do texto. O único problema é a preocupação excessiva da direção de concretizar todos os detalhes do cotidiano. Há momentos, no segundo ato, em que a mesma intensidade de movimentos de todas as ações dispersa a atenção do espectador e torna difícil a compreensão do conjunto. Entretanto, esse é um problema da coordenação, e não da concepção do espetáculo. A diversão e a inteligência permanecem intactas nesse trabalho que preenche habilmente todos os requisitos de um bom teatro comercial, aquele que propõe ao mesmo tempo o lazer e o conhecimento.

O Estado de S. Paulo, 26/03/1976

Comédia é exemplo de bom teatro comercial

Mariangela A. de Lima

ALEGRO DESBUM — Comédia de Oduvaldo Vianna Filho; direção: José Renato; cenário: Pernambuco de Oliveira; figurino e ambientação: Lenino Tavares e Cecília Camargo; elenco: Edgard Franco, Eugênio de Domênico, Paulo Hesse, Sebastião Campos, Nair Bello, Jussara Freire, Marcos Caruso, Ilda Hesson e Rubens Rolo. Teatro Maria Della Costa, rua Paim, 72.

"Alegro Desbum" tem como ponto de partida um publicitário que resolve abandonar um salário altíssimo para não se comprometer com as mentiras que a sua profissão vende como verdades. A peça localiza-se num minúsculo apartamento, quase um cortiço, onde as pessoas lutam desesperadamente para conseguir uma parcela das oportunidades que o publicitário acaba de desdenhar. Há uma perplexidade geral em torno desse homem que abandonou um salário de quarenta mil cruzeiros para ficar na miséria.

Uma vez colocada a situação inicial, não há mais tipos dramaticamente privilegiados. Todas as personagens são igualmente interessantes: mostram facetas diferentes da reação às limitações e ao medo da pobreza. O que as faz cômicas é a naturalidade com que desvendam suas pretensões.

São pessoas que se equilibram precariamente na fronteira da classe média. Dispensam a máscara porque estão todos no mesmo barco. Dessa honestidade contraditória, que revela propósitos nada altruístas, o autor extrai a sua visão positiva. Estão todos decididos a explorar o mundo da forma mais conveniente. Mas são, afinal, incapazes de exercer a exploração dentro do seu próprio grupo social. Quando as coisas apertam, esses vizinhos ocasionais transformam-se numa comunidade solidária e desajeitadamente afetuosa. A franqueza acaba criando laços firmes, mesmo quando as aspirações são competitivas.

Sem dúvida "Alegro Desbum" é uma comédia muito engraçada. Os momentos mais fracos são os breves instantes em que o publicitário tenta teorizar sobre a ética da publicidade. Torna-se uma redundância a discussão teórica de um problema que já está fartamente ilustrado no relacionamento cotidiano. A graça do texto está em parte na revelação de um comportamento e de uma linguagem que conhecemos na vida brasileira mas que raramente aparecem nos nossos palcos. Vianna Filho constrói esses seres humanos sem poupar críticas à sua ingenuidade e ao seu descompromisso moral. Mas mantém ao mesmo tempo uma visão compassiva das fraquezas. Deixa transparecer a sua admiração pelo humor e versatilidade com que enfrentam as mesquinharias do cotidiano.

Como espetáculo, "Alegro Desbum" aproveita e faz viver todas as qualidades do texto. O único problema é a preocupação excessiva da direção de concretizar todos os detalhes do cotidiano. Há momentos no segundo ato em que a mesma intensidade de movimentos de todas as ações dispersa a atenção do espectador e torna difícil a compreensão do conjunto. Entretanto esse é um problema da coordenação, e não da concepção do espetáculo. A diversão e a inteligência permanecem intactas nesse trabalho que preenche habilmente todos os requisitos de um bom teatro comercial, aquele que propõe ao mesmo tempo o lazer e o conhecimento.

O Alegre Repouso de Vianinha

SÁBATO MAGALDI

O título indica o teor dominante de brincadeira. *Alegro Desbum* encontra-se na obra de Oduvaldo Vianna Filho como um momento de repouso, de afiar do instrumental, de reencontro da comédia popular brasileira de costumes. Havia o propósito de fazer diversão – e o espetáculo diverte muito.

Diante de *Rasga Coração*, que permanece inédita, ou mesmo de *Corpo a Corpo*, cujo protagonista é também um publicitário, *Alegro Desbum* parece um exercício virtuosístico sem compromissos. Nenhum problema é desenvolvido em profundidade e o autor limitou-se a promover um fotográfico registro de certas personagens e situações.

Mas é possível, também, intervir o raciocínio. Para uma comédia que cita Feydeau, pela presença de pessoas que pouco tem em comum numa mesma cama, *Alegro Desbum* mostra uma segura lucidez, uma referência sempre precisa a enquadramentos maiores da realidade e uma crítica arguta aos padrões do cotidiano. O mecanismo implacável da comédia não impediu Vianinha de raciocinar sobre os descaminhos do homem comum.

Alegro Desbum junta clichês de comportamento do nosso mundo: o publicitário bem-sucedido que decide romper com o sistema; a moça pobre e bonita que almeja participar desse sistema; a mãe que investe na beleza da filha; o homossexual e a hippie. Assim caracterizada, a peça sugere pouco valor.

O mérito maior está na possibilidade com que Vianinha misturou esses ingredientes. Com freqüência, o palco explode em humor e *nonsense*. É admirável a credibilidade com a qual ele fez que se sucedessem entradas e saídas, mantendo a ação permanentemente viva. Mesmo padecendo de certo alongamento desnecessário, *Alegro Desbum* merece ser considerado um texto muito bem feito, de uma carpintaria teatral que só tem paralelo, em nossa dramaturgia, na melhor comédia de João Bethencourt.

A mestria técnica permite a José Renato dar à peça um bom rendimento cênico. Ritmo, naturalidade nos diálogos cruzados, marcações livres e medida justa nos efeitos cômicos denotam a firmeza profissional do diretor. Talvez lhe tenha faltado tempo para situar os desempenhos no mesmo nível, burilando o trabalho de cada ator.

Edgard Franco tem uma surpreendente atuação, pela firmeza e pela espontaneidade, sustentando o papel principal sem grande experiência de palco. Paulo Hesse e Eugênia De Domênico fazem o homossexual e a *hippie* sem nenhum exagero de caricatura. Nair Bello domina a cena com simpatia e como se fosse veterana no contato com o público. Apesar da má caracterização física, Marcos Caruso se impõe.

Sebastião Campos precisa quebrar a dureza e Jussara Freire tem pela frente um grande trabalho de dicção.

A produção é muito cuidada, desde o cenário de Pernambuco de Oliveira, funcional e agradável. Pela graça permanente, que não se intimida até ante palavras grosseiras, *Alegro Desbum* promete cumprir uma longa carreira.

Jornal da Tarde, 24/03/1976

140 A CRÍTICA DE UM TEATRO CRÍTICO

Alegro: Consumo Anticonsumista

YAN MICHALSKI

Não deixa de ser uma injustiça que a memória de Oduvaldo Vianna Filho esteja sendo cultivada através de uma peça tão menor como é *Alegro Desbum*, o último dos seus trabalhos a encontrar o caminho do palco, enquanto as suas duas obras-primas, *Papa Highirte* e *Rasga Coração*, permanecem sonegadas ao público pelos castradores critérios da Censura. Injustiça não só no sentido de que o público, enquanto está tomando conhecimento do que Vianna fez de menos inspirado, é julgado insuficientemente amadurecido para conhecer as grandes explosões criativas do seu talento e da sua inteligência. Mas injustiça também porque *Alegro Desbum*, virando, como virou, objeto de consumo e gananciosamente explorada fonte de lucros, contradiz frontalmente o angustiado protesto contra a mentalidade consumista que Vianinha levantou em *Corpo a Corpo*, *A Longa Noite de Cristal* e até mesmo no próprio *Alegro Desbum*.

Sem dúvida, há por trás do enredo da peça um certo intuito crítico que o próprio autor se encarregou de definir numa entrevista: "De certa forma, a peça é o encontro de um setor da classe média que está negando um determinado mundo (o mundo do consumo desenfreado – Y. M.) com um outro da classe média, desesperado para ingressar justamente nesse mundo". O diagnóstico básico do conflito ideológico entre estes dois setores da classe média é correto e lúcido. Para tornar a sua demonstração convincente, bastaria o autor executá-la através de personagens verdadeiros colocados em situações verdadeiras. Infelizmente, talvez por demais influenciados pelo estilo *sui generis* dos programas humorísticos da televisão, e não conseguindo aparentemente fazer a devida distinção entre um teatro de fácil comunicação popular, que constituía um dos objetivos, e as concessões geralmente ligadas ao riso a qualquer custo, Vianna acabou perdendo o controle sobre o material que tinha nas mãos. Em momento algum conseguimos acreditar nos personagens-estereótipos que transitam na, não menos, inacreditável "casa da mãe Joana", que é o apartamento do ex-publicitário Buja. A partir do momento em que, ainda no início da peça, o dono da agência na qual Buja trabalhava procura o seu ex-empregado e lhe paga uma pequena fortuna pela invenção de um *slogan* absolutamente tolo, que qualquer estagiário seria capaz de lhe fornecer, tudo se torna rigorosamente inverossímil, e o intuito crítico, que em tese existia, cede lugar a uma obsessiva corrida atrás da gargalhada, corrida vale-tudo que não exclui, entre os seus recursos, o mais grosso duplo sentido e o mais infame trocadilho. Este objetivo menor é alcançado, na medida em que as gargalhadas surgem com razoável freqüência e intensidade; mas o objetivo maior – o de apresentar dialeticamente as contraditórias

MÚLTIPLAS APROPRIAÇÕES DE UM TEATRO CRÍTICO   141

aspirações da classe média – passa em brancas nuvens, por faltar aos personagens e às situações o mínimo de credibilidade indispensável para que pudessem ser levados a sério. O resultado desmente flagrantemente o velho e mentiroso chavão, segundo o qual o riso seria automaticamente uma arma crítica: existem risadas eminentemente alienadoras, e as de *Alegro Desbum* são justamente deste tipo: elas desviam o espectador daquilo que, em princípio, se queria demonstrar.

A encenação enfatiza ainda muito mais as concessões à comicidade fácil e ao clichê caricato implícitas no texto, além de mostrar-se aparentemente desgastada pelos longos 13 meses de carreira em São Paulo: os atores já sabem perfeitamente os *macetes* que fazem rir, e limitam-se quase a explorá-los apelativamente, sem procurar conferir aos seus personagens o mínimo de autenticidade humana, e sem preocupar-se com o contexto crítico que o autor, apesar de tudo, almejava. Nos raros momentos em que o sólido artesanato do diretor José Renato consegue insinuar uma empostação de farsa definida como tal, o espetáculo conserva a rigor uma certa vitalidade mecânica. Mas a maior parte do tempo ele resvala para uma chanchada pesada e tumultuada, muito mais próxima dos programas humorísticos da televisão do que de uma comédia de costumes digna deste nome. Particularmente imperdoável me parece o tratamento dispensado ao personagem homossexual, no qual o autor concentrou certas qualidades humanas que faltam aos outros, mas que é cenicamente abordado num nível de clichê altamente depreciativo e discriminatório, o que certamente não corresponde ao respeito humano que Vianna dedicava a todas as minorias marginalizadas.

A lembrança que guardei da montagem carioca de 1973 é a de um espetáculo, apesar de tudo, mais disciplinado e menos apelativo. E a distribuição original era certamente de melhor nível. Particularmente infeliz pareceu-me a escolha de Walter Breda para o papel de protagonista: faltam-lhe a agilidade e o senso de humor essenciais para o papel. Nair Bello é, sem dúvida, uma comediante popular muito comunicativa, e que domina com malícia os segredos do tempo da comédia. Márcia Regina e Isa Kopelman esforçam-se por colocar no palco um pouco de sobriedade e sutileza. Os outros realizam individualmente caricaturas não desprovidas de eficiência enquanto caricaturas, mas o conjunto dos desempenhos, bem como a realização vista globalmente, deixam a impressão de falta de brilho, de ranço antigo e de conformismo.

Jornal do Brasil, 03/05/1977

142 A CRÍTICA DE UM TEATRO CRÍTICO

Em Papa Highirte *o Testemunho de uma Prática Cultural*

MACKSEN LUIZ

Nunca será suficientemente destacado o papel que Oduvaldo Vianna Filho desempenhou na cultura brasileira. À proporção que o distanciamento temporal e o afrouxamento da Censura permitem uma clarificação maior da sua obra, constata-se que Vianinha foi bem mais do que um autor teatral bem-sucedido, mas um intelectual exemplar que refletia sobre o seu universo cultural sem desvincular o pensamento da ação (da obra). *Papa Highirte* é prova dessa unidade entre a reflexão e a ação, testemunho de uma visão coerente do processo político latino-americano e, acima de tudo, obra de um criador, de um grande alquimista da palavra, de um homem de pensamento íntegro. As acusações de que obras políticas se esvaziam nas próprias circunstâncias, a partir das quais são geradas, só se tornam verdadeiras quando não ultrapassam os estreitos limites do panfletário e do maniqueísmo social. O caso de *Papa Highirte* está longe de se enquadrar nessa categoria. Reflexão sobre o exílio de um ditador latino-americano, acossado em seu *bunker* político por fantasias de retorno, o personagem Highirte é radiografia do jogo de forças em repúblicas em que o autoritarismo e suas seqüelas justificam a manutenção do Poder sempre nas mesmas mãos. A originalidade do debate lançado por Oduvaldo Vianna Filho está na honesta apresentação das contradições vividas por todos os personagens. Aparentemente, Highirte, o ditador exilado, é o personagem central, mas todos que gravitam em torno dele são igualmente importantes para a repreensão do processo de retenção do Poder. Highirte, por essa razão, não é algum intrinsecamente mau, carregando um destino de vilania e de torpeza. O Poder representado por ele está viciado, é mero agente de uma sacralização ritualística que prossegue no ditador que o sucede no Poder e tem continuidade no militar que o derrubou. Na ciranda não há bons e maus, há causas mais ou menos justas.

O povo que não participa dessas mudanças sofre a grande angústia de não ser dono de sua vida. Sua decisão, quando permitida, é manipulada ao sabor das conveniências políticas conjunturais. Grissa, a criada de todo serviço, que atende a Papa Highirte no exílio, sabe que ele foi o responsável pela morte de seu sobrinho, mas mesmo assim abaixa a cabeça e tolera todas as humilhações. Como o próprio Highirte diz, ironicamente, "você não tuge nem muge, é o povo acovardado. E quando penso que você vota, decide". Mas esse acovardamento não é definitivo, já que Highirte tem medo dos silêncios, dos resmungos ininteligíveis de Grissa, uma força desconhecida. A parcela do povo que se manifesta abertamente – no caso, os opositores do regime – é sistematicamente perseguida, na procura de sua completa eliminação.

MÚLTIPLAS APROPRIAÇÕES DE UM TEATRO CRÍTICO 143

Que tanto pode ser através do aniquilamento físico ou de marcas indesejáveis (indução à delação, ao acomodamento e à adesão). Se entre os opositores há linhas divergentes, conflitantes, não estão também ausentes as dúvidas sobre sua identidade. Mariz que delata sob tortura seu companheiro Hermano (Manito), levando-o à morte, é quem afirma: "O que nós somos, povo?" E não que Oduvaldo Vianna analise categorias sociais (Poder, povo, eleição, política e choques sociais) de maneira niilista. Na verdade, aprendeu com muita exatidão os conflitos de identidade daqueles que saíam às ruas do mundo em 1968, quando o texto foi escrito.

Não há uma tomada de posição apriorística em relação aos personagens, mas a clara visão (e como era difícil percebê-lo há 11 anos) da fricção social que desembocaria nos anos obscuros desta década. Oduvaldo Vianna Filho, ao escrever *Papa Highirte*, já dominava, como ninguém, os recursos dramatúrgicos que iriam explodir integralmente em *Rasga Coração*. Exemplo de síntese e de contenção estilística, *Papa Highirte* desenvolve argumentação capaz de sensibilizar uma ampla gama de público, já que não se encastela numa linguagem pedante e muito menos apela para o populismo. O uso dos *flashbacks* permite que se remonte esse quebra-cabeça teatral, mas em nenhum momento a platéia fica em dúvida sobre a evolução da ação. *Papa Highirte* é uma límpida lição de ótimo teatro. Não há nenhum personagem que possa ser considerado supérfluo, residual. Todos cumprem uma função dramática muito bem definida. As aparições episódicas, mas intensíssimas, de Mejia e de Mr. Williams, a presença sufocante dos torturados e até a figura insignificante de Morales, tudo está em perfeita orquestração com o ritmo dissonante de um governante acabado.

Nelson Xavier, o diretor, ao lado de Paulo Mamede, o cenógrafo, fez uma adequada opção espacial para o espetáculo. Transformando o Teatro dos Quatro em arena, distribuiu o espaço por entre os cantos e reentrâncias das paredes (onde se localizam os torturadores), fixando no centro Papa Highirte (o ditador no isolamento de um escritório no exílio) e outros personagens nas rampas de acesso à arena. Esse desenho espacial de *Papa Highirte*, muito bem reforçado pela impecável iluminação de Jorginho de Carvalho permite que os *flashbacks* e as ações paralelas sejam imediatamente percebidas pela platéia. A identidade entre Nelson Xavier e Oduvaldo Vianna Filho, talvez resultado da convivência que tiveram no Teatro de Arena de São Paulo, será refletida nessa sua montagem de *Papa Highirte*. Com a mesma serenidade com que o autor desenvolve a sua argumentação, o diretor avança na construção do espetáculo, atingindo os seus melhores momentos no primeiro confronto entre o emissário norte-americano e Papa Highirte, a cena onde se dança a chula, e na conversa de Pablo Mariz com Graziela. A fluidez das cenas faz com que se acompanhe o espetáculo com intenso interesse, e mesmo no final, quando o desfecho parece um

Teatro

Tonico Pereira, a grande revelação de *Papa Highirte*, em cena no Teatro dos Quatro

EM *PAPA HIGHIRTE* O TESTEMUNHO DE UMA PRÁTICA CULTURAL

Macksen Luiz

NUNCA será suficientemente destacado o papel que Oduvaldo Viana Filho desempenhou na cultura brasileira. A proporção que o distanciamento temporal e o afrouxamento da Censura permitam uma classificação maior da sua obra, constata-se que Vianinha foi bem mais do que um autor teatral bem-sucedido, mas um intelectual exemplar que refletia sobre o seu universo cultural sem desvincular o pensamento da ação (da obra). Papa Highirte é prova dessa unidade entre a reflexão e a ação, testemunho de uma visão coerente do processo político latino-americano e, acima de tudo, obra de um criador, de um grande alquimista da palavra, de um homem de pensamento íntegro. As acusações de que obras políticas se esvaziam nas próprias circunstâncias a partir das quais são geradas só se tornam verdadeiras quando não ultrapassam os estreitos limites do panfletário e do maniqueísmo social. O caso de *Papa Highirte* está longe de se enquadrar nessa categoria. Reflexão sobre o exílio de um ditador latino-americano, acossado em seu bunker político por fantasias de retorno, o personagem Highirte e radiografia do jogo de forças em repúblicas em que o autoritarismo e suas sequelas justificam a manutenção do Poder sentre nas mesmas mãos. A originalidade do debate lançado por Oduvaldo Viana Filho está na honesta apresentação das contradições vividas por todos os personagens. Aparentemente, Highirte, o ditador exilado, é o personagem central, mas todos que gravitam em torno dele são igualmente importantes para a reapreensão do processo de retenção do Poder. Highirte, por essa razão, não é algum intrinsecamente mau, carregando um destino de vilania e de torpeza. O Poder representado por ele está viciado, é mero agente de uma sacralização ritualística que prossegue no ditador que o sucede no Poder e tem continuidade no militar que o derrubou. Na ciranda não há bons e maus, há causas mais ou menos justas.

O povo que não participa dessas mudanças sobre a grande angústia de não ser dono da sua vida. Sua decisão, quando permitida, é manipulada ao sabor das conveniências políticas conjunturais. Grissa, a criada de todo serviço, que atende a Papa Highirte no exílio, sabe que ele foi o responsável pela morte de seu sobrinho, mas mesmo assim abaixa a cabeça e tolera todas as humilhações. Como o próprio Highirte diz, ironicamente, "você tolo nem muge, é o povo acovardado. E quando penso que você vota, decide". Mas esse acovardamento não é definitivo, já que Highirte tem medo dos silêncios, dos resmungos ininteligíveis de Grissa, uma força desconhecida. A parcela do povo que se manifesta abertamente — no caso, os opositores do regime — é sistematicamente perseguida, na procura de sua completa eliminação. Que tanto pode ser através do aniquilamento físico ou de marcas indeseláveis (indução à delação, ao acomodamento e à adesão). Se entre os opositores há linhas divergentes, conflitantes, não estão também ausentes as dúvidas sobre sua identidade. Mariz que delata sob tortura seu companheiro Hermano Manito, levando-o à morte, é quem afirma: "O que nós somos, povo?" E não que Oduvaldo Viana analise categorias sociais (Poder, povo, eleição, política e choques sociais) de maneira niilista. Na verdade, apreendeu com muita exatidão os conflitos de identidade daqueles que saíam às ruas do mundo em 1968, quando o texto foi escrito.

Não há uma tomada de posição aprioristica em relação aos personagens, mas a clara visão (e como era difícil percebê-lo há 11 anos) da fricção social que desembocaria nos anos obscuros desta década. Oduvaldo Viana Filho ao escrever *Papa Highirte* já dominava, como ninguém, os recursos dramatúrgicos que iriam explodir integralmente em Rasga Coração. Exemplo de síntese e de contenção estilística, *Papa Highirte* desenvolve argumentação capaz de sensibilizar uma ampla gama de público, já que não se encastela numa linguagem pedante e muito menos apela para o populismo. O uso dos flashbacks permite que se remonte esse quebra-cabeça lógico e em nenhum momento a plateia fica em dúvida sobre a evolução da ação. *Papa Highirte* é uma limpida lição de ótimo teatro. Não há nenhum personagem que possa ser considerado supérfluo, residual. Todos cumprem uma função dramática muito bem definida. As aparições episódicas, mas intensíssimas, de Mejia e de Mr Williams, a presença sufocante dos torturados e até a figura insignificante de Morales, tudo está em perfeita orquestração com o ritmo dissonante de um governante acabado.

Nelson Xavier, o diretor, ao lado de Paulo Mamede, o cenógrafo, fez uma adequada opção espacial para o espetáculo. Transformando o teatro dos Quatros em arena, distribuiu o espaço por entre os cantos e reentrâncias das paredes (onde se localizam os torturadores) fixando no centro Papa Highirte — o ditador no isolamento de um escrito — o exílio e outros personagens nas rampas de acesso à arena. Esse desenho espacial de *Papa Highirte*, muito bem reforçado pela impecável iluminação de Jorginho de Carvalho, permite que os flashbacks e as ações paralelas sejam inusitadamente percebidos pela plateia. A identidade entre Nelson Xavier e Oduvaldo Viana Filho, talvez resultado da convivência que tiveram no Teatro de Arena de São Paulo, será refletida nessa sua montagem de *Papa Highirte*. Com a mesma serenidade com que o autor desenvolve a sua argumentação, o diretor avança na construção do espetáculo, atingindo os seus melhores momentos no primeiro confronto entre o emissário norte-americano e Papa Highirte, a cena onde se dança a cueca, e na conversa de Pablo Mariz com Grazie la. A fluidez das cenas faz com que se acompanhe o espetáculo com intenso interesse, e mesmo no final, quando o desfecho parece um tanto abrupto, descobre-se que a direção se utilizou desse recurso para retirar melhor efeito.

O *Papa Highirte*, na interpretação de Sergio Brito, se equilibra entre a crítica e a humanização do personagem. Não em todos os momentos, o ator consegue manter-se numa linha definida, mas em pelo menos algumas cenas seu trabalho transparece na sua correção. Tonico Pereira é a grande revelação do espetáculo. Ator de méritos, porém fixado mais em tipos do que em personagens, Tonico interiorizou o seu Pablo Mariz com brilho e inteligência, acrescentando-lhe uma bela carga emotiva. Angela Leal e Nildo Parente se mostram discretos e eficientes, enquanto Dinorah Brillanti empresta sua impressionante máscara facial a Grissa. Carlos Alberto Baía supre a inexperiência com a entrega ao revolucionário Manito, e Hélio Guerra, Paulo Barros e Miguel Rosenberg completam a distribuição. Destaque ainda para a bela música de David Tygel, os figurinos de Minima Rovela e o trabalho vocal e corporal, sob a responsabilidade de Gloria Beutmmullere e Angel Viana.

MÚLTIPLAS APROPRIAÇÕES DE UM TEATRO CRÍTICO

tanto abrupto, descobre-se que a direção se utilizou desse recurso para retirar melhor efeito.

O Papa Highirte, na interpretação de Sérgio Britto, se equilibra entre a crítica e a humanização do personagem. Não em todos os momentos, o ator consegue manter-se numa linha definida, mas em pelo menos algumas cenas seu trabalho transparece na sua correção. Tonico Pereira é a grande revelação do espetáculo. Ator de méritos, porém fixados mais em tipos do que em personagens, Tonico interiorizou o seu Pablo Mariz com brilho e inteligência, acrescentando-lhe uma bela carga emotiva. Ângela Leal e Nildo Parente se mostram discretos e eficientes, enquanto Dinorah Brillanti empresta sua impressionante máscara facial a Grissa. Carlos Alberto Baía supre a inexperiência com a entrega ao revolucionário Manito e Hélio Guerra, Paulo Barros e Miguel Rosemberg completam a distribuição. Destaque ainda para a bela música de David Tygel, os figurinos de Mínima Rovela e o trabalho vocal e corporal, sob a responsabilidade de Gloria Beutmmuller e Angel Viana.

Jornal do Brasil, 18/07/1979

146 A CRÍTICA DE UM TEATRO CRÍTICO

Papa Highirte: *Dança a Chula, Embriaga-se, Ama. Um Velho Ditador Vive seu Ocaso*

SÁBATO MAGALDI

Em *Papa Highirte*, Vianinha enfrenta o tema das costumeiras ditaduras nas republiquetas latino-americanas. Essas ditaduras apresentam características tão semelhantes e ridículas (se não fossem sinistras), que se prestariam mais ao gênero da farsa. Vianinha, porém, não se deixa seduzir pela caricatura e pela facilidade. A peça promove uma séria indagação sobre os mecanismos do poder em países dependentes. E leva às últimas conseqüências a exploração dramática do protagonista e de seus interlocutores.

Um risco a ameaçar Vianinha era o de incidir no lugar-comum dos ditadores, sobretudo os latino-americanos, que dominam nações de opereta. Ele teve a admirável sabedoria de não cair nesse erro, sem abandonar os traços largos, definidores dessas personalidades especiais. *Papa Highirte* não é uma criatura pintada com a psicologia que mais se baseia na estatística sociológica, mas serve, de qualquer maneira, como protótipo dos ditadores da América Latina.

O acerto do texto está em fixá-lo como herói negativo. Highirte não surge em cena no exercício do arbítrio e da discricionariedade. O público não o verá autorizando a tortura ou sendo complacente com ela. A peça mostra o protagonista já no ocaso da vida, aos 62 anos de idade e quase três de exílio, quando pesam o abatimento e a melancolia.

O quadro psicológico de Highirte se compõe com um carinho de legítimo ficcionista. O ditador vive protegido por um guarda-costas, embebeda-se com o pulque, típico de Alhambra, dança a chula, como exímio bailarino, mantém Graziela, que trabalha numa boate (mas, pela idade consente em dividi-la com um jovem), fala por telefone com a filha distante, atento à família, e trama inutilmente a volta para a terra natal. Empenha-se Highirte em falar que é bom, quase como se fosse também uma vítima da violência, instalada à sua revelia. Ele diz ter querido a autoridade e não o arbítrio, o combate ao extremismo, mas sem extremismo. Essa imagem, de quem se justifica e tenta desculpar-se, acaba por ser tragada pela informação trazida ao público de que, na verdade, aos seus defeitos somou-se a fraqueza e Highirte nem conseguiu coibir os abusos. Um homem menor, no cômputo final.

Embora preciso, claro e lúcido, o perfil psicológico de Highirte não é o que importa. Ele se inscreve num macrocosmo revelador, feito dos diálogos com Perez y Mejia e o diplomata estrangeiro, que se exprime em inglês e manipula os cordéis desses pequenos países. Mejia, que havia exigido de Highirte a censura prévia e o fechamento do jornal *Clarin* ("admitir eleições é admitir que podemos estar errados"), é agora um paladino da democracia e acha que o antigo ditador desgastou

MÚLTIPLAS APROPRIAÇÕES DE UM TEATRO CRÍTICO 147

irremediavelmente a sua imagem. Ele articulará novo golpe para não ser mais o segundo homem, mas o beneficiário principal da própria força.

No outro campo situa-se Mariz, a quem Vianinha atribui uma complexidade bem maior do que a dos simples justiceiros. Mariz não concordava com a posição política de Manito, que foi torturado até a morte. Para ele, Manito queria ser herói, enquanto seu propósito era o de fazer a revolução. Mas, preso, Mariz não resistiu fisicamente e delatou os companheiros. O nojo que sentiu de si mesmo e o ódio pelos torturadores ditaram seus últimos movimentos: mudou-se para Zacapa, inventou uma falsa identidade e conseguiu os meios para aproximar-se de Highirte, em Alhambra, como seu motorista. Daí a assassiná-lo o passo não era grande. Romanticamente, figurava no projeto de Mariz o de matar-se em seguida, o que o desfecho teve o bom gosto de deixar em suspenso.

Graziela, que introduziu Mariz no serviço de Highirte, distingue-se pela humanidade simples. Aproximou-se do jovem porque ele era garçom na boate em que ela trabalha. Em sua boca, adquire uma sinceridade patética a confissão a Mariz: "Você é tão desamparado, isso é ruim, me liga muito... Me sinto Virgem Maria". O amor pelo rapaz não lhe permite dispensar a proteção de Highirte: "Eu gosto de você, mas... sabe? Eu preciso ter sempre uma escora, um... Uma coisa que me dê garantia assim...". Mariz revela mais de uma vez a Graziela o intento de matar Highirte, mas ela não o denuncia nem toma providência para evitar que o crime se consuma: uma quase fatalidade no seu destino de cartas marcadas.

A ambigüidade no temperamento de Highirte vale para evitar o primarismo do quadro humano e político. O ex-ditador reúne traços menos óbvios: ao invés de afastar Mariz, em quem não vê um amigo, faz confidências que levam Graziela a contar ao amante: "... Papa me disse que gosta de você porque acha que você não gosta dele...". Abrindo-se para Mariz, Papa Highirte afirma que "o pior é quando você não tem mais lugar dentro de você, sabe?". E vem a confissão aparentemente esdrúxula, que não deixa de ser sincera: "Mariz, no fundo sou um socialista...".

No plano individual, Mariz contesta Highirte: não cumpriam as leis da justiça, havia prisões ilegais e os *habeas corpus* não eram respeitados, um homem foi assassinado para não ir a julgamento, ninguém foi punido por torturar e se os torturadores foram transferidos para as fronteiras, "a punição é a cadeia, senhor, comum". No plano social, vê-se uma correlação maior de forças, a decidir os caminhos de pequenos países como Alhambra. Em certo momento, Highirte interessou aos desígnios do embaixador estrangeiro e do país que ele representava. Depois, sua impopularidade tornou-se perigosa e foi melhor apoiar o novo simulacro de poder, no qual o antigo braço forte da

148   A CRÍTICA DE UM TEATRO CRÍTICO

ditadura se converteu em "campeão da democracia". Premiada no concurso do Serviço Nacional de Teatro, em 1968, quando os horizontes se fecharam de forma assustadora no Brasil, a peça analisa com argúcia o processo político e encerra uma incrível visão premonitória a propósito dos regimes discricionários.

Vianinha proclamou, mais de uma vez, a sua recusa da vanguarda, para ele sinônimo de arte importada e passível de crítica por fechar-se em formalismo. Entende-se que essa posição fosse menos a de um intelectual estreito que a de um militante engajado em nunca perder de vista o conteúdo ideológico. Porque, como se sabe, há vanguarda e vanguarda, e no teatro Maiakóvski e Brecht, entre outros, representaram a vanguarda formal e política. Vianinha, por algumas declarações e atitudes – como a da recusa de assistir no Stúdio São Pedro à excelente montagem de sua peça *A Longa Noite de Cristal*, que teria traído o realismo em benefício de uma discutível postura vanguardista –, poderia confundir-se, para observadores superficiais, com um mero acadêmico, sem criatividade própria. Basta ver a liberdade formal utilizada em *Papa Highirte* para concluir que ele foi um dramaturgo moderno, sensível aos mais avançados meios expressivos de seu tempo.

A ação progride com absoluta nitidez, mas sem desenvolvimento linear. Passado e presente misturam-se, a cada momento, para o espectador ter diante de si o conflito dramático e não a exposição dos episódios. A dosagem de informações obedece sempre a um tão feliz equilíbrio que o suspense se alimenta num crescendo, até o desfecho. O diálogo é sintético, sem perder o gosto da precisa elaboração literária.

Papa Highirte já é obra da maturidade, consagrando um dos talentos mais legítimos da dramaturgia brasileira.

Jornal da Tarde, 14/07/1979

Papa Highirte: *Uma Obra Continental*

YAN MICHALSKI

Assistindo a *Papa Highirte*, num momento em que estão muito vivas na minha cabeça as informações sobre vida e teatro na América Latina que recebi durante o recente Encontro do Teatro das Américas, dou-me conta de um aspecto da belíssima peça de Oduvaldo Vianna Filho que me parece fundamental e sobre o qual talvez não tenha sido ainda aberta uma discussão à altura do interesse que o assunto merece. Ou muito me engano, ou *Papa Highirte* é a primeira – pelo menos a primeira importante – peça brasileira eminentemente latino-americana. Mais latino-americana, até, do que brasileira. Tendemos a atribuir, um tanto levianamente, o nosso escandaloso isolamento teatral dentro do continente a problemas de barreira lingüística, ou de dificuldade de acesso às dramaturgias dos países vizinhos. Mas a verdade é que os nossos autores nunca se interessaram em assumir a sua identidade continental. Ou bem se satisfazem com a, em si, respeitável tarefa de refletir e analisar aquilo que se passa em torno deles, nos limites territoriais e culturais da sua região ou do seu país, ou então procuram seguir correntes e abordar temáticas de ordem universal, quer para se ocupar de constantes do ser humano que transcendem as características nacionais, quer para tornar mais fácil uma eventual exportação dos seus textos para os rendosos mercados dos países desenvolvidos. Nenhum deles, que eu me lembre, preocupou-se em estudar a fundo os jogos de forças e as condições de vida comuns ao conjunto do continente, e percebeu que a incorporação de tais fatores poderia ampliar consideravelmente a dimensão das suas obras.

Vianinha é, também a este respeito, uma exceção. A latino-americanidade de *Papa Highirte* começa já pelas óbvias referências do título, dos nomes dos personagens e dos países e das cidades. Mas ela vai muito além. Vai ao ponto de apresentar, com uma visão política admiravelmente penetrante, um quadro de estruturas do poder e uma mecânica de alternância no Poder que se repetem, com ligeiras variantes, na História de quase todos os países do continente, e são em larga medida responsáveis pelos trágicos atrasos no seu desenvolvimento social e econômico. Os personagens da peça, paralelamente ao seu retrato como indivíduos, constroem um espectro abrangente das principais forças identificáveis no panorama das lutas pelo Poder em virtualmente todas as repúblicas irmãs, desde a colonizadora presença do grande capital estrangeiro até as principais tendências da resistência armada, a romântica e a estratégica, passando pelas várias nuanças de paternalismo autoritário que se revezam no Governo, divergindo apenas nos pretextos ideológicos, mas se igualando num mesmo desprezo e insensibilidade aos interesses mais legítimos do povo. Com perfeito conhecimento de

150 A CRÍTICA DE UM TEATRO CRÍTICO

causa, notável visão intuitiva e raro espírito de síntese, o autor matou a intrincada – embora melancolicamente óbvia – charada de tragédia do nosso subdesenvolvimento político. Nosso, no caso, quer verdadeiramente dizer latino-americano.

Pode-se conceber, no entanto, que um jogo muito semelhante de forças políticas seria igualmente plausível em outros países do Terceiro Mundo, geograficamente, situados longe deste continente. Mas a peça permanece inconfundivelmente latino-americana, porque num golpe de grande maestria dramatúrgica Vianinha conseguiu fazer com que os seus personagens fossem não apenas sínteses didáticas de forças políticas, mas também seres humanos em carne e osso, dotados de características psicológicas magnificamente plausíveis; características estas marcadas por um denominador comum, que decorre precisamente da sua origem continental comum. Seria uma ingenuidade pensar que o temperamento nacional – se é que tal coisa existe – do brasileiro é idêntico, ou sequer muito semelhante, ao do argentino, ou do boliviano, ou do nicaragüense. Mas na situação em que o autor tira o flagrante dos personagens de *Papa Highirte*, haveria um comportamento plausivelmente igual do brasileiro, do argentino, do boliviano e do nicaragüense, provavelmente diferente do comportamento de um africano ou asiático diante de um conflito de forças bastante parecido. É específica dos latino-americanos, por exemplo, essa dose desmedida de pequenas e mesquinhas vaidades que se misturam ao jogo político, ou essa ilimitada capacidade de confundir o *wishful thinking* com a realidade, ou essa criatividade verbal que permite disfarçar uma impiedosa exploração com encantadoramente cínicas tintas de sentimentalóide paternalismo – estas e outras nuanças que Vianinha captou, em *Papa Highirte*, com antenas hipersensíveis.

Se quisermos sair do nosso isolamento teatral dentro do continente, temos atualmente nas mãos um instrumento quase ideal. Em inúmeros países latino-americanos esta peça brasileira de 1968 pareceria escrita hoje, e por um autor nacional. Seu impacto, portanto, poderia ser considerável. Já que mencionei o *wishful thinking* característico da nossa ingenuidade latino-americana, por que não confessar o meu *wishful thinking* do momento: seria bom, seria imensamente curioso, ver a montagem do Teatro dos Quatro excursionar pela América Latina, e avaliar a reação das platéias locais. Ou, então, ver o texto de Vianinha montado, em tradução espanhola, por elencos locais, e sentir até que ponto esses elencos e os seus respectivos públicos se identificam com os seus personagens e as suas situações.

Jornal do Brasil, 15/08/1979

MÚLTIPLAS APROPRIAÇÕES DE UM TEATRO CRÍTICO   151

Beleza e Emoção na Obra-prima de Vianna

JEFFERSON DEL RIOS

Enfim, *Rasga Coração*. A importância histórica do texto – talvez a mais consistente contribuição à dramaturgia política do Brasil – e os lastimáveis atos que o envolveram (proibição pela Censura, morte prematura do autor), colocam a obra numa perspectiva especial – embora não intocável – para o público e a crítica. Numa palavra: é impossível deixar de ver o testamento político, artístico e humano de Oduvaldo Vianna Filho (1936-1974).

Tem-se enfatizado o aspecto ideológico da peça, efetivamente é o eixo que movimenta os conflitos mais absorventes, mesmo quando se manifestam juntamente com o choque de gerações. Vianinha mergulha em quarenta anos de vida pública do Brasil, reapresentando ficcionalmente detalhes vitais: Revolução de 30, integralismo, atuação do Partido Comunista, Estado Novo e a presença de Vargas. Simultânea e/ou paralelamente, a ação transporta-se, com freqüência, para 1972 ao focalizar um velho militante comunista e sua família; a mulher queixosa, o filho manifestando o inconformismo de parte de sua geração por gestos e atitudes que negam os valores e convicções do pai.

Mas Oduvaldo Vianna Filho não insiste exclusivamente no tom ideológico. Preocupou-se, apaixonadamente, em captar o ângulo humano das relações que inventou: a poesia e o patético do cotidiano, a saudade. *Rasga Coração* é, também, uma delicada história de amor e amizade entre as pessoas. O caráter parcialmente evocativo do enredo (com descrições do Rio antigo) proporcionam momentos de envolvente poesia. Convivem, no tempo e na memória, referências ao "camarada Stalin" e a valsa *Fascinação*, cantada na Rádio Cajuti, citadíssima em depoimentos de cantores da velha guarda. O tom cambiante de idéias e sentimentos confere a *Rasga Coração* interesse para todas as platéias.

Oduvaldo Vianna Filho, ao se propor o registro de tantas emoções e dados verídicos, construiu um drama formalmente sofisticado de evidente competência artesanal, pouco comum na dramaturgia brasileira posterior a Nelson Rodrigues, onde predomina a linearidade convencional. Utilizou o sistema de ação fragmentada, diálogos simultâneos, parte no presente a outra no passado, o tempo avançando e recuando. A disposição das personagens em planos diferentes dentro do palco e pequenos efeitos de luz organizam esta trajetória – coletiva e individual – repleta de incidentes. O autor movimenta mais de uma dezena de figuras sem perder o controle sobre elas.

O que se poderia discutir na obra é a visão do dramaturgo ao mostrar o homem de idéias libertárias dentro de um círculo pessoal excessivamente medíocre. Ao fazê-lo, Vianinha pretendeu homenagear "o lutador anônimo", que crê em Marx sem poder se afastar do cotidiano

Tamil Gonçalves e Raul Cortez em "Rasga Coração". Teatro Sérgio Cardoso.

Beleza e emoção na obra-prima de Viana

JEFFERSON DEL RIOS

Enfim, "Rasga Coração". A importância histórica do texto — talvez a mais consistente contribuição à dramaturgia política do Brasil — e os lastimáveis atos que o envolveram (proibição pela Censura, morte prematura do autor), colocam a obra numa perspectiva especial — embora não intocável — para o público e a crítica. Numa palavra: é impossível deixar de ver o testamento político, artístico e humano de Oduvaldo Viana Filho (1936/74).

Tem-se enfatizado o aspecto ideológico da peça, efetivamente o eixo que movimenta os conflitos mais absorventes, mesmo quando se manifestam juntamente com o choque de gerações. Vianinha mergulha em quarenta anos de vida pública do Brasil, reapresentando ficcionalmente detalhes vitais: Revolução de 30, Integralismo, atuação do Partido Comunista, Estado Novo e/ou a presença de Vargas. Simultânea e/ou paralelamente, a ação transporta-se com frequência para 1972 ao focalizar um velho militante comunista e sua família: a mulher queixosa, o filho manifestando o inconformismo de parte de sua geração por gestos e atitudes que negam os valores e convicções do pai.

Mas Oduvaldo Viana Filho não insiste exclusivamente no tom ideológico. Preocupou-se, apaixonadamente, em captar o ângulo humano das relações que inventou: a poesia e o patético do cotidiano, a saudade. "Rasga Coração" é, também, uma delicada história de amor e amizade entre as pessoas. O caráter parcialmente evocativo do enredo (com descrições do Rio antigo) proporcionam momentos de envolvente poesia. Convivem, no tempo e na memória, referências ao "camarada Stalin" e a valsa "Fascinação", cantada na Rádio Cajuti, citadíssima em depoimentos de cantores da velha guarda. O tom cambiante de ideias e sentimentos confere a "Rasga Coração" interesse para todas as plateias.

Oduvaldo Viana Filho, ao se propor o registro de tantas emoções e dados verídicos, construiu um drama formalmente sofisticado de evidente competência artesanal, pouco comum na dramaturgia brasileira posterior a Nelson Rodrigues, onde predomina a linearidade convencional. Utilizou o sistema de ação fragmentada, diálogos simultâneos, parte no presente a outra no passado, o tempo avançando e recuando. A disposição das personagens em planos diferentes dentro do palco e pequenos efeitos de luz organizam esta trajetória — coletiva e individual — repleta de incidentes. O autor movimenta mais de uma dezena de figuras sem perder o controle sobre elas.

O que se poderia discutir na obra é a visão do dramaturgo ao mostrar o homem de ideias libertárias dentro de um círculo pessoal excessivamente medíocre. Ao fazê-lo, Vianinha pretendeu homenagear "o lutador anônimo", que crê em Marx sem poder se afastar do cotidiano da repartição pública, do dinheiro trocado para o ônibus e das contas da feira. O objetivo é generoso e racionalmente explicável mas a personagem acaba bem pouco invejável, vagamente professoral e a militância política algo quase triste uma vez passada a mocidade.

Na realidade, o imponderável da literatura apanhou Vianinha de surpresa (e ele não viveu para saber como ficaria a peça representada). As criaturas escaparam ao criador, como é comum. Máximo Gorki ao escrever "Pequenos Burgueses", incluiu um comunista operário, que deveria ressaltar o novo, o futuro, etc. Mas só nos lembramos carinhosamente do bêbado irreverente e niilista que não luta por nada. Em "Rasga Coração", o herói ou anti-herói digno, é o militante Manguari Pistolão e, mesmo assim divide as atenções com o marcante Lorde Bundinha, seu amigo boêmio, tuberculoso e viciado em morfina, a negação total do engajamento político.

"Rasga Coração" merecia uma encenação perfeita, elenco homogêneo, vozes claras, articulações limpas. Não é o que acontece. O diretor José Renato, possivelmente às voltas com a multiplicidade de cenas a orquestrar, não aprofundou o trabalho de ator e deixou passar oportunidades de soluções engenhosas para determinadas sequências. Ficou no trivial aparatoso. O que permite a infiltração da monotonia ao meio da representação, quando se torna gritante a pouca experiência de uns e a voz precária de outros. Felizmente, o espetáculo sobe nos minutos finais — principalmente graças a Raul Cortez, Sônia Guedes e João José Pompeo — e as melhores qualidades da montagem se impõem.

"Rasga Coração" é bonito e emocionante porque traz em cada diálogo as angústias e esperanças de três gerações. Oduvaldo Viana Filho tenta ser isento, e consegue parcialmente embora conceda, ao fim, sua solidariedade mais íntima ao alquebrado e rotineiro comunista classe média. O que faz imaginar a provável persistência do autor — se a morte não o levasse — numa espécie de teatro que hoje tem sua eficiência discutida (realismo de cunho ideológico, pragmatismo de esquerda que nem todos avalizam mais, assuntos delicados como se vê. E o autor está morto). Desta vez, contudo, desta implacável última vez, prevalece o Vianinha poeta, e o resultado é uma obra-prima.

MÚLTIPLAS APROPRIAÇÕES DE UM TEATRO CRÍTICO

da repartição pública, do dinheiro trocado para o ônibus e das contas da feira. O objetivo é generoso e racionalmente explicável, mas a personagem acaba bem pouco invejável, vagamente professoral e a militância política algo quase triste uma vez passada a mocidade.

Na realidade, o imponderável da literatura apanhou Vianinha de surpresa (e ele não viveu para saber como ficaria a peça representada). As criaturas escaparam ao criador, como é comum. Máximo Górki, ao escrever *Pequenos Burgueses*, incluiu um comunista operário, que deveria ressaltar o novo, o futuro etc. Mas só nos lembramos carinhosamente do bêbado irreverente e niilista que não luta por nada. Em *Rasga Coração*, o herói ou anti-herói digno é o militante Manguari Pistolão e, mesmo assim, divide as atenções com o marcante Lorde Bundinha, seu amigo boêmio, tuberculoso e viciado em morfina, a negação total do engajamento político.

Rasga Coração merecia uma encenação perfeita, elenco homogêneo, vozes claras, articulações limpas. Não é o que acontece. O diretor José Renato possivelmente às voltas com a multiplicidade de cenas a orquestrar, não aprofundou o trabalho do ator e deixou passar oportunidades de soluções engenhosas para determinadas seqüências. Ficou no trivial aparatoso. O que permite a infiltração da monotonia ao meio da representação, quando se torna gritante a pouca experiência de uns e a voz precária de outros. Felizmente, o espetáculo sobe nos minutos finais – principalmente graças a Raul Cortez, Sônia Guedes e João José Pompeo – e as melhores qualidades da montagem se impõem.

Rasga Coração é bonito e emocionante, porque traz em cada diálogo as angústias e esperanças de três gerações. Oduvaldo Vianna Filho tenta ser isento, e consegue parcialmente embora conceda, ao fim, sua solidariedade mais íntima ao alquebrado e rotineiro comunista classe média. O que faz imaginar a provável persistência do autor – se a morte não o levasse – numa espécie de teatro que hoje tem sua eficiência discutida (realismo de cunho ideológico, pragmatismo de esquerda que nem todos avalizam mais, assuntos delicados como se vê. E o autor está morto). Desta vez, contudo, nesta implacável última vez, prevalece o Vianinha poeta, e o resultado é uma obra-prima.

Folha de S. Paulo, 21/10/1980

Peça-símbolo da Fase da Censura

MARIÂNGELA ALVES DE LIMA

De uma certa maneira *Rasga Coração* tornou-se nestes últimos anos uma peça-símbolo, uma espécie de estandarte dos homens de teatro, representando um pouco de tudo e de todos que foram silenciados pela censura. Sua interdição é um enigma para quem conhece a peça. Mas é um enigma que, uma vez decifrado, revela muito sobre a natureza e os objetivos da censura.

Não há nada na peça que seja desafio evidente à ordem e ao poder constituído. Sua maior virtude, e talvez o seu maior pecado aos olhos dos guardiões do público, é a profundidade. Sem acolher uma só obviedade, o texto de Oduvaldo Vianna Filho é uma espécie de descida dantesca ao inferno íntimo de três gerações.

É no conflito amoroso e dolorido entre pais e filhos que se apreende a opção histórica que cada geração assume. E através dessa batalha doméstica, forma-se um painel da história política do país até sua configuração contemporânea.

O que confere à peça de Vianna Filho a sua dimensão de obra-prima é a instigante amplitude das suas colocações. Suas personagens são representantes de movimentos históricos definidos. Comprometem-se, ligeira ou profundamente, com o integralismo, com o anarquismo, com o comunismo ou com a salada ideológica dos anos de 1960. De tudo isso interessa ao autor avaliar o preço pessoal pago por cada compromisso assumido, por cada deserção. No movimento vital que existe entre a ideologia e a prática, entre o indivíduo e o grupo, instala-se uma realidade que é a própria história. Uma história que emerge sem julgamento, com as suas dimensões mesquinhas ou grandiosas, para ser refletida, analisada e compreendida pelo espectador.

O desafio que Vianinha propõe é, certamente, de uma natureza sutil, porque é feito ao público e não aos que o governam. Investigando as atitudes e os dramas de consciência de cada geração, a peça penetra na consciência do próprio espectador, questiona a sua responsabilidade como ser humano e social. Em última análise, o que *Rasga Coração* consegue é a plenitude de uma obra de arte. Como obra de arte, *Rasga Coração* não tem um endereço certo, não se dirige a esta ou aquela parcela de público. E os censores responsáveis por sua interdição devem ter sido, como todos nós, vulneráveis à comoção que a experiência da arte provoca. Como a censura é, necessariamente, a favor da estagnação, por que haveriam de dividir conosco, público de teatro, essa experiência de sentir-se emocionado, mobilizado, instigado?

O Estado de S. Paulo, 24/04/1979

Rasga Coração, *um Momento de Perfeição do Nosso Teatro*

SÁBATO MAGALDI

Não é possível tratar de *Rasga Coração* sem um travo emotivo. Tudo o que diz respeito ao texto de Oduvaldo Vianna Filho está cercado de pungência e beleza. Sabe-se que ele pediu aos médicos que lhe prolongassem a vida, até outubro de 1974, para quando estava prevista a estréia (Vianinha morreu em julho e a peça foi interditada). Agora com a encenação, inaugurando o Teatro Sérgio Cardoso, depois do lançamento em Curitiba e a vitoriosa temporada no Rio de Janeiro, o público de São Paulo pode ver por que tanta gente considera a peça uma obra-prima da década de 70 e uma das realizações mais ricas e abrangentes de toda a dramaturgia brasileira.

Rasga Coração é o testamento espiritual do autor. Do ponto de vista ideológico e sob o prisma da forma. Nele, Vianinha, como escreveu no prefácio, presta "homenagem ao lutador anônimo político, aos campeões das lutas populares; preito de gratidão à 'Velha Guarda', à geração que me antecedeu, que foi a que politizou em profundidade a consciência do País". Outra proposta era a de "fazer uma peça que estudasse as diferenças que existem entre o 'novo' e o 'revolucionário'. O 'revolucionário' nem sempre é novo absolutamente e o novo nem sempre é revolucionário". Essa observação se aplicaria tanto ao plano político e social como ao artístico.

Para desenvolver essa *tese*, Vianninha passa em revista cerca de 40 anos da vida brasileira. No macrocosmo, as lutas políticas da década de 30, o integralismo, o comunismo, o Estado Novo, a Segunda Grande Guerra, a democratização, e tudo o mais que ocorreu até 1972. O microcosmo compõe-se dos conflitos relacionados com três gerações da família Manhães. Através delas e dos indivíduos que estão à sua volta entram os dados humanos que vivificam a história e lhe conferem uma realidade palpável, nascida de autêntico ficcionista.

Uma das primeiras grandes virtudes do texto vem do imbricamento do macrocosmo e do microcosmo, dosados com tanta sabedoria que um parece o reflexo do outro. Os dramas individuais projetam-se no pano de fundo histórico, atribuindo-lhe consistência, e a História está exemplarmente encarnada no indivíduo. Acompanham-se as várias gerações e os diferentes problemas surgidos dentro delas.

Vianinha estabelece permanentemente um admirável contraponto entre passado e presente. Quase sempre um importante conflito ocorrido no presente tem um paralelo em outro, do passado. Não que Vianinha quisesse, com a repetição (mesmo quando os motivos dos episódios são opostos), sugerir que os problemas se assemelham sempre, a ponto de parecer destino. A perspectiva histórica o faz concluir que, em diferentes

156 A CRÍTICA DE UM TEATRO CRÍTICO

circunstâncias, o homem está sempre tentando libertar-se e cumprir com dignidade os seus dias.

As personagens beneficiam-se de uma grande verdade, certamente porque Vianinha não utilizou modelos abstratos, mas foi buscá-los na sua experiência pessoal. Por isso, embora Manguari Pistolão (Custódio Manhães Jr.) seja um militante político de esquerda, o autor colocou-o na classe média e não no proletariado. Operário, Manguari corria o risco de falar por clichês, bebendo nos tradicionais esquemas das lutas de classes. Modesto funcionário público, ele participa do extrato social da maioria da intelectualidade brasileira, o que transmite às suas palavras uma indiscutível vivência.

Vianinha equilibrou muito bem os componentes sociais e a substância psicológica. A firmeza política, em nenhum momento, falseia a motivação interior. A peça não toma partido: ilumina por dentro todas as criaturas, para que elas se desenhem com absoluta nitidez. O próprio Manguari absorve até características menores, como a de ver pela janela uma vizinha que se despe, excitando-se com o voyeurismo. É essa honestidade que humaniza tanto as personagens.

Há uma profunda unidade do ângulo pelo qual Vianinha sempre visualizou os seus protagonistas. De *Chapetuba Futebol Clube* (1959) a *Rasga Coração*, (1974) passando por *Papa Highirte* (1968), *Em Família* (1970), *A Longa Noite de Cristal* (1970) e *Corpo a Corpo* (1970), atrai-o o anti-herói, o homem batido pelas circunstâncias adversas, determinadas pela sociedade injusta. Mesmo movido pela esperança num mundo melhor, Manguari tem esse substrato íntimo. A delicadeza e a sensibilidade impedem que o teatro de Vianinha caia no escotismo de esquerda.

Rasga Coração mobiliza, com freqüência, cenas tocantes, sem ceder ao melodrama. Lorde Bundinha ilustra um outro tipo humano da geração de Manguari – o boêmio autodestrutivo, que esbanja a vida até afogar-se na tosse da tuberculose. Luca, filho de Manguari, faz ao pai acusações pesadas, como a de que a experiência esconde nele o medo de viver e a falta real de auto-estima. O texto manipula muito bem os confrontos e empresta muita beleza à cena em que Luca, sem rancor, deixa a casa paterna. Vê-se a ideologia do autor no momento em que Manguari, presa do drama íntimo com o filho, tem lucidez suficiente para telefonar a um amigo, marcando reunião para a noite, na qual vão tratar da situação dos pensionistas do Departamento de Limpeza Urbana, que não recebem há dois meses...

Vianinha nunca esteve de acordo com as propostas da vanguarda, tendo inclusive discordado, num ensaio, da linha atribuída à montagem paulista de *A Longa Noite de Cristal*. Quanto a *Rasga Coração*, ele tinha consciência do aproveitamento de todos os mecanismos do *play-wright*, valendo-se também da técnica de "colagem". Escreveu ele: "Esta combinação de técnicas parece-me que apresenta uma

MÚLTIPLAS APROPRIAÇÕES DE UM TEATRO CRÍTICO 157

linguagem dramática nova. A criação de formas novas parece-me importante assim: resultados compulsivos da necessidade de expressão temática e não somente a procura artificiosa de novas posturas. A originalidade como sofrido ponto de chegada, e não ponto de partida".

Pode-se distinguir na flexibilidade das cenas curtas, passando naturalmente de um a outro tempo, a técnica experimentada por Nelson Rodrigues em *Vestido de Noiva* e Arthur Miller em *A Morte do Caixeiro Viajante*, sob a influência, sem dúvida, da linguagem cinematográfica. A cena de *Rasga Coração*, em que Manguari surpreende o pai com outra mulher, parece uma reminiscência do texto de Arthur Miller. E cabe elogiar especialmente, na composição da peça, a cuidadosa pesquisa de linguagem, com o perfeito levantamento da gíria antiga. A documentação anexada ao excelente volume em que o Serviço Nacional de Teatro editou a peça, na Coleção Prêmios, prova o minucioso estudo a que se entregou o autor e para o qual colaborou Maria Célia Teixeira. Tudo isso mostra que Vianinha ambicionava escrever uma obra-prima, e o talento lhe permitiu concretizá-la.

A direção de José Renato faz plena justiça ao texto, na medida em que explicita os propósitos do autor e realiza um grande espetáculo. O encenador procurou servir à peça e, como ela lhe fornece todos os instrumentos para o trabalho, resulta uma imponente arquitetura cênica. A sala pobre de Manguary, microcosmo da ação, fica no centro do palco, circundada pelo macrocosmo dos acontecimentos sociais, na imagem cenográfica adequada que lhe deu Marcos Flaksman, em escadas e praticáveis dispostos em vários planos.

O desempenho sóbrio e inteligente não deixa que escapem as intenções do texto. Raul Cortez (Manguary) valoriza a introspecção e a clareza de idéias, com uma invejável coerência interpretativa. Sônia Guedes (Nena) acentua no justo limite a clave maternal. João José Pompeu (Lord Bundinha) cria um boêmio carioca inesquecível, sublinhando um gingado que não se suspeitaria nele. Surpreende a firmeza de Rosely Silva (Milena). Tomil Gonçalves (Luca) sugere o temperamento do jovem inconformado com a civilização e os valores paternos. Antônio Petrin, Márcio Augusto, Armando Azzari e Carlos Capeletti desenham silhuetas muito precisas. E a mais de uma dezena de atores está à vontade ora como soldados, integralistas, estudantes ou populares.

Há muito tempo não se assistia a um espetáculo como *Rasga Coração*, que fala com igual vigor ao raciocínio e às reservas emocionais do público.

Jornal da Tarde, 29/10/1980

158 A CRÍTICA DE UM TEATRO CRÍTICO

Rasga Coração: *Documento Poético dos Nossos Becos sem Saída*

YAN MICHALSKI

Entre outras coisas, Vianinha ensina-nos em *Rasga Coração* a necessidade do rigor e o repúdio à autocomplacência. Na feitura dessa obra admirável, tudo se coloca sob o signo do conselho de Brecht, que Vianna citou na sua última entrevista: "Afunde, aprofunde o mais que puder, pois só assim poderá descobrir a verdade". A começar pela elaboração formal. A estrutura de *Rasga Coração* é uma explosão de criatividade, uma demonstração de fundo conhecimento das conquistas contemporâneas da criação teatral, na medida em que rejeita a narrativa fechada, mistura os planos do tempo, opera por associações livres de idéias mais do que por encadeamento cronológico dos acontecimentos. Mas esta criatividade ampara-se num esquema estrutural muito bem trabalhado, rigoroso e lógico. Cada episódio foi concebido não só em função das informações que possa acrescentar ao conjunto do painel, mas também levando em conta a presença simultânea de tais e não outros personagens no mesmo e nos outros planos de tempo, a duração da passagem de um para outro plano, e assim por diante. A peça lembra, assim, um jogo de xadrez, em que os fatores decisivos para a vitória são a intuição e a originalidade de pensamento que, no entanto, deixam de levar à vitória se não forem escorados por uma extrema capacidade de planejamento e articulação dos movimentos das diversas peças envolvidas no jogo.

A mesma minúcia e rigor estão presentes no manejo da linguagem falada. Não me refiro só à diversificação do vocabulário, resultado de exaustiva pesquisa, e que faz com que o palavreado de cada fala seja representativo da época, da geração e da classe social do personagem que a pronuncia. Refiro-me, sobretudo, à capacidade de usar a fala como elemento gerador da ação dramática. As palavras parecem escolhidas uma por uma, e combinadas em frase e falas minuciosamente construídas, com o objetivo preciso de fazer com que cada ato de falar pressione os personagens a se posicionarem, a fazerem opções, a agirem. No tabuleiro da obra, a mão do mestre que movimenta as peças, econômica e segura, é o verbo cuidadosamente escolhido para ir direto ao alvo.

Tudo isto, rigor da construção e apuro da linguagem, é basicamente técnica – embora o resultado seja, em muitos momentos, poesia. Mas nunca se trata de técnica usada como um fim em si, tantas vezes equivocadamente considerada medida de valor absoluto. Longe disto, a brilhante técnica dramatúrgica de *Rasga Coração* é apenas uma garantia de que o autor achou necessário cercar-se para assegurar que as idéias que ele queria partilhar com o público fluíssem do palco com uma bem equilibrada dosagem de convicção intelectual e impacto emocional.

caderno B

JORNAL DO BRASIL

Rio de Janeiro □ Sábado, 13 de outubro de 1979

"RASGA CORAÇÃO"

Na peça de Oduvaldo Viana Filho há uma riqueza de idéias provavelmente inédita no teatro brasileiro

DOCUMENTO POÉTICO DOS NOSSOS BECOS SEM SAÍDA

Yan Michalski

ENTRE outras coisas, Vianinha ensina-nos em **Rasga Coração** a necessidade do rigor e o repúdio à autocomplacência. Na feitura dessa obra admirável, tudo se coloca sob o signo do conselho de Brecht que Viana citou na sua última entrevista: "Afunde, aprofunde o mais que puder, pois só assim poderá descobrir a verdade". A começar pela elaboração formal. A estrutura de **Rasga Coração** é uma explosão de criatividade, uma demonstração de fundo conhecimento das conquistas contemporâneas da criação teatral, na medida em que rejeita a narrativa fechada, mistura os planos do tempo, opera por associações livres de idéias mais do que por encadeamento cronológico dos acontecimentos. Mas esta criatividade ampara-se num esquema estrutural muito bem trabalhado, rigoroso e lógico. Cada episódio foi concebido não só em função das informações que possa acrescentar ao conjunto do painel, mas também levando em conta a presença simultânea de tais e não outros personagens no mesmo e nos outros planos de tempo, a duração da passagem de um para outro plano, e assim por diante. A peça lembra, assim, um jogo de xadrez, em que os fatores decisivos para a vitória são a intuição e a originalidade de pensamento, que no entanto deixam de levar à vitória se não forem escorados por uma extrema capacidade de planejamento e articulação dos movimentos das diversas peças envolvidas no jogo.

★

A mesma minúcia e rigor estão presentes no manejo da linguagem falada. Não me refiro só à diversificação do vocabulário, resultado de exaustiva pesquisa, e que faz com que o palavreado de cada fala seja representativo da época, da geração e da classe social do personagem que a pronuncia. Refiro-me sobretudo à capacidade de usar a fala como elemento gerador da ação dramática. As palavras parecem escolhidas uma por uma, e combinadas em frases e falas minuciosamente construídas, com o objetivo preciso de fazer com que cada ato de falar pressione os personagens a se posicionarem, a fazerem opções, a agirem. No tabuleiro da obra, a mão do mestre que movimenta as peças, econômica e segura, é o verbo cuidadosamente escolhido para ir direto ao alvo.

Tudo isto, rigor da construção e apuro da linguagem, é basicamente técnica — embora o resultado seja, em muitos momentos, poesia. Mas nunca se trata de técnica usada como um fim em si, tantas vezes equivocadamente considerada medida de valor absoluto. Longe disto, a brilhante técnica dramatúrgica de **Rasga Coração** é apenas uma garantia de que o autor achou necessário cercar-se para assegurar que as idéias que ele queria partilhar com o público fluíssem do palco com uma bem equilibrada dosagem de convicção intelectual e impacto emocional.

★

A riqueza destas idéias é provavelmente inédita no teatro brasileiro, em termos de uma obra isolada. Mantendo sempre como pano de fundo a História do Brasil no último meio século — esquematizada para as necessidades da causa, mas imensamente esclarecedora — o autor, através do exemplo de uma família e mais alguns indivíduos que giram em torno dela, empreende uma análise em profundidade dos descaminhos e frustrações político-existenciais das últimas três gerações da classe média brasileira; e, por extensão, do próprio Brasil, pois fica sobejamente claro, na demonstração de Vianinha, o papel preponderante que essa classe tem exercido na definição dos rumos da nação durante o período enfocado.

É singularmente oportuna, para uma enriquecedora reflexão sobre a realidade nacional, a coexistência em cartaz de três obras fundamentais: **Macunaíma, Rasga Coração, Papa Highirte**. A primeira fornece dados por assim dizer arquetípicos sobre as raízes dos desequilíbrios que entravam, desde sempre, a marcha da nação em busca dos seus objetivos. A segunda mostra formas específicas para as quais estes desequilíbrios foram canalizados num passado recente e no terreno da classe média, conduzindo esta última a uma trajetória em círculos viciosos e tornando-a incapaz de tomar em mãos as rédeas do seu destino. E a terceira revela como o vazio de iniciativas aberto por esta incapacidade é preenchido, como uma fatalidade, por regimes de força cujas motivações abrangem, em doses variáveis, o autoritarismo, a demagogia, a corrupção, a capitulação diante do capital estrangeiro.

Trajetória em círculos viciosos... Em **Rasga Coração**, tudo obedece ao signo de um determinismo cujo princípio de que a História se repete pode ser questionado num plano histórico mais amplo, mas resulta tragicamente verdadeiro e convincente quando aplicado, como aqui, ao mostruário limitado de uma única faixa social analisada pelo exemplo de três sucessivas gerações. O eixo da ação, Manguari Pistolão, a quem o filho define como "herói popular anônimo" (definição-chave, tanto quanto a de "herói sem nenhum caráter" o é em relação a Macunaíma), engaja generosamente toda a sua existência nas pequenas mas boas lutas que estejam ao seu alcance por uma vida melhor para o povo brasileiro. Na sua juventude, ele já assistira a engajamentos com finalidades semelhantes, embora com orientações ideológicas divergentes, da geração anterior: o engajamento do líder esquerdista Camargo Velho na ilusão stalinista, o do próprio pai na ilusão integralista. No limiar da velhice assiste, perplexo, ao engajamento do filho numa outra causa contestadora do esquema dominante: o misticismo **hippie** e as drogas. A mesma repetição cíclica produz-se também no plano dos códigos morais: apesar da liberalização dos costumes ao longo das décadas enfocadas, cada geração mantém, sob formas diferentes, uma série de preconceitos e discriminações, e também uma fé em alguns valores fundamentais bastante semelhantes aos em que as duas outras gerações estavam acreditando. Preconceitos e fé que de nada servirão, como de nada terão servido os respectivos engajamentos ideológicos, para aproximar qualquer dos personagens ou qualquer das gerações dos objetivos a que eles se haviam proposto.

Neste sentido, suspeito que a obra escapou um pouco do controle do autor, desembocando num niilismo que talvez não estivesse nos seus planos. Confessadamente, o seu coração estava do lado de Manguari, em quem ele via o verdadeiro revolucionário: "Revolucionário seria a luta contra o cotidiano, feita do cotidiano." Mas, em última análise, as opções de Manguari são apenas humanamente mais simpáticas e ideologicamente menos absurdas do que o stalinismo e integralismo dos antepassados e a alienação **hippie** do herdeiro; elas resultam, porém, tão inócuas quanto estas, e levam o **herói popular anônimo** a um beco tão sem saída quanto todas as outras alternativas apresentadas. Quanto mais nos aprofundamos na peça, mais ela parece desesperada, porque mais leva à conclusão de que não há saída possível — pelo menos para a classe retratada por Vianinha. Queria ele, acaso, insinuar que as eventuais soluções devem ser procuradas em outra parte?

★

Se o desespero nunca se torna sufocante nem o niilismo se torna insustentável, é porque ambos são atenuados por um irresistível fluxo de calor humano em que o autor envolve personagens e acontecimentos. Isto a tal ponto que me pergunto se o verdadeiro conflito central é mesmo, como aparenta à primeira vista, o conflito entre as gerações, ou entre as opções político-existenciais; e não aquele entre, por um lado, o impulso das pessoas de se aproximarem umas das outras, independentemente dos choques de geração e ideologia e, por outro lado, a falta de coragem e desprendimento necessários para levar tal aproximação às últimas conseqüências. Pelo menos todos os momentos de clímax do texto me parecem ligados a um quase reconhecimento, por parte dos personagens, das extremas semelhanças entre as suas respectivas trajetórias e da conseqüente possibilidade de diálogo e compreensão em torno daquilo que os une. O sofrimento que tais tentativas, quando não conseguem chegar a um bom termo, proporcionam aos que delas participam constitui talvez o tempero humano mais comovente de **Rasga Coração**. O drama humano se sobrepõe, então, à discussão política? A questão é irrelevante, desde que deixemos constatada a magnífica densidade de cada um destes aspectos.

★

Tratando-se de peça tão estudada e discutida antes de ser montada, e que admite tal multiplicidade de abordagens, é natural que cada um traga inconscientemente de casa aquilo que seria o seu próprio esquema de montagem e o confronte com aquele que José Renato colocou em cena. O meu nem sempre coincidiria com o que está no Teatro Villa-Lobos; mas não se trata de raciocinar sobre hipóteses e sim de analisar aquilo que foi realizado. E tal análise só pode começar pela constatação da qualidade fundamental da montagem: ela não nos sonega nenhum aspecto do texto mas, pelo contrário, deixa-o fluir com plena clareza e com todas as suas implicações emocionais e intelectuais.

Na verdade, o texto é tão **amarrado** pelo virtuosismo da sua base estrutural que dificilmente admitiria soluções cênicas substancialmente diferentes. A primeira tarefa é a de vencer os desafios técnicos, permitindo um intercâmbio claro e fluente entre o espaço da ação presente e dos **flashbacks**. Este problema foi impecavelmente solucionado, graças em boa parte ao engenhosíssimo e belo cenário de Marcos Flaksman, que emposta com clareza a convenção formal do espetáculo, concentrando a ação presente num pequeno espaço interior, cercado de grande variedade de planos reservados às ações do passado. A iluminação de Jorginho de Carvalho reforça eficientemente esta convenção, e às vezes até a substitui, quando o diretor se vê forçado a marcar por alguns segundos um episódio do passado no espaço em princípio reservado ao presente, ou vice-versa. José Renato explora muito bem esta plataforma espacial para fins de circulação, colocando cada episódio no local exato onde a sua identificação cronológica fique clara, e que possa ser alcançado no tempo que o separa do episódio anterior — tempo que depende de roupas a serem trocadas, pequenos acessórios a serem mudados, etc. Esta mecânica global da **mise en scène** concretiza-se de modo impecável.

Já a concepção estética das marcações poderia ser bem mais original e criativa. As cenas de multidão, notadamente, têm sempre um certo ranço de lugar-comum, em decorrência do qual tendem a soar falso.

Na empostação das interpretações senti falta de uma diretriz mais definida. Cada ator parece ter desenhado a sua linha de atuação, e o conjunto destas linhas, que variam da mais interiorizada sinceridade a uma quase caricatura, passando por desempenhos sutilmente críticos em relação aos respectivos personagens, não resultou muito harmônico. Mas os trabalhos são individualmente tão bons, cada um a seu modo tão atento aos dados que Vianinha colocou no respectivo personagem, e a seu modo tão emocionado, que as idéias contidas por trás de cada figura passam com grande carga comunicativa.

Como Manguari Pistolão, talvez o personagem mais complexo e comovente que conheço em toda a dramaturgia nacional, Raul Cortez mostra mais uma vez uma prodigiosa capacidade de controle e dosagem de recursos e emoções. Tudo no seu desempenho é medido com exatidão, e alguns dos seus momentos silenciosos são tão eloqüentes quanto os seus explosivos momentos de clímax. O jovem Tomil Gonçalves contracena com ele, geralmente como seu principal antagonista, sem que o duelo soe desequilibrado, o que é uma façanha, mais bem realizada no segundo ato, quando o ator se livra de um tom ocasionalmente por demais infantil das cenas iniciais. Ary Fontoura parece nascido para o papel de Lord Bundinha, deixando uma marca ao mesmo tempo divertidíssima e patética em cima de todo o espetáculo. Sônia Guedes, que vejo pela primeira vez no palco, é uma bela revelação, sobretudo na valorização dos aspectos mais cômicos do seu papel. Lucélia Santos, Maurício Távora (estes com especial destaque), Antônio Petrin, Isaac Bardavid e Márcio Augusto dignificam os seus pequenos papéis, ampliam a sua dimensão humana e clarificam a sua simbologia política. Ótimos os figurinos de Marcos Flaksman e Marilda Carneiro. E John Neschling transformou em forte presença cênica o material musical indicado pelo autor.

160 A CRÍTICA DE UM TEATRO CRÍTICO

A riqueza destas idéias é provavelmente inédita no teatro brasileiro, em termos de uma obra isolada. Mantendo sempre como pano de fundo a História do Brasil no último meio século – esquematizada para as necessidades da causa, mas imensamente esclarecedora – o autor, através do exemplo de uma família e mais alguns indivíduos que giram em torno dela, empreende uma análise em profundidade dos descaminhos e frustrações político-existenciais das últimas três gerações da classe média brasileira; e, por extensão, do próprio Brasil, pois fica sobejamente claro, na demonstração de Vianinha, o papel preponderante que essa classe tem exercido na definição dos rumos da nação durante o período enfocado.

É singularmente oportuna, para uma enriquecedora reflexão sobre a realidade nacional, a coexistência em cartaz de três obras fundamentais: *Macunaíma, Rasga Coração, Papa Highirte*. A primeira fornece dados, por assim dizer, arquetípicos sobre as raízes dos desequilíbrios que entravam, desde sempre, a marcha da nação em busca dos seus objetivos. A segunda mostra formas específicas para as quais estes desequilíbrios foram canalizados num passado recente e no terreno da classe média, conduzindo esta última a uma trajetória em círculos viciosos e tornando-a incapaz de tomar em mãos as rédeas do seu destino. E a terceira revela como o vazio de iniciativas aberto por esta incapacidade é preenchido, como uma fatalidade, por regimes de força cujas motivações abrangem, em doses variáveis, o autoritarismo, a demagogia, a corrupção, a capitulação diante do capital estrangeiro.

Trajetória em círculos viciosos... Em *Rasga Coração* tudo obedece ao signo de um determinismo cujo princípio de que a História se repete pode ser questionado num plano histórico mais amplo, mas resulta tragicamente verdadeiro e convincente quando aplicado, como aqui, ao mostruário limitado de uma única faixa social analisada pelo exemplo de três sucessivas gerações. O eixo da ação, Manguari Pistolão, a quem o filho define como "herói popular anônimo" (definição-chave, tanto quanto a de "herói sem nenhum caráter" o é em relação a Macunaíma), engaja generosamente toda a sua existência nas pequenas, mas boas lutas que estejam ao seu alcance por uma vida melhor para o povo brasileiro. Na sua juventude, ele já assistira a engajamentos com finalidades semelhantes, embora com orientações ideológicas divergentes, da geração anterior: o engajamento do líder esquerdista Camargo Velho na ilusão stalinista, o do próprio pai na ilusão integralista. No limiar da velhice assiste, perplexo, ao engajamento do filho numa outra causa contestadora do esquema dominante: o misticismo *hippie* e as drogas. A mesma repetição cíclica produz-se também no plano dos códigos morais: apesar da liberalização dos costumes ao longo das décadas enfocadas, cada geração mantém, sob formas diferentes, uma série de preconceitos e discriminações, e também uma fé em alguns valores fundamentais bastante semelhantes aos em que as duas outras gerações estavam acreditando.

MÚLTIPLAS APROPRIAÇÕES DE UM TEATRO CRÍTICO 161

Preconceitos e fé que de nada servirão, como de nada terão servido os respectivos engajamentos ideológicos, para aproximar qualquer dos personagens ou qualquer das gerações dos objetivos a que eles se haviam proposto.

Neste sentido, suspeito que a obra escapou um pouco do controle do autor, desembocando num niilismo que talvez não estivesse nos seus planos. Confessadamente, o seu coração estava do lado de Manguari, em quem ele via o verdadeiro revolucionário: "Revolucionário seria a luta contra o cotidiano, feita do cotidiano". Mas, em última análise, as opções de Manguari são apenas humanamente mais simpáticas e ideologicamente menos absurdas do que o stalinismo e integralismo dos antepassados e a alienação *hippie* do herdeiro; elas resultam, porém, tão inócuas quanto estas, e levam o *herói popular anônimo* a um beco tão sem saída quanto todas as outras alternativas apresentadas. Quanto mais nos aprofundamos na peça, mais ela parece desesperada, porque mais leva à conclusão de que não há saída possível – pelo menos para a classe retratada por Vianinha. Queria ele, acaso, insinuar que as eventuais soluções devem ser procuradas em outra parte?

Se o desespero nunca se torna sufocante nem o niilismo se torna insustentável, é porque ambos são atenuados por um irresistível fluxo de calor humano em que o autor envolve personagens e acontecimentos. Isto a tal ponto que me pergunto se o verdadeiro conflito central é mesmo, como aparenta à primeira vista, o conflito entre as gerações, ou entre as opções político-existenciais; e não aquele entre, por um lado, o impulso das pessoas de se aproximarem uma das outras, independentemente dos choques de geração e ideologia e, por outro lado, a falta de coragem e desprendimento necessários para levar tal aproximação às últimas conseqüências. Pelo menos todos os momentos de clímax do texto me parecem ligados a um quase reconhecimento, por parte dos personagens, das extremas semelhanças entre as suas respectivas trajetórias e da conseqüente possibilidade de diálogo e compreensão em torno daquilo que os une. O sofrimento que tais tentativas, quando não conseguem chegar a um bom termo, proporcionam aos que delas participam constitui talvez o tempero humano mais comovente de *Rasga Coração*. O drama humano se sobreporia, então, à discussão política? A questão é irrelevante, desde que deixemos constatada a magnífica densidade de cada um destes aspectos.

Tratando-se de peça tão estudada e discutida antes de ser montada, e que admite tal multiplicidade de abordagens, é natural que cada um traga inconscientemente de casa aquilo que seria o seu próprio esquema de montagem e o confronte com aquele que José Renato colocou em cena. O meu nem sempre coincidiria com o que está no Teatro Villa-Lobos; mas não se trata de raciocinar sobre hipóteses e sim de analisar aquilo que realizado. E tal análise só pode começar pela constatação da qualidade fundamental da montagem: ela não nos sonega nenhum

162 A CRÍTICA DE UM TEATRO CRÍTICO

aspecto do texto, mas, pelo contrário, deixa-o fluir com plena clareza e com todas as suas implicações emocionais e intelectuais.

Na verdade, o texto é tão amarrado pelo virtuosismo de sua base estrutural que dificilmente admitiria soluções cênicas substancialmente diferentes. A primeira tarefa é a de vencer os desafios técnicos, permitindo um intercâmbio claro e fluente entre o espaço da ação presente e dos *flashbacks*. Este problema foi impecavelmente solucionado, graças em boa parte ao engenhosíssimo e belo cenário de Marcos Flaksman, que emposta com clareza a convenção formal do espetáculo, concentrando a ação presente num pequeno espaço interior, cercado de grande variedade de planos reservados às ações do passado. A iluminação de Jorginho de Carvalho reforça eficientemente esta convenção e, às vezes, até a substitui, quando o diretor se vê forçado a marcar por alguns segundos um episódio do passado no espaço, em princípio, reservado ao presente ou vice-versa. José Renato explora muito bem esta plataforma espacial para fins de circulação, colocando cada episódio no local exato onde a sua identificação cronológica fique clara, e que possa ser alcançado no tempo que o separa do episódio anterior – tempo que depende de roupas a serem trocadas, pequenos acessórios a serem mudados etc. Esta mecânica global da *mise en scène* concretiza-se de modo impecável.

Já a concepção estética das marcações poderia ser bem mais original e criativa. As cenas de multidão, notadamente, têm sempre um certo ranço de lugar-comum, em decorrência da qual tende a soar falso.

Na empostação das interpretações senti falta de uma direção mais definida. Cada ator parece ter desenhado a sua linha de atuação, e o conjunto destas linhas, que variam da mais interiorizada sinceridade a uma quase caricatura, passando por desempenhos sutilmente críticos em relação aos respectivos personagens, não resultou muito harmônico. Mas os trabalhos são individualmente tão bons, cada um a seu modo tão atento aos dados que Vianinha colocou no respectivo personagem e a seu modo tão emocionado, que as idéias contidas por trás de cada figura passam com grande carga comunicativa.

Como Manguari Pistolão, talvez o personagem mais complexo e comovente que conheço em toda a dramaturgia nacional, Raul Cortez mostra mais uma vez uma prodigiosa capacidade de controle e dosagem de recursos e emoções. Tudo em seu desempenho é medido com exatidão, e alguns dos seus momentos silenciosos são tão eloqüentes quanto os seus explosivos momentos de clímax. O jovem Tomil Gonçalves contracena com ele, geralmente como seu principal antagonista, sem que o duelo soe desequilibrado, o que é uma façanha, mais bem realizada no segundo ato, quando o ator se livra de um tom ocasionalmente por demais infantil das cenas iniciais. Ary Fontoura parece nascido para o papel de Lorde Bundinha, deixando uma marca ao mesmo tempo divertidíssima e patética em cima de todo o espetáculo. Sônia

Guedes, que vejo pela primeira vez no palco, é uma bela revelação, sobretudo na valorização dos aspectos mais cômicos do papel. Lucélia Santos, Maurício Távora (estes em especial destaque), Antônio Petrin, Isaac Bardavid e Márcio Augusto dignificam os seus pequenos papéis, ampliam a sua dimensão humana e clarificam a sua simbologia política. Ótimos os figurinos de Marcos Flaksman e Marilia Carneiro. E John Neschling transformou em forte presença cênica o material musical indicado pelo autor.

Jornal do Brasil, 13/10/1979

164   A CRÍTICA DE UM TEATRO CRÍTICO

Um Ajuste de Contas com o Passado

PAULO SÉRGIO PINHEIRO

Nesses dias em que a política brasileira se transforma no reino do passadismo, especialmente com o açodamento para o retorno ao trabalhismo, ler a peça *Rasga Coração* e poder vê-la encenada é entusiasmante. As periferias das classes dominantes no Brasil, que são os movimentos tradicionais de oposição das classes médias nas cidades, os intelectuais e os políticos dos circuitos convencionais se recusam a fazer acertos de contas com o passado.

Naturalmente, seria demais esperar que o petebismo ou o populismo no poder depois de 1950 fosse fazer isso, visto que a herança do Estado Novo lhe fora tão proveitosa. Não havia por que acertar contas com o obscurantismo e as patacoadas do Estado Novo. Do pensamento autoritário atualizado pelos corporativismos (e pelos integralistas fora do poder) à coreografia rastaqüera dos desfiles infantis, das cerimônias cívico-religiosas, das concentrações operárias compulsórias com odes às doações do Estado Novo.

Nos antípodas, pouco também se poderia esperar: as forças de esquerda comprometidas na transação com os herdeiros do Estado Novo jamais se dispuseram a enfrentar face a face a sua própria história. Assim, à mistificação do trabalhismo se somava um silêncio de esquerda que jamais animou o debate sobre o passado das lutas populares no Brasil ou as opções que os partidos ligados à classe operária fizeram no passado. Discutir o passado era fazer o jogo do inimigo, era pôr em risco a frágil aliança não-escrita. A repressão desencadeada após o AI-5 foi ainda um obstáculo maior ao desejável reexame que foi adiado mais uma vez.

O jeito mesmo é contar com os artistas. Há poucas semanas, nas telas (prolongadas no livro), *Tudo Bem* tentava dissecar a herança dessas perversidades do Estado Novo na classe média de nossos dias, com imenso sucesso. Os fantasmas que cercam o personagem principal são os elementos *refoulés* da prática política brasileira: o integralista, aliança com o empresário, o poeta laureado. Antes, descubro agora, em *Rasga Coração*, como Oduvaldo Vianna Filho leva às últimas conseqüências essa dissecação das camadas dissimuladas da ideologia política brasileira.

O debate político se dissolve num quadro de referências do vocabulário e das músicas de época, entre os quais estão disseminados os personagens-síntese das diversas camadas de prática política que se somam. Logo se vê por que *Rasga Coração* teve de ficar na gaveta da censura. Para os sucessores diretos do corporativismo mambembe, não compensava permitir que esse reexame fosse feito sob suas barbas. Suas origens seriam denunciadas.

Um ajuste de contas com o passado

PAULO SÉRGIO PINHEIRO

> Com *Rasga Coração*, Vianinha chegou até onde os políticos não conseguiram ir

Nesses dias em que a política brasileira se transforma no reino do passadismo, especialmente com o açodamento para o retorno ao trabalhismo, ler a peça *Rasga Coração* e poder vê-la encenada é entusiasmante. As periferias das classes dominantes no Brasil, que são os movimentos tradicionais de oposição das classes médias nas cidades, os intelectuais e os políticos dos circuitos convencionais se recusam a fazer acertos de contas com o passado.

Naturalmente, seria demais esperar que o petebismo ou o populismo no poder depois de 1950 fosse fazer isso, visto que a herança do Estado Novo lhe fora tão proveitosa. Não havia por que acertar contas com o obscurantismo e as patacoadas do Estado Novo. Do pensamento autoritário atualizado pelos corporativismos (e pelos integralistas fora do poder) à coreografia rastaqüera dos desfiles infantis, das cerimônias cívico-religiosas, das concentrações operárias compulsórias com odes às doações do Estado Novo.

Nos antípodas pouco também se poderia esperar: as forças de esquerda comprometidas na transação com os herdeiros do Estado Novo jamais se dispuseram a enfrentar face a face a sua própria história. Assim, à mistificação do trabalhismo se somava um silêncio de esquerda que jamais animou o debate sobre o passado das lutas populares no Brasil ou as opções que os partidos ligados à classe operária fizeram no passado. Discutir o passado era fazer o jogo do inimigo, era pôr em risco a frágil aliança não-escrita. A repressão desencadeada após o AI-5 foi ainda um obstáculo maior ao desejável reexame que foi adiado mais uma vez.

Herança perversa. O jeito mesmo é contar com os artistas. Há poucas semanas, nas telas (prolongadas no livro), *Tudo Bem* tentava dissecar a herança dessas perversidades do Estado Novo na classe média de nossos dias, com imenso sucesso. Os fantasmas que cercam o personagem principal são os elementos *refoulés* da prática política brasileira: o integralista, a aliança com o empresário, o poeta laureado. Antes, descubro agora, em *Rasga Coração*, Oduvaldo Vianna Filho leva às últimas consequências essa dissecação das camadas dissimuladas da ideologia política brasileira.

O debate político se dissolve num quadro de referências do vocabulário e das músicas de época, entre os quais estão disseminados os personagens-síntese das diversas camadas de prática política que se somam. Logo se vê por que *Rasga Coração* teve de ficar na gaveta da censura. Para os sucessores diretos do corporativismo mambembe, não compensava permitir que esse reexame fosse feito sob suas barbas. Suas origens seriam denunciadas.

Por isso cabe aproveitar: é preciso não deixar que *Rasga Coração* passe em brancas nuvens. Os intelectuais, as lideranças populares e aqueles que se preocupam por uma prática política das classes populares deveriam aproveitar a peça para que se desencadeie um debate implacável sobre os elementos que Oduvaldo Vianna Filho põe a nu.

Acerto de contas. *Rasga Coração* acerta contas com as camisas verdes que ficaram dependuradas no armário e com as idéias correspondentes, que, no entanto, permaneceram firmes nas instituições. A discussão armada na peça no colégio, em torno do episódio dos cabelos longos de Luís Carlos, o "Luca", põe em xeque o autoritarismo que ficou presente nas escolas, nos professores e nos diretores que não usam mais as camisas verdes. Mas obrigam os alunos a rituais cívicos, reprimem os jovens em nome da disciplina.

Mas o que mais me atrai é o confronto das diversas práticas da oposição no Brasil, como as lutas dos tenentes nos anos 20, as esquerdas depois de 1930. Vianinha discute as alianças que as oposições e as forças de esquerda fizeram desde 1930.

Getúlio, nos tempos do Estado Novo: a coreografia do autoritarismo

Como as oposições sempre compuseram com os detritos das práticas autoritárias, a tática como o engano da estratégia (já apontado cristalinamente por Fernando Henrique Cardoso), o resultado é esse monumental espetáculo de teatro de revista dos anos 50 a que se reduziu a cena e o debate políticos no Brasil atual. *Rasga Coração* investe contra o pastiche da política dominante no Brasil e abre as possibilidades para que a oposição faça de vez a ruptura com essas heranças, reprimidas em nome da farsa do realismo.

166 A CRÍTICA DE UM TEATRO CRÍTICO

Por isso cabe aproveitar: é preciso não deixar que *Rasga Coração* passe em brancas nuvens. Os intelectuais, as lideranças populares e aqueles que se preocupam por uma prática política das classes populares deveriam aproveitar a peça para que se desencadeie um debate implacável sobre os elementos que Oduvaldo Vianna Filho põe a nu.

Rasga Coração acerta contas com as camisas verdes que ficaram dependuradas no armário e com as idéias correspondentes, que, no entanto, permaneceram firmes nas instituições. A discussão armada na peça no colégio, em torno do episódio dos cabelos longos de Luís Carlos, o "Luca", põe em xeque o autoritarismo que ficou presente nas escolas, nos professores e nos diretores que não usam mais as camisas verdes. Mas obrigam os alunos a rituais cívicos, reprimem os jovens em nome da disciplina.

Mas o que mais me atrai é o confronto das diversas práticas da oposição no Brasil, como as lutas dos tenentes nos anos 20, as esquerdas depois de 1930. Vianinha discute as alianças que as oposições e as forças de esquerda fizeram desde 1930. Como as oposições sempre compuseram com os detritos das práticas autoritárias, a tática como o engano da estratégia (já apontado cristalinamente por Fernando Henrique Cardoso), o resultado é esse monumental espetáculo de teatro de revista dos anos 50 a que se reduziu a cena e o debate políticos no Brasil atual. *Rasga Coração* investe contra o pastiche da política dominante no Brasil e abre as possibilidades para que a oposição faça de vez a ruptura com essas heranças, reprimidas em nome da farsa do realismo.

Isto É, 25/04/1979

Teatro Político e Pluralismo Cultural
(A Propósito de Rasga Coração*)*

GILBERTO VELHO

É muito difícil, hoje, no Brasil, encontrar alguém que não se defina como democrata. Pode haver especificações como *cristão, social, liberal* ou algum tipo de ressalva como *realista, pragmático, moderno*. O que fica evidente é que toda esta retórica está referida a uma concepção da vida social em que o *político* tem não apenas primazia, mas um sentido particular. Ou seja, o domínio da política é vivido como algo autônomo, com limites claros e, por outro lado, é o *locus* privilegiado da ação social. Trata-se, evidentemente, da focalização do poder do Estado e de toda a parafernália que gira em torno deste – burocracia, Partidos, instituições internacionais – como objeto central e real de projetos individuais e de grupos. Todo o resto é secundário, ilusório e circunstancial.

É claro que em termos acadêmicos e técnicos há que circunscrever domínios como *economia, política, moral* etc., permitindo estabelecer mapas, dividindo campos de trabalho. Por outro lado, não há dúvida de que tais distinções não são inventadas pela academia ou mesmo pelos políticos, mas expressões de uma visão moderna de mundo ocidental que tendeu a se generalizar. Mas já há algum tempo (talvez maio de 68 seja um marco adequado) que cresce no mundo contemporâneo uma consciência da *politização do cotidiano*. Questões problemáticas que eram remetidas à psiquiatria, medicina, psicologia, planejamento urbano etc., vistas como sujeitas a soluções e encaminhamentos especializados ou mesmo técnicos passam a ser objetivo de discussão pública, mobilização de variados segmentos da sociedade. Como explicar este fenômeno? Em que domínio encaixá-lo? Como denominá-lo?

Mais importante ainda nesta fase de, pelo menos, maior discussão e explicitação de posições é perguntar como se vinculam essas diversas e aparentemente heterogêneas temáticas (ecologia, situação da mulher, minorias em geral, questões geracionais) com as questões mais clássicas da política tradicional. O problema dos partidos, por exemplo, suscita esta discussão. Estarão os líderes e dirigentes sensíveis a essas transformações que afetam visões de mundo e estilos de vida de cada vez maiores segmentos da população? Parece que não ou muito pouco. De um lado, pressupõe-se um projeto nacional que não pode ser contestado em nada, que seja considerado essencial dentro de uma ótica em que um determinado modelo de crescimento econômico e divisão de Poder é intocável. É óbvio que nesta concepção não existe lugar para a diferença e a diversidade, a não ser que estejam funcionalmente subordinadas ao projeto político dominante. Resta saber se, por

TEATRO POLÍTICO E PLU

(a propósito d

Gilberto Velho

É muito difícil, hoje no Brasil, encontrar alguém que não se defina como democrata. Pode haver especificações como Cristão, social, liberal ou algum tipo de ressalva como realista, pragmático, moderno. O que fica evidente é que toda esta retórica está referida a uma concepção da vida social em que o político tem não apenas primazia mas um sentido particular. Ou seja, o domínio da política é vivido como algo autônomo, com limites claros e, por outro lado, é o locus privilegiado da ação social. Trata-se, evidentemente, da localização do poder do Estado e de toda a parafernália que gira em torno deste — burocracia, Partidos, instituições nacionais — como objeto central e real de projetos individuais e de grupos. Todo o resto é secundário, ilusório, circunstancial.

É claro que em termos acadêmicos e técnicos há que circunscrever domínios como economia, política, moral, etc., permitindo estabelecer mapas, dividindo campos de trabalho. Por outro lado, não há dúvida de que tais distinções não são inventadas pela academia ou mesmo pelos políticos mas expressões de uma visão moderna de mundo ocidental que tendeu a se generalizar. Mas já há algum tempo (talvez maio de 68 seja um marco adequado) que cresce no mundo contemporâneo uma consciência da politização do cotidiano. Questões problemáticas que eram remetidas à psiquiatria, medicina, psicologia, planejamento urbano, etc., vistas como sujeitas a soluções e encaminhamentos especializados ou mesmo técnicos passam a ser objetivo de discussão pública, mobilização de variados segmentos da sociedade. Como explicar este fenômeno? Em que domínio encaixá-lo? Como denominá-lo.

Mais importante ainda nesta fase de, no mínimo, maior discussão e explicitação de posições é perguntar como se vinculam essas diversas e aparentemente heterogêneas temáticas (ecologia, situação da mulher, minorias em geral, questões geracionais) com as questões mais clássicas da política tradicional. O problema dos Partidos, por exemplo, suscita esta discussão. Estarão os líderes e dirigentes sensíveis a essa transformações que afetam visões de mundo e estilos de vida de cada vez maiores segmentos da população? Parece que não ou muito pouco. De um lado, pressupõe-se um projeto nacional que não pode ser contestado em nada que seja considerado essencial dentro de uma ótica em que um determinado modelo de crescimento econômico e divisão de Poder é intocável. É óbvio que nesta concepção não existe lugar para diferença e diversidade, a não ser que estejam funcionalmente subordinadas ao projeto político dominante. Resta saber se, por sua vez, as lideranças oposicionistas percebem o que se tem passado na sociedade brasileira, com novas aspirações e necessidades.

Não é mais possível dividir as pessoas maniqueisticamente, em progressistas e reacionárias. Estes rótulos cada vez mais são desmascarados na medida em que cresce a atenção e preocupação com as atitudes e comportamentos ao nível do cotidiano. Assim é que indivíduos e grupos com uma postura revolucionária, em se tratando das famosas grandes questões — imperialismo, luta de classes, distribuição de riquezas etc. — demonstram sua intolerância, discriminando aqueles cujas opções existenciais não se enquadram dentro de seus rígidos esquemas éticos e morais. Outra dimensão que parece não ser percebida é a universalidade de toda uma ordem de problemas que afeta tanto o Brasil como o México, a Itália, os Estados Unidos, a Polônia etc. Não se trata de ignorar a especificidade das culturas e das problemáticas nacionais obviamente. Mas o nacionalismo estreito e dogmático impede que se tenha uma visão mais global das transformações radicais que correm ao nível dos valores e paradigmas da sociedade moderna urbana industrial. Estas mudanças já têm sido descritas e interpretadas de diversas maneiras por pensadores dos mais diferentes formações e orientações. O que se chamou de "crise das ideologias" pode, creio, ser melhor entendido como um aspec

---

sua vez, as lideranças oposicionistas percebem o que se tem passado na sociedade brasileira, com novas aspirações e necessidades.

Não é mais possível dividir as pessoas maniqueisticamente, em progressistas e reacionárias. Estes rótulos cada vez mais são desmascarados na medida em que cresce a atenção e preocupação com atitudes e comportamentos ao nível do cotidiano. Assim é que indivíduos e grupos com uma postura revolucionária, em se tratando das famosas grandes questões – imperialismo, luta de classes, distribuição de riquezas etc. –, demonstram sua intolerância, discriminando aqueles cujas opções existenciais não se enquadram dentro de seus rígidos esquemas éticos e morais. Outra dimensão que parece não ser percebida é a universalidade de toda uma ordem de problemas que afeta tanto o Brasil como o México, a Itália, os Estados Unidos, a Polônia etc. Não se trata de ignorar a especificidade das culturas e das problemáticas nacionais obviamente. Mas o nacionalismo estreito e dogmático impede que se tenha uma visão mais global das transformações radicais que correm ao nível dos valores e paradigmas da sociedade moderna urbana industrial. Estas mudanças já têm sido descritas e interpretadas de diversas maneiras por pensadores das mais diferentes formações e orientações. O que se chamou de "crise das ideologias" pode, creio, ser melhor entendido como um aspecto do declínio de todas as explicações totalizantes, globalizantes da experiência humana. As formas de reducionismo – economicistas, psicanalíticas, sociologizantes etc. – revelam suas inconsistências na medida em que se enriquecem e se recusam

LISMO CULTURAL

Coração)

...lo de todas as explicações totalizantes, globalizan- | de fatos e situações que não podem ser explicados ou resolvi-
...eriência humana. As formas de reducionismo — | dos com o simplismo dos maniqueístas e dogmáticos.
...tas, psicanalíticas, sociologizantes, etc — revelam | O que me parece altamente significativo é a possibilidade
...sistências na medida em que se enriquecem e se | de ampliação de um espaço em que pontos-de-vista diferentes
...encarar os paradoxos e aparentes discrepâncias | sejam legitimados. Pluralismo cultural é a possibilidade de
...festações da complexidade da vida sócio-cultural | convivência de visões de mundo e estilos de vida. Isto significa
...der o que se passa na sociedade brasileira há que | respeitar e não apenas tolerar opiniões e caminhos que não
...eber como aqui se realizam e expressam tais | sejam os de nossa escolha. Cada vez fica mais difícil ser
| ortodoxo em relação a qualquer postura tradicional. Basta ver
Rasga Coração, ora em cartaz no Rio de Janeiro, | as lutas internas na Igreja Católica e nos Partidos Comunis-
...de mérito de demonstrar uma certa perplexidade | tas. O descentramento parece ser um fenômeno cada vez mais
...omportamentos que, até há relativamente pouco | generalizado com a valorização das experiências dos grupos
... mereciam nem ser examinados. Poder-se-ia, é | locais, das minorias, das associações. Evidentemente, tudo
...ar maior rigor na descrição da visão de mundo do | isto provoca perplexidade em todos aqueles que foram sociali-
...comprometido", mas não há como negar que o | zados através de modelos rígidos e impermeáveis.
...sido escrito há mais de sete anos, seja um esforço | A noção de liberdade, depois de anos de repressão e de
...tentativa de relativizar o monolitismo existencial | falência de regimes autoritários de direita e de esquerda
...arte da esquerda brasileira. O confronto de diferen- | através do mundo, deixa de ser monopólio de "liberais anarcó-
...ivas de vida, através de personagens ricos e densos | ricos" para se tornar a pedra de toque de qualquer programa
...e passo adiante em relação às posturas maniqueís- | que pretenda ser progressista. Passa a ser, inclusive, a bandei-
...nais. Isto não quer dizer que o autor não tivesse | ra mais radical na medida em que seja estendida a todos os
...ncias e idiossincrasias. Os personagens integralis- | domínios da sociedade e não apenas aos legitimados pela
...lamente caricatos assim como certas passagens | visão de mundo burguesa convencional.
...os "jovens descomprometidos". Há mais simpatia, | A luta pela maior igualdade em termos econômicos e
...elação a uma vertente boêmia mais tradicional e | políticos não deve estar divorciada de uma concepção plura-
...arcialmente identificada como a figura do malan- | lista da sociedade, sob pena de ignorando-se as principais
...nagem principal, no entanto, não é desprovido de- | transformações do mundo contemporâneo, continuar-se preso
...es e contradições, estando longe de antigas repre- | ao autoritarismo que, certamente, não é o melhor produto da
...e heróis revolucionários, verdadeiros santos ou | teoria e da prática de esquerda.
...ns. | Rasga Coração, sem dúvida, ficará como um marco do
...ressaltar que não estou discutindo uma tese de | tro brasileiro. Mas a sua contribuição cultural e política
...iais nem um trabalho que pretenda ser científico. | se... ainda maior se forem extraídas as devidas consequências
...teatro e teatro político, sem dúvida. Logo o autor | o seu complexo conteúdo crítico.
...m dramaticidade e paixão seus sentimentos e suas |
...duvaldo Viana Filho, já então condenado por | Gilberto Velho, Doutor em Ciências Humanas pela USP e antropólogo do Museu
...curável, demonstrou susto e sensibilidade diante | Nacional e autor de A Utopia Urbana e Desvio e Divergência

---

a encarar os paradoxos e aparentes discrepâncias como manifestações da complexidade da vida sociocultural. Para entender o que se passa na sociedade brasileira há que tentar perceber como aqui se realizam e expressam tais fenômenos.

A peça *Rasga Coração* tem o grande mérito de demonstrar uma certa perplexidade diante de comportamentos que, até há relativamente pouco tempo, não mereciam nem ser examinados. Poder-se-ia, é claro, desejar maior rigor na descrição da visão de mundo do "jovem descomprometido", mas não há como negar que o texto, tendo sido escrito há mais de sete anos, seja um esforço pioneiro na tentativa de relativizar o monolitismo existencial de grande parte da esquerda brasileira. O confronto de diferentes alternativas de vida, através de personagens ricos e densos, é um enorme passo adiante em relação às posturas maniqueístas tradicionais. Isto não quer dizer que o autor não tivesse suas preferências e idiossincrasias. Os personagens integralistas são obviamente caricatos, assim como certas passagens referentes aos "jovens descomprometidos". Há mais simpatia, talvez, em relação a uma vertente boêmia mais tradicional e conhecida, parcialmente identificada como a figura do malandro. O personagem principal, no entanto, não é desprovido de ambigüidades e contradições, estando longe de antigas representações de heróis revolucionários, verdadeiros santos ou super-homens.

Há que se ressaltar que não estou discutindo uma tese de ciências sociais nem um trabalho que pretenda ser científico. Trata-se de teatro e *teatro político*, sem dúvida. Logo, o autor expressa com dramaticidade e paixão seus sentimentos e suas escolhas. Oduvaldo Vianna Filho, já então condenado por uma moléstia incurável, demonstrou susto e sensibilidade diante de fatos e situações que não podem ser explicados ou resolvidos com o simplismo dos maniqueístas e dogmáticos.

O que me parece altamente significativo é a possibilidade de ampliação de um espaço em que pontos-de-vista diferentes sejam legitimados. Pluralismo cultural é a possibilidade de convivência de visões de mundo e estilos de vida. Isto significa *respeitar* e não apenas *tolerar* opiniões e caminhos que não sejam os de nossa escolha. Cada vez fica mais difícil ser ortodoxo em relação a qualquer postura tradicional. Basta ver as lutas internas na Igreja Católica e nos Partidos Comunistas. O *descentramento* parece ser um fenômeno cada vez mais generalizado com a valorização das experiências dos grupos locais, das minorias, das associações. Evidentemente, tudo isto provoca perplexidade em todos aqueles que foram socializados através de modelos rígidos e impermeáveis.

A noção de liberdade, depois de anos de repressão e de falência de regimes autoritários de direita e de esquerda através do mundo, deixa de ser monopólio de "liberais anacrônicos" para se tornar a pedra de toque de qualquer programa que pretenda ser progressista. Passa a ser, inclusive, a bandeira mais radical na medida em que seja estendida a todos os domínios da sociedade e não apenas aos legitimados pela visão de mundo burguesa convencional.

A luta por maior igualdade, em termos econômicos e políticos, não deve estar divorciada de uma concepção pluralista da sociedade, sob pena de, ignorando-se as principais transformações do mundo contemporâneo, continuar-se preso ao autoritarismo que, certamente, não é o melhor produto da teoria e da prática de esquerda.

Rasga Coração, sem dúvida, ficará como um marco do teatro brasileiro. Mas a sua contribuição cultural e política será ainda maior se forem extraídas as devidas conseqüências do seu complexo conteúdo crítico.

Jornal do Brasil, 11/11/1979

Republicado em *Mudança, Crise e Violência*: Política e cultura no Brasil Contemporâneo (Rio de Janeiro: Civilização Brasileira, 2002)

Penar da Alma Brasileira

ILKA MARINHO ZANOTTO

Faz mais de ano que *Rasga Coração* está revelando ao Brasil sua própria alma. Brasileiros de todos os quadrantes reconhecem-se na odisséia de "Manguari Pistolão", a um só tempo cotidiana e estupenda, lírica e trágica, síntese da saga verde-amarela de sofrimento e de resistência. Curitiba, Rio, Londrina, Campinas e agora São Paulo – (inaugurando belo teatro, em homenagem justíssima a Sérgio Cardoso) – rendem-se emocionados à verdade e à beleza do espetáculo que José Renato ergueu a partir da obra de Vianninha. A cavaleiro entre a vida e a morte, o Autor soube descortinar com sensibilidade e clarividência ímpares a essência da condição brasileira: o texto é muito mais que o testemunho veraz de quem se sabe de partida e resolve passar a limpo aquilo que a experiência lhe ensinou da vida dos homens e do país. Muito mais que um legado espantoso de talento e de inesgotável amor ao teatro e à sua matéria-prima: o homem e seu destino. Fiel à constatação lúcida do Autor de que "a dúvida é a arma principal na busca da verdade", *Rasga Coração* equaciona, sem maniqueísmos limitadores, erros e acertos dos indivíduos engajados na reconstrução da sociedade brasileira através dos tempos; vai além, e mergulha nas motivações mais profundas do ser humano, traçando a radiografia solidária do corpo-a-corpo travado pelo homem contemporâneo fiel aos valores humanísticos com a própria consciência, sob a pressão de um pacto social esvaziado de sentido. Reduz o foco e ilumina compassivamente o desgaste e o sofrimento experimentados pelas gerações em conflito, quando o diálogo emperra ante a intransigência e a incompreensão mútuas. E convida apaixonadamente a que se rasguem nossos corações e nos debrucemos todos sobre a vastidão do penar da alma brasileira. Convite vazado nos termos da teatralidade mais absoluta que faz dele obra-prima da dramaturgia nacional nos seus 400 anos de existência. Tranqüilamente um marco tão importante quanto *Vestido de Noiva* o foi quando de sua revelação em 43, *Rasga Coração*, quanto à forma, aprofunda a multiplicidade de planos já usada por Nelson Rodrigues, jogando com inteira liberdade e adequação com os tempos e espaços diversos nos quais se inscreve a trajetória do protagonista, ilustrando com flashes da memória crises e devaneios do presente. A luta consciente, diuturna e inglória do militante político "Manguari Pistolão", herói anônimo que acredita no esforço de cada instante como tijolo construtor de um mundo novo, cidadão comum esmagado pelo ganho minguado de funcionário público incorrupto, pai contestado pelo filho "dono da revolução", insere-se como cunha realista no brilhante afresco de meio século de história do país, tratado expressionisticamente como revista musical. Difícil na alternância sincopada dos múltiplos

172 A CRÍTICA DE UM TEATRO CRÍTICO

temas, precisa e rica como uma obra polifônica, a peça tem equivalente cênico à altura de sua complexidade: cenários estilizados de Marcos Flaksman, recortando o espaço com escadarias e praticáveis fendido pela reprodução realista do apartamento surrado de "Manguary", iluminação de Jorginho de Carvalho revelando e esclarecendo a polivalência da montagem, comentário musical de John Neschling recapturando os sons de nossa memória, nostálgicos, irreverentes, brejeiros, sentidos como a canção-título de Catulo da Paixão Cearense, figurinos exatos, coreografias envolventes de Lúcia Aratanhas, direção inspirada de José Renato que ousa marcações realmente fascinantes, virtuosismo nas interpretações dos atores que trazem à vida com garra, técnica e entrega total o universo de som e de fúria que Vianninha concebeu ao debruçar-se sobre nossa realidade. Raul Cortez versátil, vibrante, sofrido, encarna "Manguary" de modo definido; Sônia Guedes confirma o talento sólido, enraizado na compreensão profunda que tem de "Nena"; João José Pompeu, faiscante como "Lord Bundinha",, irreverente, hilariante, patético; Tomil Gonçalves acompanhando com o crescimento do desempenho o crescimento do personagem que adquire conotações atuais face à força política que passou a ter a contestação ecológica dentro de uma realidade mundial de predação e de escassez dos recursos biológicos. Antonio Petrin dimensionando com desenvoltura o ridículo e a ardilosidade do anauê "Castro Cott". Carlos Capeletti e Márcio Augusto ("Camargo Velho" e "Camargo Moço") emprestando dignidade e firmeza à outra face da realidade política, da qual Vianninha teve a hombridade de apontar erros e acertos, provando-se homem de esquerda desatrelado de dogmas messiânicos. Por tudo isso, *Rasga Coração* é, sobretudo, retrato de corpo inteiro de um homem, seu Autor, que era, como poucos sabem sê-lo, "fiel aos valores de sempre como a solidariedade, o direito ao fracasso, a beleza da justiça, a igualdade dos seres humanos, o direito à busca da felicidade". É espetáculo que certamente não terá cadeiras vazias na platéia, porque restitui ao Teatro sua função básica de testemunhar com verdade e arte.

O Estado de S. Paulo, 26/10/1980

Uma Peça Obrigatória para Quem Ama o Teatro

SÁBATO MAGALDI

Moço em Estado de Sítio, cartaz do Teatro TAIB, não é mais um espetáculo que se soma aos numerosos que, de uma forma ou de outra, tentam encontrar espaço na sensibilidade do espectador. Muitos fatores, sentimentais e lógicos, se conjugam para atribuir especial importância a esse lançamento, vindo de várias e justas premiações no Rio: trata-se de uma das melhores peças de Oduvaldo Vianna Filho (foto), um dos maiores dramaturgos brasileiros; escrita em 1965, quando o autor (falecido em 1974) contava 29 anos, propõe uma séria meditação sobre o período imediatamente anterior, nos seus descaminhos humanos, intelectuais e políticos; e apresenta uma encenação provocadora de Aderbal Júnior.

Vianinha, como comprovou em textos posteriores (*Papa Highirte* e *Rasga Coração*), tinha enorme gosto pela inscrição indivíduo nos amplos painéis históricos. Dotado de lucidez, atento aos fluxos sociais de seu tempo, esse indivíduo, contudo, não sufoca os traços psicológicos, prontos a situá-lo como qualquer mortal. Fragilidade, hesitação, consciência culpada, forte dose de autocomplacência, abandono dos ideais superiores em face das seduções do cotidiano vão moldando um perfil extremamente verdadeiro e que é em grande parte, o retrato de tantos que, entre nós, pensam e se demitiram. Em *Moço*, assiste-se à dolorosa passagem do idealismo da juventude para o realismo da maturidade, com seu séqüito de frustrações, sordidezes e compromissos inglórios. Biografia simbólica não só do intelectual, mas também de parcela ponderável do profissional liberal brasileiro. Quem sabe do mundo.

Da mesma forma que na maioria das peças de Vianinha, o protagonista Lúcio define-se como herói negativo, aquele que, pela queda, aponta o caminho certo, não cumprido no desenrolar do texto. Não se pode negar que o condicionamento social molda, de maneira decisiva, a trajetória da personagem. A origem na família de classe média baixa, o horror do emprego mecanizante, a falta de perspectivas reais, o canto de sereia daqueles que identificam o talento e o submetem aos seus desígnios subalternos, a incerteza a propósito da possibilidade de vôos maiores – tudo conspira para dobrar Lúcio, ao longo dos três atos. E o público acompanha a caminhada de um moço que principia escrevendo uma peça empenhada e acaba, por interesses escusos, redigindo uma publicação anticomunista.

O autor, no entanto, não condena primariamente seu anti-herói. O que dá grandeza à peça é a sua isenção. Lúcio aparece iluminado por dentro. A postura de Vianinha supõe uma funda compreensão do homem. Ele não o superestima ou degrada, em razão de uma ideologia. Debruça-se sobre o universo de cada um, extraindo a pátina de

174 A CRÍTICA DE UM TEATRO CRÍTICO

humanidade de que se fazem as criaturas vivas. Vianinha pertence à melhor tradição humanista da História do Teatro.

Se o texto utilizasse o estilo tradicional de composição, não captaria a riqueza de elementos em jogo. Alternam-se em cena a família, o grupo teatral, os amigos, as mulheres, o trabalho de Lúcio. Cada presença acrescenta um dado significativo para a imagem completa do protagonista. E, por meio de todas, desenha-se o panorama histórico. A referência ao fim da década de 50 e ao começo dos anos 60 obedece a signos precisos, embora o quadro possa ser transposto para hoje, sem perda da atualidade. As indicações circunstanciais em nada perturbam o valor essencial da parábola.

Flagrantes superpõem-se, interligam-se, para formar o universo narrativo. Retoma-se uma sugestão, desenvolvida, a fim de ampliar-se o tema. Os fios, aparentemente soltos, fundem-se no terceiro ato, e a história ganha dimensão exemplar. Essa linguagem, tributária do instrumento afeiçoado no palco por Nelson Rodrigues e Arthur Miller, por exemplo, é a que se presta efetivamente aos objetivos perseguidos por Vianinha. O diálogo escapa da continuidade linear, acolhendo os recursos da colage da elipse, da sintaxe completa.

Evidentemente, o problema da organização desse mundo multiforme fica por conta do encenador. Até agora, três fórmulas têm sido mais freqüentemente adotadas pelos nossos diretores, em casos semelhantes: a nudez quase total do palco, apagando-se a luz, na passagem de uma cena a outra; a mesma redução dos acessórios, mas fundindo-se um quadro no outro, à vista da platéia, como Antunes Filho fez, brilhantemente, em *Bonitinha, mas Ordinária*; e a presença dos acessórios no palco (até mesmo as roupas penduradas em cabides laterais), dispostos pelos próprios atores em função das necessidades dos múltiplos ambientes. É como se os andaimes estivessem à mostra, participando o espectador da construção do cenário.

Aderbal Júnior optou por essa última solução, o que traz a vantagem de aquecer o espetáculo, quando as cenas curtas dificultam criar-se a atmosfera. Mas o procedimento às vezes retarda a entrada do diálogo, cansando, também, pela repetição. Ao chegar o terceiro ato – o melhor –, o público já se familiarizou tanto com o processo que não acredita mais em nenhuma surpresa. O espetáculo prolonga-se por quase três horas, quando poderia reduzir-se a duas. Se nos valêssemos de projeções, o ritmo ganharia certamente em intensidade.

A encenação captou o sentido profundo do texto. Balizando os episódios, as emissões do Repórter Esso, incorporadas ao espetáculo, historicizam os acontecimentos, sem didatizá-los inutilmente. E algumas marcações são de extrema felicidade. Quando Jean-Luc, amigo e *alter-ego* de Lúcio, se mata, vestes são lançadas sobre o seu corpo nu, como a terra que se joga sobre o caixão, na sepultura. No desfecho, movimentos semelhantes se repetem, em relação ao prota-

MÚLTIPLAS APROPRIAÇÕES DE UM TEATRO CRÍTICO

gonista, solitário e desesperado. Aderbal sintetizou numa imagem o significado final da peça.

As substituições no elenco paulista não prejudicam a organicidade do desempenho. O jovem Grupo Espaço Vivo mostra, por certo, problemas de rendimento, por falta de experiência e preparo vocal. Mas as restrições tornam-se secundárias, considerando a sinceridade e a lucidez da interpretação. Todos os atores parecem viver com espontaneidade as personagens, identificando-se a elas. Chamaram-me a atenção Frede Gouveia (Lúcio), Márcia Matepi (Suzana), Qristinha Negro (Nívia), Alfredo Ebasso (Jean-Luc, embora menos audível em São Paulo) e Expedito Barreira (Galhardo), Ruthnéia de Morais (Cota) e Luiz Mendonça (Cristóvão) emprestam sua contribuição à atual montagem.

Quem ama o teatro brasileiro não pode perder *Moço em Estado de Sítio*.

Jornal da Tarde, 20/08/1982

176 A CRÍTICA DE UM TEATRO CRÍTICO

Longa Jornada Estado de Sítio Adentro

YAN MICHALSKI

Oduvaldo Vianna Filho escreveu *Moço em Estado de Sítio* em 1965, depois de cinco outras peças – *Bilbao Via Copacabana, Chapetuba F. C., A Mais-valia Vai Acabar, Seu Edgar, Quatro Quadras de Terra* e *Os Azeredo Mais os Benevides* – e de alguns textos circunstanciais escritos para o CPC. Apesar da importância de algumas destas obras da juventude dentro do contexto histórico em que surgiram, numa visão retrospectiva global, elas aparecem hoje como exercícios de aquisição de *métier* dramatúrgico, e como manifestações da ânsia de um moço – que certamente não se sentia então em estado de sítio – de interferir nas transformações da sociedade.

Em comparação com o acervo anterior, *Moço* é uma obra de ruptura, prova de um espantoso amadurecimento, e abertura de um caminho novo, que anos depois vai desembocar na grande explosão criativa de *Rasga Coração*, com cujas idéias, temas e forma ela apresenta nítido parentesco. A tardia encenação da peça deixa patente que se *Rasga Coração* não existisse, *Moço em Estado de Sítio* ficaria provavelmente como a obra-chave de Vianinha, a que mais nitidamente (e com maior impulso dramatúrgico) delineia a sua posição e as suas dúvidas diante do mundo. Quase um testamento existencial e político, por estranha que possa soar esta expressão aplicada a uma obra escrita aos 29 anos de idade.

Entre o acervo anterior e *Moço em Estado de Sítio*, o divisor de águas de 1964. A ação acompanha acontecimentos anteriores àquele ano, percorrendo os Governos de Juscelino, Jânio e Jango, cujos enormes retratos, com os corações rasgados, à maneira dos tradicionais quadros da Sagrada Família, dominam expressivamente o cenário do espetáculo. Mas a visão do Brasil que a peça transmite incorpora claramente o impacto da implantação do regime militar e das suas primeiras conseqüências. Em vez do Vianinha impaciente agente de um processo de transformação revelado pelos trabalhos anteriores, um Vianinha esmagado pela sensação de impotência, pela derrocada das antigas ilusões, e dolorosamente empenhado em extrair um sentido da sua própria perplexidade e da do seu meio-ambiente.

Não cabe no âmbito deste comentário uma comparação mais aprofundada com *Rasga Coração*, mas vale destacar um aspecto que parece de singular importância. Nas duas peças, Vianinha encara a posição do indivíduo numa engrenagem política hostil ao seu pleno desenvolvimento através, basicamente, do prisma do conflito entre duas gerações. Mas enquanto em *Rasga Coração* o autor identifica-se com a geração de meia idade, fazendo de Manguari Pistolão o porta-voz da sua própria visão do mundo, em *Moço* a sua solidariedade coloca-se ao lado dos jovens, fazendo do protagonista Lúcio

MÚLTIPLAS APROPRIAÇÕES DE UM TEATRO CRÍTICO 177

não um *herói anônimo*, como é o caso de Manguari, mas um intérprete das suas próprias dúvidas e preocupações. Já os pais de Lúcio, que objetivamente se parecem muito com o casal de meia idade de *Rasga*, representam aqui, não obstante alguns lados pessoais simpáticos, uma força negativa, opressora, alienadora. Esta evolução das afinidades de Vianna em termos de geração, nos últimos nove anos de sua vida, é um dado significativo, que mereceria um estudo à parte.

A trajetória de Lúcio nos três atos da peça é uma longa jornada estado de sítio adentro. Estado de sítio, imagem forte do lindo título, não é aqui uma medida oficial de emergência política; é a soma dos fatores – só alguns dos quais explicitamente políticos – que impedem que um jovem idealista inconformado e ansioso construa a sua vida numa linha conforme aos seus ideais, e o impelem a afundar-se, passo por passo, no compromisso e na concessão que conduzem a uma paradoxal negação de tudo que ele queria na vida. Sem dúvida, alguns desses fatores são de ordem psicológica, individual: fraqueza de caráter, impulso de autodestruição, uma certa falta de fé nas suas próprias convicções, vocação individualista e ambição de ascensão social, fazendo com que Lúcio ceda sempre lá onde um outro, da mesma faixa etária e social, talvez tivesse resistido.

Mas as forças que o estão sitiando – uma formação preconceituosa, um ambiente familiar hipócrita, a falta de espaços para um engajamento mais sólido, a incapacidade da classe a que pertence de enxergar um plano além dos seus interesses imediatos, a cobrança de *status* por parte do meio-ambiente, as onipresentes tentações de corrupção etc. – não só estão alheias a essas fragilidades pessoais, mas estão na origem delas, ou pelo menos favorecem o seu agravamento. Prova disto é que todos os seus companheiros de classe social, de atividades e de ideologia, quer no grupo de teatro ou na redação do jornal onde, sucessivamente, ele busca satisfazer a sua ânsia de realização, sucumbem em maior ou menor medida às mesmas armadilhas que ele. Numa sociedade estruturada em bases inautênticas, simplesmente não existe uma opção válida e confiável para essa *geração perdida*, no entanto tão generosa em seus impulsos e anseios. O futuro imediato dessa geração se encarregaria de mostrar o quanto o diagnóstico de Vianna era tragicamente acertado.

Embora explicitamente vinculada a um período de poucos anos – fim da década de 50, início dos anos 60 – a peça perdeu muito pouco da sua atualidade. É o caso de constatar mesmo, com melancolia, que, se substituíssemos as referências históricas que Vianna, com a sua característica generosidade de pesquisa, espalhou pelo texto, por outras referências posteriores de 20 anos, e o linguajar da época por uma gíria mais atual, encontraríamos uma outra geração de Lúcios, só que menos cultos, batendo com a cabeça contra virtualmente as mesmas paredes, procurando igualmente em vão uma saída viável, empreendendo fugas muito parecidas na sua essência.

TEATRO

LONGA JORNADA ESTADO DE SÍTIO ADENTRO

Yan Michalski

Fred Gouveia (o protagonista Lúcio) e Alfredo Ebasco (seu amigo Jean-Luc), dois dos moços sitiados, na bela peça de Oduvaldo Vianna Filho

O DUVALDO Vianna Filho escreveu Moço em Estado de Sítio em 1965, depois de cinco outras peças — Bilbao Via Copacabana, Chapetuba F.C., A Mais Valia Vai Acabar, Seu Edgar, Quatro Quadras de Terra e Os Azevedo Mais os Benevides — e de alguns textos circunstanciais escritos para o CPC. Apesar da importância de algumas destas obras da juventude dentro do contexto histórico em que surgiram, numa visão retrospectiva global elas aparecem hoje como exercícios de aquisição de métier dramatúrgico, e como manifestações da ânsia de um moço — que certamente não se sentia então em estado de sítio — de interferir nas transformações da sociedade.

Em comparação com o acervo anterior, Moço é uma obra de ruptura, prova de um espantoso amadurecimento, e abertura de um caminho novo, que anos depois vai desembocar na grande explosão criativa de Rasga Coração, com cujas ideias, temas e forma ela apresenta nítido parentesco. A tardia encenação da peça deixa patente que se Rasga Ciração não existisse, Moço em Estado de Sítio ficaria provavelmente como a obra-chave de Vianinha, a que mais nitidamente (e com maior impulso dramatúrgico) delineia a sua posição e as suas dúvidas diante do mundo. Quase um testamento existencial e político, por estranha que possa soar esta expressão aplicada a uma obra escrita aos 29 anos de idade.

Entre o acervo anterior e Moço em Estado de Sítio, o divisor de águas de 1964. A ação acompanha acontecimentos anteriores àquele ano, percorrendo os Governos de Juscelino, Jânio e Jango, cujos enormes retratos, com os corações rasgados, à maneira dos tradicionais quadros da Sagrada Família, dominam expressivamente o cenário do espetáculo. Mas a visão do Brasil que a peça realmente incorpora claramente o impacto da implantação do regime militar e das suas primeiras consequências. Em vez do Vianinha impaciente agente de um processo de transformação revelado pelos trabalhos anteriores, um Vianinha esmagado pela sensação de impotência, derrocada das antigas ilusões, e dolorosamente empenhado em extrair um sentido da sua própria perplexidade e da do seu meio-ambiente.

Não cabe no âmbito deste comentário uma comparação mais aprofundada com Rasga Coração, mas vale destacar um aspecto que parece de singular importância. Nas duas peças, Vianinha encara a posição do indivíduo numa envergadura política hostil ao seu pleno desenvolvimento através, basicamente, do prisma do conflito entre duas gerações. Mas enquanto em Rasga Coração o autor identifica-se com a geração de meia-idade, fazendo de Manguari Pistolão o porta-voz da sua própria visão do mundo, em Moço é a sua solidariedade coloca-se ao lado dos jovens, fazendo do protagonista Lúcio não um herói anônimo, como é o caso de Manguari, mas um intérprete das suas próprias dúvidas e preocupações. Já os pais de Lúcio, que objetivamente se parecem muito com o casal de meia-idade de Rasga, representam aqui, não obstante alguns lados pessoais simpáticos, uma força negativa, opressora, alienadora. Esta evolução das afinidades de Viana em termos de geração, nos últimos nove anos de sua vida, é algo tão significativo, que mereceria um estudo à parte.

A trajetória de Lúcio nos três atos da peça é uma longa jornada estado de sítio adentro. Estado de sítio, imagem forte do lindo título, não é aqui uma medida oficial de emergência política; é a soma dos fatores — só alguns dos quais explicitamente políticos — que impedem que um jovem idealista inconformado e ansioso construa a sua vida numa linha conforme aos seus ideais, e o impelem a afundar-se, passo por passo, no compromisso e na concessão que conduzem a uma paradoxal negação de tudo o que ele queria na vida. Sem dúvida, alguns desses fatores são de ordem psicológica, individual: fraqueza de caráter, impulso de autodestruição, uma certa falta de fé nas suas próprias convicções, vocação individualista e ambição de ascensão social, fazendo com que Lúcio ceda sempre lá onde um outro, da mesma faixa etária e social, talvez tivesse resistido.

Mas as forças que o estão sitiando — uma formação preconceituosa, um ambiente familiar hipócrita, a falta de espaços para um engajamento mais sólido, a incapacidade da classe a que pertence de enxergar um plano além dos seus interesses imediatos, a cobrança de status por parte do meio-ambiente, as onipresentes tentações de corrupção etc. — não só estão alheias a essas fragilidades pessoais, mas estão na origem delas, ou pelo menos favorecem o seu agravamento. Prova disto é que todos os seus companheiros de classe social, de atividades e de ideologia, quer no grupo de teatro ou na redação do jornal onde, sucessivamente, e busca satisfazer a sua ânsia de realização, sucumbem em maior ou menor medida às mesmas armadilhas que ele. Numa sociedade estruturada em bases inautênticas, simplesmente não existe uma opção válida e confiável para essa geração perdida, no entanto tão generosa em seus impulsos e anseios. O futuro imediato dessa geração se encarregaria de mostrar o quanto o diagnóstico de Vianna era tragicamente acertado.

Embora explicitamente vinculada a um período de poucos anos — fim da década de 50, início dos anos 60 —, a peça perdeu muito pouco da sua atualidade. É o caso de constatar mesmo, com melancolia, que, se substituíssemos as referências históricas que Vianna, com a sua característica generosidade de pesquisa, espalhou pelo texto, por outras referências posteriores de 20 anos, e o linguajar da época por uma gíria mais atual, encontraríamos uma outra geração de Lúcios, só que menos cultos, batendo com a cabeça contra virtualmente as mesmas paredes, procurando igualmente em vão uma saída viável, empreendendo fugas muito parecidas nas sua essência.

Também a feitura dramatúrgica da peça continua plenamente moderna, com a sua tensa narrativa cinematográfica baseada em breves sequências, que transferem a ação a toda hora de um local para outro, impondo a necessidade de uma solução cenográfica flexível e anticonvencional; e com o seu diálogo econômico, cortante, engraçado, as palavras sempre escolhidas a dedo, compondo uma linguagem ao mesmo tempo coloquial e de enorme dignidade literária, além de rica em subentendidos que o espectador encontrará, sem esforço, nas entrelinhas das falas.

Aderbal Júnior e o seu elenco abordaram o texto com um comovido e comovente respeito pelo pensamento do autor, sabendo porém que tal respeito não implica qualquer limitação à auto-expressão e criatividade. Aderbal construiu um espetáculo pessoal, condizente com o estilo elaborado ao longo de toda uma carreira, mas que se coloca tão eficientemente a serviço da valorização cênica do texto que doravante será difícil imaginar Moço em Estado de Sítio encenado numa outra concepção. Isoladamente, alguns elementos integrantes desse estilo e aqui postos em ação podem até incomodar: a lentidão decorrente da solução encontrada para as frequentes mudanças de cenário, o uso quase gratuito de grupos humanos compondo uma espécie de cenário paralelo, alguns tiques e trejeitos impostos a alguns personagens com excessiva rigidez e nitidez. Nada disso tem importância diante da generosa concepção geral, na qual direção, cenário e iluminação de Aderbal se tornam uma coisa só, em um desenho global de grande força e harmonia plástica, comportando uma linguagem de símbolos e alusões que iluminam o sentido dos acontecimentos, e ao mesmo tempo tornando o espetáculo atraente, bonito, muitas vezes divertido, não obstante as suas quase três horas de duração. Do mesmo espírito participam também os figurinos supervisionados por Colmar Diniz, que junto com as minuciosas caracterizações dos personagens impõem a constatação de que é perfeitamente possível fazer um espetáculo altamente estilizado, antinaturalista, e que comporte, no entanto, um rigoroso e realista trabalho de reconstituição de uma determinada época.

Na impossibilidade de comentar isoladamente os desempenhos dos 13 atores fazendo papéis na sua maioria densos e complexos, cabe realçar uma impressão fundamental: os seis meses de ensaios estão presentes em cada gesto, tempo e inflexão de cada membro do elenco. Ou seja, tudo foi esmiuçado e aprofundado, cada um sabe muito bem o que está fazendo, e que aquilo que está fazendo significa. A qualidade da execução varia bastante, segundo a experiência e o talento de cada um, e a sua adequação ao papel. Mas a generosidade do esforço comum faz do trabalho um marco da temporada.

• • •

MOÇO EM ESTADO DE SÍTIO — Texto de Oduvaldo Vianna Filho. Direção, cenário e iluminação de Aderbal Júnior. Supervisão de figurinos de Colmar Diniz. Com Alfredo Ebasco, Carmem Gadelha, Evandro Comym, Expedito Barreira, Fred Gouveia, Gê Menezes, Júlia Guedes, Kinha Costa, Luiz Carlos Moraes, Neca Terra, Octacílio Coutinho, Solange Jouvin. Teatro Sesc da Tijuca.

MÚLTIPLAS APROPRIAÇÕES DE UM TEATRO CRÍTICO 179

Também a feitura dramatúrgica da peça continua plenamente moderna, com a sua tensa narrativa *cinematográfica* baseada em breves seqüências, que transferem a ação a toda hora de um local para outro, impondo a necessidade de uma solução cenográfica flexível e anticonvencional; e com o seu diálogo econômico, cortante, engraçado, as palavras sempre escolhidas a dedo, compondo uma linguagem ao mesmo tempo coloquial e de enorme dignidade literária, além de rica em subentendidos que o espectador encontrará, sem esforço, nas entrelinhas das falas.

Aderbal Freire e o seu elenco abordaram o texto com um comovido e comovente respeito pelo pensamento do autor, sabendo, porém, que tal respeito não implica qualquer limitação à auto-expressão e criatividade. Aderbal construiu um espetáculo plenamente pessoal, condizente com o estilo elaborado ao longo de toda uma carreira, mas que se coloca tão eficientemente a serviço da valorização cênica do texto que doravante será difícil imaginar *Moço em Estado de Sítio* encenado numa outra concepção. Isoladamente, alguns elementos integrantes desse estilo e aqui postos em ação podem até incomodar: a lentidão decorrente da solução encontrada para as freqüentes mudanças de cenário, o uso quase gratuito de grupos humanos compondo uma espécie de cenário paralelo, alguns tiques e trejeitos impostos a alguns personagens com excessiva rigidez e nitidez. Nada disso tem importância diante da generosa concepção geral, na qual direção, cenário e iluminação de Aderbal se tornam uma coisa só, um desenho global de grande força e harmonia plástica, comportando uma linguagem de símbolos e alusões que iluminam o sentido dos acontecimentos e, ao mesmo tempo, tornando o espetáculo atraente, bonito, muitas vezes divertido, não obstante as suas quase três horas de duração. Do mesmo espírito participam também os figurinos supervisionados por Colmar Diniz, que junto com as minuciosas caracterizações dos personagens impõem a constatação de que é perfeitamente possível fazer um espetáculo altamente estilizado, antinaturalista, e que comporte, no entanto, um rigoroso e realista trabalho de reconstituição de uma determinada época.

Na impossibilidade de comentar isoladamente os desempenhos dos 13 atores, fazendo papéis na sua maioria densos e complexos, cabe realçar uma impressão fundamental: os seis meses de ensaios estão presentes em cada gesto, tempo e inflexão de cada membro do elenco. Ou seja, tudo foi esmiuçado e aprofundado, cada um sabe muito bem o que está fazendo, e o que aquilo que está fazendo significa. A qualidade da execução varia bastante, segundo a experiência e o talento de cada um, e a sua adequação ao papel. Mas a generosidade do esforço comum faz do trabalho um marco da temporada.

Jornal do Brasil, 30/11/1981

180 A CRÍTICA DE UM TEATRO CRÍTICO

Listagem Completa de Críticas e Reportagens sobre Oduvaldo Vianna Filho e a Sua Dramaturgia*

ODUVALDO VIANNA FILHO

A BATALHA de Vianinha. *Veja*, São Paulo, 10/10/1979.

ANTONELLI, Ronaldo. Vianinha, Um Ato de Coragem. *Folha de S. Paulo*, São Paulo, 16/07/1983, p. 45.

AOS 38 ANOS, Morre Oduvaldo Vianna Filho. *O Estado de S. Paulo*, São Paulo, 17/07/1974.

ARANTES, Luis Humberto. Vianinha: A Dúvida Como Missão. *Correio*, Uberlândia, 29/10/1999.

ARTISTAS SE REÚNEM para Lembrar Vianinha. *O Globo*, Rio de Janeiro, 21/08/1983. (Revista da Tevê).

AS QUEIXAS do Premiado. *Jornal da Tarde*, São Paulo, 21/04/1971.

ATÉ ONTEM Vianinha Viveu Só Para o Teatro. *Jornal da Tarde*, São Paulo, 17/07/1974.

BETTI, Maria Silvia. Vianinha, Permanência e Engajamento após o Fim da Utopia. *Jornal da Tarde*, São Paulo, 07/08/1999.

BRAGA, Ney. Em 1959, como Ator no Arena Paulista, em "Black-tie" de Guarnieri. O Espetáculo, na Opinião de uma Autoridade. *Veja*, 10/10/1979.

BRANDÃO, Tânia. Elites Falidas. *Folhetim*, São Paulo, 15/07/1984, n. 391.

CENSURA DIFICULTA a Criação. *O Estado de S. Paulo*, São Paulo, 21/04/1971.

CENTRO PARA PERPETUAR a Lembrança de Vianinha. *O Estado de S. Paulo*, São Paulo, 16/07/1983.

CORREIA, Tina. Biografia: Um marco na dramaturgia. *Jornal do Brasil*, Rio de Janeiro, 30/03/1991.

COSTA, Iná Camargo. O Palco e a Rua. *Folha de S. Paulo*, São Paulo, Jornal de Resenhas, São Paulo, 12/02/2000.

COURI, Norma. Vianinha em Família. *Jornal do Brasil*, Rio de Janeiro, 06/10/1979.

CUNHA, Aguinaldo Ribeiro da. Vianinha Transcende Conflitos dos Anos 70. *Diário Popular*, São Paulo, 08/03/1995.

CUNHA, Maria Carneiro da. Pensamento e Arte de Vianinha em 8 Livros. *Folha de S. Paulo*, São Paulo, 10/08/1981.

DADDARIO, Heloisa. Dez Anos Sem Oduvaldo Vianna Filho, Criador em Permanente Ebulição. *O Globo*, Rio de Janeiro, 16/07/1984.

DEOCLÉCIA RELEMBRA Seus Dois Viannas, Pai e Filho. *O Estado de S. Paulo*, São Paulo, 30/09/1984.

DUTRA, Maria Helena. Autor Importante Raciocínio Certo. *Jornal do Brasil*, Rio de Janeiro, 06/10/1979.

FARIA, João Roberto. Das Emoções de *Mão na Luva* às Ousadias de *Rasga Coração*, o Melhor de Vianinha. *Jornal da Tarde*, São Paulo, 14/01/1985.

FERREIRA, Fernando. Um Homem Sem Importância. Luta pela Vida. *O Globo*, Rio de Janeiro, 01/10/1971.

---

* As críticas que não apresentam o nome do autor são matérias não assinadas.

MÚLTIPLAS APROPRIAÇÕES DE UM TEATRO CRÍTICO   181

FILHO, Daniel et alii. A Herança de Vianinha. *O Jornal de Minas*, Belo Horizonte, 25/07/1976.

GABAGLLIA, Marisa Raja. O Grande Premiado. *O Globo*, Rio de Janeiro, 24/04/1971.

_____. Vianinha: 'No teatro eu pesquiso, na televisão reafirmo. Com os dois me gratifico'. *O Globo*, Rio de Janeiro, 22/03/1973.

GALVÃO, João. Cândido. Foco Definido. Três Eventos Para Rever a Obra de Vianinha. *Veja*, São Paulo, 27/07/1983.

GARCIA, Maria Cecília. Entre as Estréias, Uma Peça Inédita de Vianinha. *Folha de São Paulo*, São Paulo, 06/08/1982.

GODINHO JR. Ivandel. Oduvaldo Vianna Filho. *Fatos & Fotos*. Rio de Janeiro, 24/10/1976.

GUIMARÃES, Carmelinda. O Teatro de Oduvaldo Vianna Filho. *Folhetim*. São Paulo, 15/07/1984, nº 391.

GUZIK, Alberto. Vianinha, O Grande Esquecido. *Última Hora*, São Paulo, 27/04/1977.

HÁ CINCO ANOS a Morte Interrompia uma Vocação. *O Estado de S. Paulo*, São Paulo, abril/1979.

HOMENAGEM AO TALENTO de Vianinha. *O Globo*, Rio de Janeiro, 30/05/1994.

IDÉIAS DE VIANINHA. *O Globo*, Rio de Janeiro, 14/05/1987.

MACHADO, Ney. Noite & Dia – Vianinha de Coroa e Tutu. *Diário de Notícias*, Rio de Janeiro, 31/12/1969.

MAGALDI, Sábato. O Livro de Vianinha. *Jornal da Tarde*, São Paulo, 24/06/1981.

_____. Vianinha: O Tempo Trará Mais Sucesso. *Jornal da Tarde*, São Paulo, 18/07/1974.

MORAES, Dênis de. Vianinha: 13 Anos de Ausência. Que Saudade. *O Globo*, Rio de Janeiro, 13/07/1987.

MORRE O TEATRÓLOGO Vianna Filho. *Folha de S. Paulo*, São Paulo, 17/07/1974.

MOSTAÇO, Edélcio. Um Teatro de Repetição. *Folha de S. Paulo*, São Paulo, 10/09/1984.

NÉSPOLI, Beth. *Rasga Coração* Marca o Adeus de Vianinha. *O Estado de S. Paulo*, São Paulo, 24/07/1999.

O RESGATE de Vianinha. *Isto É*. São Paulo, 03/10/1979.

ODUVALDO Ganha Prêmio de Teatro. *O Globo*, Rio de Janeiro, 07/10/1968.

ODUVALDO Vianna Filho, Autor Nacional é a Maior Vítima na Crise do Teatro. *O Globo*, Rio de Janeiro, 05/07/1971.

ODUVALDO Vianna Filho. *Jornal de Ipanema*, Rio de Janeiro, Outubro/1970.

ODUVALDO Vianna Filho. *Jornal do Brasil*, Rio de Janeiro, 17/07/1974.

ODUVALDO Vianna Filho Está Fazendo Falta. *Zero Hora*, Porto Alegre, 16/07/1976.

ODUVALDO Vianna Filho, Um Grande Momento do Teatro Brasileiro. *Zero Hora*, Porto Alegre, 20/05/1976.

ODUVALDO Vianna Filho, Um Protesto Parado no Ar. *Diário de Notícias*, Porto Alegre, 21/07/1974.

ODUVALDO Vianna Filho. *Jornal do Brasil*, Rio de Janeiro, 17/07/1974.

ODUVALDO Vianna Filho. *O Estado de S. Paulo*, São Paulo, 27/11/1958.

ODUVALDO Vianna Filho: A Morte aos 38 Anos. *Jornal do Brasil*, Rio de Janeiro, 17/07/1974.

PEÇA DE ODUVALDO Vianna Ganha Primeiro Lugar do Prêmio Coroa de Teatro. *Jornal do Brasil*, Rio de Janeiro 30/12/1969.

182 A CRÍTICA DE UM TEATRO CRÍTICO

Penteado, Ilvaneri. Vianinha: o reencontro de um autor com seu público. *Fatos & Fotos*, Rio de Janeiro, 23/07/1971.

Política e Poesia. Monólogos revivem Vianinha e Florbela Espanca. *Veja*, Rio de Janeiro, 03/04/1996.

Prata, Mário. Inventário de Paixões. *Isto É*, São Paulo, 20/07/1983.

Prêmio Coroa de Teatro para Oduvaldo Vianna Filho. *O Globo*, Rio de Janeiro, 30/12/1969.

Rangel, Flávio. No Teatro Brasileiro, Uma Ação Vitoriosa. *Folha de S. Paulo*, São Paulo, 16/07/1983.

Rios, Jefferson Del. Vianinha, No Coração da História. *Folha de São Paulo*, São Paulo. 04/05/ 1979.

Sá, Nelson de. Vianinha. *Folha de S. Paulo*, São Paulo, 02/05/1997.

Saco Sem Fundo – A Obra Inédita de Vianinha, Agora para se Ler. *O Globo*, Rio de Janeiro.

Sanches, Lígia. Vianinha, Cúmplice da Paixão. *Folha de S. Paulo*, São Paulo, 16/07/1984.

Schild, Susana. Vianinha 10 Anos Depois: Uma Trajetória de Coragem Agora Contada em Livro. *Jornal do Brasil*, Rio de Janeiro, 24/07/1984.

Távola, Artur da. Vianinha e Etcheverry. *O Globo*, Rio de Janeiro, 17/07/1974.

Toda a Obra Será Editada. *O Estado de S. Paulo*, São Paulo, 25/06/1981.

Totti, Iúri. Festival Relembra Vianinha. Grupo Comemora os 20 Anos da Morte do Teatrólogo com Apresentação de Peças e Vídeos. *O Globo*, Rio de Janeiro, 03/11/994.

Trabalho Renovador na TV. *Folha de S. Paulo*, São Paulo, 17/07/1974.

Trindade, Mauro. Coração Militante. Mostra Relembra Vida e Obra de Vianninha. *Veja*, São Paulo, 11/05/1994.

Tudo que Vianinha Escreveu, Numa Obra de Oito Volumes. *O Globo*, Rio de Janeiro, 20/06/1981.

Tumscitz, Gilberto Braga. O Grande Diálogo com a Platéia. *O Globo*, Rio de Janeiro, 17/07/1974.

_____. Vianinha: Quero Ser Autor Profissional. *O Globo*, Rio de Janeiro, 16/01/1970.

Um Dramaturgo Completo. *O Estado de S. Paulo*, São Paulo, abril/1979.

Uma Peça de Vianinha Estréia no Teatro ALS. *Diário Popular*, São Paulo, 14/11/1988.

Uma Semana para Relembrar Vianinha. *Jornal da Tarde*, São Paulo, 16/07/1984.

Ventura, Mari. A Paixão do Encontro do Intelectual com o Povo. *Jornal do Brasil*, Rio de Janeiro, 06/10/1979.

_____. Oduvaldo Vianna Filho. *Jornal do Brasil*, Rio de Janeiro, 06/10/1979.

Viana, Hilton. O Vazio Deixado por Oduvaldo Vianna Filho. *Diário de S. Paulo*, São Paulo, 28/07/1974.

Vianinha, Doce Vianinha. *Diário de Notícias*, Rio de Janeiro, 30/11/1974.

Vianinha. *Diário de Notícias*, Rio de Janeiro, 22/03/1973.

Vianinha. *O Globo*, Rio de Janeiro, 10/05/1994.

Vianinha: 13 Anos Sem Nosso Gênio Teatral. *O Globo*, Rio de Janeiro, 13/07/1987.

Zanotto, Ilka Marinho. A Luta Eterna pelos Valores Humanos. *O Estado de S. Paulo*, São Paulo, 25/06/1981.

_____. Vianinha: Um Trágico Moderno. *O Estado de S. Paulo*, São Paulo, abril/1979.

MÚLTIPLAS APROPRIAÇÕES DE UM TEATRO CRÍTICO 183

CHAPETUBA FUTEBOL CLUBE

A Estréia de Hoje. O Problema Social Através do Futebol em *Chapetuba*. *O Globo*, Rio de Janeiro, 05/04/1983.

CAMBARÁ, Isa. O Futebol na Boca do Palco. *Folha de S. Paulo*, São Paulo, 15/09/1977.

ENEIDA. Encontro Matinal – *Chapetuba F. C. Diário de Notícias*, São Paulo, 17/02/1960.

ESTRÉIA *Chapetuba Futebol Clube. O Estado de S. Paulo*, São Paulo, 17/03/1959.

GALVÃO, Patrícia. Bate-Papo no Mar. *A Tribuna*, Santos, 24/05/1959.

_____. Boal, o Teórico. *A Tribuna*, Santos, 12/07/1959, p. 7.

_____. Em Torno de uma Diretriz. *A Tribuna*, Santos, 05/04/1959.

_____. Com o Autor de *Chapetuba. A Tribuna*, Santos, 06/12/1960.

HELIODORA, Bárbara. O Futebol Como Tema Dramático. *Jornal do Brasil*, Rio de Janeiro, 06/02/1960.

JAFA, Van. *Chapetuba Futebol Clube*: Teatro de Verdade. *Correio da Manhã*, Rio de Janeiro, 06/03/1960.

LUIZ, Macksen. *Chapetuba Futebol Clube*. Um Ato de Sinceridade. *Jornal do Brasil*, Rio de Janeiro, 19/04/1983.

MAGALDI, Sábato. Problemas de *Chapetuba Futebol Clube. O Estado de S. Paulo*, São Paulo, 04/04/1959.

MUNIZ, Sergio. *Chapetuba F.C.*: tem jogo decisivo no Teatro de Arena. *Última Hora*, São Paulo, 23/03/1959.

UM GRUPO Jovem Estréia Amanhã no Teatro Ipanema Mais Um Vianinha: *Chapetuba F. C. Ipanema*, Rio de Janeiro, 04/04/1983.

A MAIS-VALIA VAI ACABAR, SEU EDGAR

BORGES, Márcio. Moços Fazem Teatro de Participação. *Tribuna da Imprensa*, Rio de Janeiro, 25/06/1960.

TUDO SOBRE *A Mais-valia Vai Acabar Seu Edgar. Correio da Manhã*, Rio de Janeiro, 24/07/1960.

SE CORRER O BICHO PEGA, SE FICAR O BICHO COME

APOLINÁRIO, João. *Se Correr o Bicho Pega, Se Ficar o Bicho Come. Última Hora*, São Paulo, 01/10/1966.

AZEVEDO, Almir. *Bicho* Não Pode Ser Proibido. *Luta Democrática*, Rio de Janeiro, 15/05/1966.

CHEGA ELENCO de *O Bicho. O Estado de S. Paulo*, São Paulo, 22/09/1966.

D'AVERSA, Alberto. Triunfa o Jogo do Bicho no Galpão (1). *Diário de S. Paulo*, São Paulo, 02/10/1966.

GRUPO CARIOCA em *O Galpão. O Estado de S. Paulo*, São Paulo, 03/09/1966.

JAFA, Van. Lançamento: *Se Correr o Bicho Pega, Se Ficar o Bicho Come. Correio da Manhã*, Rio de Janeiro, 10/04/1966.

MICHALSKI, Yan. O Bicho já Pegou. *Jornal do Brasil*, Rio de Janeiro, 20/04/1966.

184 A CRÍTICA DE UM TEATRO CRÍTICO

PARECE QUE NADA Mudou. *Jornal do Brasil*, Rio de Janeiro, 11/03/1989.

SANZ, Luiz Alberto. Agildo *Come* o Bicho no Arena. *Última Hora*, Rio de Janeiro, 19/04/1966.

_____. Bicho Pega no Grupo Opinião. *Última Hora*, Rio de Janeiro 14/04/1966.

UMA ENTREVISTA em Três Atos, ou Correr ou Ficar, Eis a Questão. *O Jornal*, Rio de Janeiro, 01/05/1966.

VEM A SÃO PAULO a Sátira Política que o Rio Aplaude. *Diário da Noite*, 2ª edição, São Paulo, 17/08/1966.

WOLFF, Fausto. O Bicho: Começo da Arte (I). *Tribuna da Imprensa*, Rio de Janeiro, 20/04/1966.

_____. O Bicho: Começo da Arte (III). *Tribuna da Imprensa*, Rio de Janeiro, 22/04/1966.

DURA LEX SED LEX NO CABELO SÓ GUMEX

ALENCAR, Edgar de. Espetáculos do Rio. *A Notícia*, Guanabara, 22/12/1967.

DE LAMARE, Germana. *Dura Lex Sed Lex no Cabelo só Gumex*. *Correio da Manhã*, Guanabara, 24/12/1967.

DURA LEX Sed Lex no Cabelo só Gumex. *Jornal dos Sports*, Rio de Janeiro, 28/12/1967.

MICHALSKI, Yan. Da Lei Áurea a Dura Lex. *Jornal do Brasil*, Rio de Janeiro, 07/01/1968.

VIANINHA/67. *Jornal dos Sports*. Rio de Janeiro, 28/12/1967.

LONGA NOITE DE CRISTAL

A *LONGA NOITE de Cristal*: Vinte Longas Noites de Silêncio. *Jornal do Brasil*, Rio de Janeiro, 28/01/1977.

A *LONGA NOITE de Cristal*. Vianna Diz Por Que Não Gostou da Encenação Paulista de sua Peça. *O Globo*, Rio de Janeiro, 16/09/1970.

ALENCAR, Martha. A Radiografia da TV na *Longa Noite de Cristal*. *Jornal do Brasil*, Rio de Janeiro, 05/09/1976.

APOLINÁRIO, João. *A Longa Noite de Cristal*. *Última Hora*, São Paulo, 01/10/1970.

ATORES REPUDIAM Suspensão de a *Longa Noite*. *Última Hora*, Rio de Janeiro, 29/01/1977.

AZEVEDO, Marinho de. *Longa Noite de Cristal*: Uma Pequena Decepção. *O Globo*, Rio de Janeiro, 12/09/1976.

BLANCO, Armindo. A *Longa Noite*: Era Isso que Vianinha Queria Dizer? *Última Hora*, Rio de Janeiro, 15/09/1976.

_____. Vianinha, o Melhor. *Última Hora*, Rio de Janeiro, 31/12/1974.

DEL RIOS, Jefferson. A Noite de Cristal no Stúdio São Pedro. *Folha de S. Paulo*, São Paulo, 29/09/1970.

GUIMARÃES, Marcia. Oswaldo Loureiro: Cem Dias de Cristal. *Última Hora*, Rio de Janeiro, 16/12/1976.

LARA, Paulo. A *Longa Noite de Cristal*, Um dos Bons Espetáculos do Ano. *Folha de S. Paulo*, São Paulo, 08/10/1970.

LONGA NOITE Abre Studio. *O Estado de S. Paulo*, São Paulo, 12/09/1970.

MÚLTIPLAS APROPRIAÇÕES DE UM TEATRO CRÍTICO 185

MAGALDI, Sábato. Divirta-se. *Jornal da Tarde*, São Paulo, 24/09/1970.

MARINHO, Flávio. A *Longa Noite de Cristal*. *Tribuna da Imprensa*, Rio de Janeiro, 21/09/1976.

———. Uma Peça de Vianinha Encenada Com Todas as Rubricas. *O Globo*, Rio de Janeiro, 25/08/1976.

MICHALSKI, Yan. A Longa Noite de uma Geração Acuada. *Jornal do Brasil*, Rio de Janeiro, 12/09/1976.

MOTTA, Nelson. Vianinha e o Cristal: Breves e Discutíveis Idéias Sobre um Talento Indiscutível. *O Globo*, Rio de Janeiro, 25/02/1977.

O SAPATEIRO DO Rei. *Tribuna da Imprensa*, Rio de Janeiro, 03/12/1976.

RIO VERÁ Mais Premiada Peça de Vianinha. *Luta Democrática*, Rio de Janeiro, 31/08/1976.

ROSENFELD, Anatol. TV no Palco. *Fato Novo*, São Paulo, n. 23, outubro/1970.

VILLAS-BOAS, Flávia. A *Longa Noite de Cristal*: Um Sonho que Virou Realidade. *Última Hora*, Rio de Janeiro, 06/09/1976.

CORPO A CORPO

A DESCOBERTA DE um Ensaio: *Corpo a Corpo*. *Folha de S. Paulo*, São Paulo, 22/11/1971

ANTUNES DIRIGIRÁ *Corpo a Corpo*. *O Estado de S. Paulo*, São Paulo, 13/10/1971.

BRAGA, Gilberto. *Corpo a Corpo*. *O Globo*, Rio de Janeiro, 30/03/1975.

CORPO A CORPO, de Oduvaldo Vianna Filho, é peça anti-romântica. *O Globo*, Rio de Janeiro, 21/02/1972.

COURI, Norma. Agonia em *Corpo a Corpo*. *Jornal do Brasil*, Rio de Janeiro, 13/03/1975.

CUNHA, Aguinaldo Ribeiro. Vianinha Transcende Conflitos dos Anos 70, *Diário Popular*, São Paulo, 08/03/1995.

FILHO, Antunes. A Nova Atitude do Teatro Brasileiro. *Programa da peça 'Corpo a Corpo'*, São Paulo, 1971.

GUZIK, Alberto. *Corpo a Corpo* em Revisão. A Peça de Vianinha Envelheceu. Mas Ganha Dinamismo na Montagem do Grupo Tapa. *Jornal da Tarde*, São Paulo, 1995.

LIMA, Mariângela Alves de. *Corpo a Corpo* Confirma Talento do Tapa. *O Estado de S. Paulo*, São Paulo, 10/03/1995.

MICHALSKI, Yan. A Longa Noite da Verdade. *Jornal do Brasil*, Rio de Janeiro, 18/03/1975.

O TEATRO VISTO por um Autor: Oduvaldo Vianna Filho. *Gazeta de São Paulo*, São Paulo, 21/11/1971.

SPATUZZA, Alexandre. Embate Ético de *Corpo a Corpo* Continua Atual, *Correio da Manhã*, São Paulo, 09/04/1995.

TEIXEIRA, João Um Abraço na Solidão. *Intervalo 2000*, 1971.

UMA PEÇA Corpo-a-Corpo de Oduvaldo Vianna Filho. *Manchete*, Rio de Janeiro, 12/12/1971.

186 A CRÍTICA DE UM TEATRO CRÍTICO

EM FAMÍLIA/NOSSA VIDA EM FAMÍLIA

A Velhice de um Casal Comum. *Intervalo*, 01/05/1972.

Campuoco, Antônio. Num Pedaço da Velhice, a Nossa Velhice. *Correio do Povo*, Porto Alegre, 17/04/1971.

Em Família de Oduvaldo Viana Filho. *O Globo*, Rio de Janeiro, 20/06/1970.

Em Família, Segundo seus Autores. *O Globo*, Rio de Janeiro, 16/04/1971.

Em Família, Um Flagrante da Velhice. *O Estado de S. Paulo*, São Paulo, 26/04/1972.

Em Família. *Jornal do Brasil*, Rio de Janeiro, 30/06/1970.

Em Família. *O Globo*, Rio de Janeiro, 17/06/1970.

Eva, *Em Família*. *Jornal do Brasil*, Rio de Janeiro, 05/07/1970.

Lima, Mariângela Alves de. A Tragédia em Partes Iguais. *O Estado de S. Paulo*, São Paulo, 16/05/1978.

_____. Todos os Elementos São Bons Neste Espetáculo em Família. *O Estado de S. Paulo*. 28/04/1972.

Magaldi, Sábato. Divirta-se, a Velhice Brasileira: Um Retrato Fiel. *O Estado de S. Paulo*, São Paulo, 03/05/1972.

Michalski, Yan. Jovens e Velhos em Duas Peças Nacionais. *Jornal do Brasil*, Guanabara, 28/06/1970.

Moraes, Tati. *Em Família*: Um Drama Nacional. *Última Hora*, Rio de Janeiro, 23/041971.

O Drama de Nossa Vida *Em Família*. *Folha de S. Paulo*, São Paulo, 26/04/1972.

Pereira, Miguel. *Em Família*, um flagrante de vida. *O Globo*, Rio de Janeiro, 21/04/1971.

Porro, Alessandro. *Em Família*. *Veja*, São Paulo, 17/05/1972.

Tumscitz, Gilberto. *Nossa Vida em Família*. *O Globo*, Rio de Janeiro, 08/05/1972.

ALLEGRO DESBUM

Allegro Desbum de Vianinha está de Volta aos Palcos de São Paulo. *Folha de S. Paulo*, São Paulo, 27/05/1987.

Allegro. O Humorismo Contra a Sociedade de Consumo. *O Globo*, Rio de Janeiro 30/07/1973.

A Força do Desbum. *O Jornal*, Rio de Janeiro, 30/09/1973.

Amargo Desbum. *O Estado de S. Paulo*, São Paulo, 27/05/1987.

Arantes, Jota. A Pena de Martins em Novas Mãos. *Gazeta do Bairro – Zona Oeste*, São Paulo, 10/04/1976.

Arco e Flexa, Jairo. Sem Abstrações. *Veja*, São Paulo, 24/05/1976.

Cleto, Roberto de. Allegro, Molto. *Última Hora*, São Paulo, 24/08/1973.

Conrado, Aldomar. O Desbum Esfuziante de Vianinha. *Diário de Notícias*, Rio de Janeiro, 18/08/1973.

_____. Vianninha, Em Ritmo Allegro de Desbum. *Diário de Notícias*, Rio de Janeiro, 22/08/1973.

Del Rios, Jefferson. O *Allegro Desbum* no Palco, um Erro. *Folha de S. Paulo*, São Paulo, 19/03/1976.

MÚLTIPLAS APROPRIAÇÕES DE UM TEATRO CRÍTICO 187

GUZIK, Alberto. *Allegro Desbum*, Alegre Vianinha. *Última Hora*, São Paulo, 12/04/1976.

LIMA, Mariângela Alves de. Comédia é Exemplo de Bom Teatro Comercial. *O Estado de S. Paulo*, São Paulo, 26/03/1976.

MAGALDI, Sábato. O Alegre Repouso de Vianinha. *Jornal da Tarde*, São Paulo, 24/03/1976.

MICHALSKI, Yan. *Allegro*: Consumo Anticonsumista. *Jornal do Brasil*, Rio de Janeiro, 03/05/1977.

O GOLPE DO Baú, Numa Comédia de Vianinha, *Jornal da Tarde*, São Paulo, 27/05/1987.

THEREZA, Francisca. *Allegro Desbum* e os Costumes Cariocas. *O Jornal*, Rio de Janeiro. 13/06/1973.

TUMSCITZ, Gilberto. A Estréia de Hoje *Allegro Desbum... O Globo*, Rio de Janeiro, 09/08/1973.

UM REENCONTRO COM Vianinha, Através do Humor. *Cidade de Santos*, Santos, 15/05/1977.

MAMÃE, PAPAI ESTÁ FICANDO ROXO

CONRADO, Aldomar. Mamãe, Papai Está Ficando Roxo. *Diário de Notícias*, Rio de Janeiro, 10/10/1973.

SANTOS, Antonieta. Vianinha Fala de Oduvaldo Vianna: os Nossos Problemas são os Mesmos. *Diário de Notícias*, Rio de Janeiro, 13/10/1973.

PAPA HIGHIRTE

A PRÓXIMA SEMANA *Highirte*, O Ditador Liberado. *Jornal do Brasil*, Rio de Janeiro, 06/07/1979.

BARBARA, Aída. O Ditador no Palco. *O Estado de S. Paulo*, São Paulo, 30/05/1986.

CAMBARÁ, Isa. Vianna, Liberado, Encara a Opressão. *Folha de S. Paulo*, São Paulo, 15/07/1979.

LIMA, Antonio. Em Cena: Liberada Cinco Anos Após a Morte do Autor, *Papa Highirte* Chega ao Palco. *Jornal da Tarde*, São Paulo, 14/07/1979.

LUIZ, Macksen. Em *Papa Highirte* o Testemunho da Prática Cultural. *Jornal do Brasil*, Rio de Janeiro, 18/071979.

_____. Highirte, o Ditador Liberado. *Jornal do Brasil*, Rio de Janeiro, 06/07/1979.

_____. *Papa Highirte* em Cena, Cinco Anos Depois da Morte de Vianinha. *Jornal do Brasil*, Rio de Janeiro, 13/07/1979.

MACIEL, Luiz Carlos. Claro e Agudo: um Texto de Vianinha Trazido à Luz. *Veja*, São Paulo, 25/07/1979.

MAGALDI, Sábato. *Papa Highirte*: Dança a Chula, Embriaga-se, Ama. Um Velho Ditador Vive seu Ocaso. *Jornal da Tarde*, São Paulo, 14/07/1979.

188 A CRÍTICA DE UM TEATRO CRÍTICO

_____. Quem For ao Rio, Não Deixe de Ver *Papa Highirte* e a *Resistência*. *Jornal da Tarde*, São Paulo, 14/09/1979.

MARINHO, Flávio. A Estréia de Ontem – *Papa Highirte*: Rasgando Coração. *O Globo*, Rio de Janeiro, 14/07/1979.

_____. Até Que Enfim! *Visão*, São Paulo, 03/09/1976.

_____. Papa Highirte Lidera as Estréias da Semana. *O Globo*, Rio de Janeiro, 08/07/1979.

_____. *Papa Highirte*, de Vianinha, Via Sérgio Britto. O Jogo – Isto é, o Xadrez – do Poder na América Latina. *O Globo*, Rio de Janeiro, 13/07/1979.

_____. *Papa Highirte*: América Latina em Cena. *O Globo*, Rio de Janeiro, 01/08/1979.

_____. Sérgio Brito Fala dos Resultados de *Papa Highirte*: Onze Anos Depois, a Realidade Descrita por Vianinha é a Mesma. *O Globo*, Rio de Janeiro, 19/08/1979.

MICHALSKI, Yan. *Papa Highirte*: uma Obra Continental. *Jornal do Brasil*, Rio de Janeiro, 15/08/1979.

PAPA HIGHIRTE, um Retrato Brasileiro. *Jornal de Brasília*, Brasília, 05/12/1985.

PARA VIANINHA, a Liberação Chegou Tarde Demais. *Shopping News*, São Paulo, 15/07/1979.

PEÇA DE VIANINHA na Rádio Francesa. *Última Hora*, São Paulo, 22/02/1979.

PEÇA DE VIANINHA Liberada só Para a Rádio Francesa. *Folha de S. Paulo*, São Paulo, 22/02/1979.

POLÍTICA SEM Panfletarismo. *O Estado de S. Paulo*, São Paulo, abril/1979.

PRÊMIO DE TEATRO Fica com Oduvaldo (*Papa Highirte*). *Jornal do Brasil*, Rio de Janeiro, 1979.

RÁDIO FRANCESA Transmite Peça Proibida de Vianinha. *Jornal do Brasil*, Rio de Janeiro, 22/02/1979.

REALE JR. Oduvaldo Vianna em Emissora Francesa. *O Estado de S. Paulo*, São Paulo, 22/02/1979.

SWANN, Carlos. O Ditador-dançarino. *O Globo*, Rio de Janeiro, 02/07/1979.

TROFÉU MAMBEMBE *Papa Highirte* e *Resistência*: os Mais Votados no Segundo Quadrimestre. *O Globo*, Rio de Janeiro, 05/09/1979.

VIANINHA LIBERADO, *Papa Highirte* (julho) e *Rasga Coração* (outubro) a Caminho. *O Globo*, Rio de Janeiro, 19/06/1979.

ZARAMELLA, Mira. Estréia Amanhã – *Papa Highirte*, Última Peça de Vianinha. *Última Hora*, Rio de Janeiro, 11/07/1979.

RASGA CORAÇÃO

A ABERTURA EM Cena. *O Globo*, Rio de Janeiro, 12/05/1979.

A CENSURA LIBERA *Rasga Coração*. *O Estado de S. Paulo*, São Paulo, 09/05/1979.

A ÚLTIMA PEÇA e o Último Prêmio de Vianinha. *Jornal da Tarde*, São Paulo, 1974.

ALENCAR, Martha. O Ato Definitivo de Oduvaldo Vianna Filho. *Jornal do Brasil*, Rio de Janeiro, 06/10/1979.

ATORES DO SUL Contra a Punição. *O Estado de S. Paulo*, São Paulo, 21/02/1979.

BAND, Cesar. *Rasga Coração*. *O Estado do Paraná*, Curitiba, 21/09/1979.

MÚLTIPLAS APROPRIAÇÕES DE UM TEATRO CRÍTICO 189

BÁRBARA, Danúsia. Um Marco do Teatro Brasileiro Sai das Gavetas para a Boca de Cena. *Jornal do Brasil*, Rio de Janeiro, 21/04/1979.

BASTOS, Mauro Martins; CHAGAS, Antonia Eliana. Mea Máxima Culpa. *Isto É*, São Paulo, 03/10/1979.

BLANCO, Armindo. Na Selva das Piscinas – *Rasga Coração*: O que é Revolucionário? *Pasquim*, Rio de Janeiro, 1979.

BRAGA, Nei. O Espetáculo, na Opinião de uma Autoridade. *Veja*, São Paulo, 10/10/1979.

CAGNO, Carmem. Um Painel de Quarenta Anos de Brasil, uma Cascata de Emoções. *Jornal da Tarde*, São Paulo, 17/10/1980.

CAMBARÁ, Isa. Estréia, Enfim, *Rasga Coração*. *Folha de S. Paulo*, São Paulo, 21/09/1979.

CENSURA LIBERA peças de Vianinha e Polari. *Jornal da Tarde*, São Paulo, 09/05/1979.

DEL RIOS, Jefferson. A Derrota Política de uma Geração. *Isto É*, São Paulo, 03/10/1979.

––––––. Censura não Mata a História. *Folha de S. Paulo*, São Paulo, 09/05/1979.

––––––. Vianninha no Coração da História. *Folha de S. Paulo*, São Paulo, 04/04/1979.

––––––. Beleza e Emoção na Obra-prima de Vianna. *Folha de S. Paulo*, São Paulo, 21/10/1980.

––––––. Este é Seu Último Aceno de Esperança. *Folha de S. Paulo*, São Paulo, 16/10/1980.

DINES, Alberto. Rasgando Corações: a Política como Arte. *Folha de S. Paulo*, São Paulo, 14/10/1979.

E AS OUTRAS? *Veja*, São Paulo, 16/05/1979.

ENFIM, DEPOIS de Cinco Anos, o Carioca Pode Ver *Rasga Coração*. *Última Hora*, 09/10/1979.

FIM DA TEMPORADA. *Folha de Londrina*, Londrina, 02/10/1980.

FIM DE SEMANA, *Rasga Coração*. *O Estado do Paraná*, Curitiba, 21/09/1979.

GUZIK, Alberto. *Rasga Coração*. *Isto É*, São Paulo, 29/10/1980.

HOJE À NOITE no Seminário de Dramaturgia a Leitura da Peça *Rasga Coração* de Oduvaldo Vianna Filho. *Diário Popular*, São Paulo, 25/07/1977.

LIBERADOS: *Rasga Coração, Zero* e *Feliz Ano Novo*. *Folha de S. Paulo*, São Paulo, 09/05/1979.

LIMA, Antonio. Em Cena *Rasga Coração*, a Última Peça Será Dirigida por José Renato. Mas Ainda Falta Verba para a Produção. *Jornal da Tarde*, São Paulo, 14/07/1979.

LIMA, Mariângela Alves de. Peça Símbolo da Fase da Censura. *O Estado de S. Paulo*, São Paulo, 24/04/1979.

LOYOLA BRANDÃO, Ignacio de. Uma das Peças Mais Lidas dos Últimos Tempos. *Folhetim*, São Paulo, 06/05/1979.

LUIZ, Macksen. Explode Coração. *Jornal do Brasil*, Rio de Janeiro, 12/12/1980.

MAGALDI, Sábato. O Teatro em 80. Um Ano de Testes para as Intenções da Abertura. *Jornal da Tarde*, São Paulo, 10/01/1981.

––––––. *Rasga Coração* um Testamento Espiritual Ditado no Leito de Morte. *Jornal da Tarde*, São Paulo, 14/07/1979.

––––––. *Rasga Coração*, um Momento de Perfeição do Nosso Teatro. *Jornal da Tarde*, São Paulo, 28/10/1980.

190 A CRÍTICA DE UM TEATRO CRÍTICO

_____. Vianinha Volta ao Palco. *Jornal da Tarde*, São Paulo, 14/07/1979.

MANGUARI Apaixona SP. *O Estado de S. Paulo*, São Paulo, 15/10/1980.

MARCHIORO, Marcelo. Rasga Coração. Uma Lição de Brasil. *O Estado do Paraná*, Curitiba, 28/09/1979.

MARINHO, Flávio. A Estréia de Ontem Rasgando Coração. *O Globo*, Rio de Janeiro 10/10/1979.

_____. O Coração Ainda Bate Forte. *O Globo,* Rio de Janeiro, 11/12/1980.

_____. Raul Cortez Analisa o Sucesso Teatral do Ano. Por que Tantas Lágrimas e Palmas para *Rasga Coração? O Globo*, Rio de Janeiro, 09/12/1979.

_____. Tempos de Desencanto: *Rasga Coração. O Globo*, Rio de Janeiro, 09/10/1979.

MARRA, Antônio Belluco; CARELLI, Wagner. Menos Censura, Será? *Isto É*, São Paulo, 25/04/1979.

MENDES, José Guilherme. Bate Desigual o Coração de Vianinha. *Ele/Ela*, Rio de Janeiro, outubro/1979.

MENDES, Oswaldo. O Novo Nem Sempre é Revolucionário. *Folhetim*, São Paulo, 06/05/1979.

MICHALSKI, Yan. Brasil 1930-1972: Como Acompanhar o Quebra-cabeça. *Jornal do Brasil*, Rio de Janeiro, 06/10/1979.

_____. Coisas que Incomodam. *Jornal do Brasil*, Rio de Janeiro, 18/12/1979.

_____. De Rasgar o Coração. *Jornal do Brasil*, Rio de Janeiro, 29/05/1977.

_____. Documento Poético de Nossos Becos Sem Saída. *Jornal do Brasil*, Rio de Janeiro, 13/10/1979.

_____. Maratona com um Vianinha Inédito. *Jornal do Brasil*, Rio de Janeiro, 07/10/1979.

_____. *Rasga Coração* Volta em Novembro. *Jornal do Brasil*, Rio de Janeiro, 13/10/1980.

_____. *Rasga Coração. Jornal do Brasil*, Rio de Janeiro, 13/10/1979.

_____. Símbolo de uma Boa Causa. *Jornal do Brasil*, Rio de Janeiro, 21/04/1979.

MONTAGEM DE *Rasga Coração* Terá Patrocínio do Governo. *O Estado de S. Paulo*, São Paulo, 11/05/1979.

MOSTAÇO, Edélcio. *Rasga Coração*, Fígado, Cérebro... In: *O Espetáculo Autoritário: pontos, riscos, fragmentos críticos*. São Paulo: Proposta Editorial, 1983, p. 59-62.

MOTTA, Nelson. No Coração que Rasga, o Sonho e Pesadelo de Pais, Filho e Ideais. *O Globo*, Rio de Janeiro, 14/10/1979.

NAS LIVRARIAS, *Rasga Coração. O Estado de S. Paulo*, São Paulo, 22/05/1980.

NOVAES, Dulcinéia. Quatro Décadas da História Brasileira em *Rasga Coração. Folha de Londrina*, Londrina, 26/09/1980.

_____. Sonia Guedes: Rasgando o Coração em 27 Anos de Teatro. *Folha de Londrina*, Londrina, 03/10/1980.

O ESPETÁCULO DO Ano (*Rasga Coração*). *Jornal do Brasil*, Rio de Janeiro 24/09/1979.

O RIO VIVE o Ponto Alto da Temporada de Teatro. *O Estado de S. Paulo*, São Paulo, 07/10/1979.

O SNT VAI Montar a Peça de Vianna. *Jornal da Tarde*, São Paulo, 11/05/1979.

OLIVEIRA, Germano de. Raul Cortez, 'o teatro só interessa se discutir a realidade nacional'. *O Estado de S. Paulo*, São Paulo, 03/10/1980.

MÚLTIPLAS APROPRIAÇÕES DE UM TEATRO CRÍTICO 191

PASSOS, Mauro Martins. O Governo Escolheu Vianinha para a sua Abertura Teatral. *Jornal de Curitiba*, Curitiba, setembro/1979.

PINHEIRO, Paulo Sérgio. Um Ajuste de Contas com o Passado. *Isto É*, São Paulo, 25/04/1979.

PROIBIÇÃO DEFINITIVA de *Rasga Coração. O Estado de S. Paulo*, São Paulo, 27/05/1977.

PUCCI, Cláudio. Com a Palavra, o Vianinha. *Folha de S. Paulo*, São Paulo, 13/10/1980 .

_____. *Rasga Coração*, Além da Ressaca Ideológica. *Folha de S. Paulo*, São Paulo, 23/10/1980.

_____. Raul Cortez, Coração para o Herói Anônimo. *Folha de S. Paulo*, São Paulo, 15/11/1980.

RANGEL, Flávio. *Rasga Coração. Folha de S. Paulo*, São Paulo, 17/10/1980.

RANGEL, Maria Lúcia. Marcos Flaksman um Imenso Coração que Pulsa. *Jornal do Brasil*, Rio de Janeiro, outubro/1979.

RASGA CORAÇÃO das Sombras à Luz do Palco. *O Estado de S. Paulo*, São Paulo, 20/09/1979.

RASGA CORAÇÃO Drama, Lirismo e História. *Folha de Londrina*, Londrina, 27/09/1980.

RASGA CORAÇÃO em Setembro no Villa-Lobos. *O Globo*, Rio de Janeiro, 06/06/1979.

RASGA CORAÇÃO Estréia Amanhã. *Folha de Londrina*, Londrina, 25/09/1980.

RASGA CORAÇÃO Estréia em Curitiba. *O Globo*, Rio de Janeiro, 21/09/1979.

RASGA CORAÇÃO Estréia na Capital só em Outubro. *O Estado de S. Paulo*, São Paulo, 13/09/1980.

RASGA CORAÇÃO Foi Liberada. *Diário de S. Paulo*, São Paulo, 18/04/1979.

RASGA CORAÇÃO Quase Chegando ao Palco. *Jornal da Tarde*, São Paulo, 24/04/1979.

RASGA CORAÇÃO Vai ao Palco. *O Estado de S. Paulo*, São Paulo, 24/04/1979.

RASGA CORAÇÃO. Bem Rasgado. *Correio de Notícias*, Curitiba, 24/09/1979.

RASGA CORAÇÃO. Em Minas uma Releitura da Peça de Vianinha. *O Globo*, Rio de Janeiro, 19/09/1984.

RASGA CORAÇÃO. *Folhetim*, São Paulo, 06/05/1979.

RASGA CORAÇÃO. *Jornal da Tarde*, São Paulo, 20/09/1979.

RASGA CORAÇÃO: a Esperança no Fundo do Poço, Persistindo Ainda. *Diário do Grande ABC*, Santo André, 26/10/1980.

RASGA CORAÇÃO: o Vianinha Proibido Começa a Ser Mostrado em Curitiba. *Jornal do Brasil*, Rio de Janeiro, 21/09/1979.

RENATO, José. Um Tempo de Obscurantismo Cultural. *Jornal do Brasil*, Rio de Janeiro, 21/04/1979.

RIZZO, Edgar. *Rasga Coração. Correio Popular*, Campinas, 14/09/1980.

RONAI, Cora. Gota a Gota, a Censura Esvazia suas Gavetas. *Jornal do Brasil*, Rio de Janeiro, 11/05/1979.

SANTOS, Daniel dos. Censura: Depois de Atacar Vianinha, Ela Ameaça um Rei Morto. *Folha de S. Paulo*, 28/05/1977.

TEATRO GAÚCHO Vai à Justiça. *Folha de S. Paulo*, São Paulo, 21/02/1979.

UMA OBRA Dedicada ao Brasil. *Folha de S. Paulo*, São Paulo, 04/04/1979.

UMA SEMANA para Ficar na História. *Jornal do Brasil*, Rio de Janeiro, 05/10/1979.

192 A CRÍTICA DE UM TEATRO CRÍTICO

VELHO, Gilberto. Teatro Político e Pluralismo Cultural (a propósito de *Rasga Coração*). *Jornal do Brasil*, Rio de Janeiro, 11/11/1979.

VELOSO, Marco. El Galpón Abre Mostra de Teatro com Texto Ultrapassado pelo Tempo. *Folha de S. Paulo*, São Paulo, 10/07/1989.

VIANA, Hilton. *Rasga Coração. Diário de S. Paulo*. São Paulo, 09/06/1979.

_____. Liberado *Rasga Coração. Diário de S. Paulo*, São Paulo, 29/04/1979.

_____. Símbolo da Liberdade. *Diário de S. Paulo*, São Paulo, maio/1979.

VIANNA DEIXA Testamento em *Rasga Coração. Folha de S. Paulo*, São Paulo, 16/10/1980.

VIANNA, Vinícius et alii. Uma Juventude Sem Vida Política Analisa o Teatro Político. *Jornal do Brasil*, Rio de Janeiro, 29/10/1979.

VIANINHA NA Inauguração de Novo Teatro. *O Estado de S. Paulo*, São Paulo, 16/10/1980.

VIANINHA: PREMIADO e Censurado. *Folha de S. Paulo*, São Paulo, 27/05/1977.

XÉXEO, Artur.; ARCO E FLEXA, Jairo. A Batalha de Vianinha. *Veja*, São Paulo, 10/10/1979.

_____.; CAMARGO, Lucila. No Centro do Palco. *Veja*, São Paulo, 06/02/1980.

ZANOTTO, Ilka Marinho. Penar da Alma Brasileira. *O Estado de S. Paulo*, São Paulo, 26/10/1980.

_____. *Rasga Coração*, Montagem à Altura Desta Obra-prima. *O Estado de S. Paulo*, São Paulo, 23/09/1979.

_____. Um Humanista de Talento Imperecível. *Isto É*, São Paulo, 03/10/1979.

MOÇO EM ESTADO DE SÍTIO

BOJUNGA, Cláudio. Novo Vianinha: uma Geração de Perdedores, de JK a João Goulart. *Veja*, São Paulo, 09/12/1981.

FREITAS, Eliane Sondermann. Um Vianinha Inédito. *Última Hora*, Rio de Janeiro, 26/11/1981.

GARCIA, Maria Cecília. Entre as Estréias, uma Peça Inédita de Vianinha. *Folha de S. Paulo*, São Paulo, 06/08/1982.

GODOY, Carlos Ernesto de. Vianinha em Tom Maior. *Isto É*, São Paulo, 01/09/1982.

GROPILLO, Célia. Texto Inédito de Vianinha Estréia no Sesc da Tijuca. *Jornal do Brasil*, Rio de Janeiro, 26/11/1981.

LUIZ, Macksen. Muitas Gerações no Palco dos Vencedores. *Jornal do Brasil*, Rio de Janeiro, 18/03/1982.

MAGALDI, Sábato. Uma Peça Obrigatória para Quem Ama o Teatro. *Jornal da Tarde*, São Paulo, 20/08/1982.

MARINHO, Flávio. Estréia de Hoje: *Moço em Estado de Sítio. O Globo*, Rio de Janeiro, 26/11/1981.

_____. O Desabafo de Quem Vive em Estado de Sítio. *O Globo*, Rio de Janeiro, 02/12/1981.

_____. Pessoal e Geral: o Tema Básico de Vianinha. *Visão*, São Paulo, 28/12/1981.

MICHALSKI, Yan. O Bom Moço Está de Volta. *Jornal do Brasil*, Rio de Janeiro, 05/03/1982.

MÚLTIPLAS APROPRIAÇÕES DE UM TEATRO CRÍTICO   193

_____. Longa Jornada Estado de Sítio Adentro. *Jornal do Brasil*, Rio de
Janeiro, 30/11/1981.

Moço em Estado de Sítio uma Bem-sucedida e Muito Premiada Peça sobre a
Frustração. *Jornal da Tarde*, São Paulo, 06/08/1982.

Sá, Nelson de. Tapa Traz as "Ilusões Perdidas" de Vianinha. *Folha de S. Paulo*,
Folha Acontece, São Paulo, 24/02/1998.

MÃO NA LUVA

Amor, um Tema Inédito em Peça Idem de Oduvaldo Vianna Filho. *O Globo*,
Rio de Janeiro, 26/11/1984.

Angel, Hildegard. Um Time de Celebridades na Estréia de *Mão na Luva*.
O Globo, Rio de Janeiro, (Revista da TEVE), 09/12/1984.

Couri, Norma. O Amor, a Outra Militância de Vianinha. *Folha de S. Paulo*,
São Paulo, 10/09/1984.

Duelo de Paixão, Segundo Vianinha. *O Estado de S. Paulo*, São Paulo,
12/09/1984.

Graça, Eduardo. Estréia em Maio *Mão na Luva*, Obra-prima de Vianinha Encenada pela Última Vez em 86. *Jornal do Brasil*, Rio de Janeiro, 12/04/1998.

Ghivelder, Débora. Drama Nacional. *Mão na Luva*, de Vianinha, Ganha Nova
Montagem. *Veja*, São Paulo, 27/05/1998.

Guzik, Alberto. Vianinha Merecia Melhor Direção. *Jornal da Tarde*, São Paulo,
10/02/1988.

Labaki, Aimar. Falta Alguma Coisa à *Mão na Luva*. *Folha de S. Paulo*, São
Paulo, 03/03/1988.

Lando, Vivian. Inédito 'Corpo a Corpo'. Casamento e Separação Vistos por
Vianinha. *Isto É*, São Paulo, 08/08/1984.

_____. O Amor, a Outra Militância de Vianinha. *Folha de S. Paulo*, São Paulo,
10/09/1984.

Marinho, Flávio. A Estréia de Hoje: *Mão na Luva*, a Poética Resposta do
Indivíduo (Vianinha) ao Grupo. *O Globo*, Rio de Janeiro, 30/11/1984.

Oliveira, Roberta. Um Amor Flagrado na Corda Bamba. *O Globo*, Rio de
Janeiro, 29/05/1998.

Um Jogo de Corpos, Corações e Mentes. *Jornal da Tarde*, São Paulo,
março/1988.

Wyler, Vivian. *Mão na Luva* a Modernidade de um Vianinha Até Agora Des-
conhecido. *Jornal do Brasil*, Rio de Janeiro, 30/11/1984.

AMAFEU – COMPANHIA TEATRAL AMAFEU DE BRUSSO

Amafeu, A Estréia de um Vianinha Bem-humorado. *Folha de S. Paulo*, São
Paulo, 15/05/1985.

O Teatro Falando Sobre Teatro. Com humor e música. *Jornal da Tarde*. São
Paulo, 15/05/1985.

194   A CRÍTICA DE UM TEATRO CRÍTICO

TELEVISÃO/CINEMA

Figueiredo, Paulo S. TV Já Tem Obras Eternas. Um Pouco do Imortal Vianinha. *O Estado de Minas*, Belo Horizonte, 14/10/1979.

Medalha de Prata para *Em Família* em Festival Russo. *O Globo*, Rio de Janeiro, 30/08/1971.

O Achado de Vianinha. Séries de Humor na TV Ainda Seguem Modelo de *A Grande Família*, dos Anos 70. *Jornal do Brasil*, Rio de Janeiro, 20/11/1996.

Paulo Pôrto Dirige *Em Família*. *O Globo*, Rio de Janeiro, 12/02/1971.

Távola, Artur da. O Tragicômico Cadáver do Encantado. *O Globo*, Rio de Janeiro, 04/10/1979.

_____. Eterna *Grande Família*. *O Globo*, Rio de Janeiro, 20/01/1980.

_____. Teleteatro de Ontem, *Medéia*. *O Globo*, Rio de Janeiro, s/d.

_____. Ainda *Medéia*. Mulherzinha Danada! *O Globo*, Rio de Janeiro, 20/02/1973.

_____. Véspera de Copa, Apenas o Trivial. *O Globo*, Rio de Janeiro, 12/06/1974.

_____. Enquanto a Cegonha Não Vem. *O Globo*, Rio de Janeiro, s/d.

_____. Caso Especial: A Gente Quer Mais. *O Globo*, Rio de Janeiro, s/d.

_____. *A Grande Família*: É Preciso o Papai Saber? *O Globo*, Rio de Janeiro, 20/04/1974.

_____. *A Grande Família*: Plá Final. *O Globo*, Rio de Janeiro, 21/04/1974.

_____. *A Grande Família*: Alguns Plás de sua Comunicação. *O Globo*, Rio de Janeiro, 19/04/1974.

_____. A (nossa?) *Grande Família*. *O Globo*, Rio de Janeiro, 18/04/1974.

_____. Hoje Tem Vianinha. É Dia de Reflexão e Sentimento. *O Globo*, Rio de Janeiro, 22/06/1983.

Tumscitz, Gilberto Braga. *Mirandolina*, Segundo Oduvaldo, é Programa de Hoje na TV Globo. *O Globo,* Rio de Janeiro, 24/11/1972.

Kotscho, Ricardo. A Obra-prima do Vídeo em 33 Anos. *Folha de S. Paulo*, São Paulo, 24/06/1983.

Vieira, Flávio Pinto. Eurípedes e a Medéia Brasileira, *Última Hora*, Rio de Janeiro, 27/01/1977.

Silveira, Helena. Conquistar a Tragédia, um Segredo de Vianinha. *Folha de S. Paulo*, São Paulo, 24/06/1983.

MÚLTIPLAS APROPRIAÇÕES DE UM TEATRO CRÍTICO 195

TESES, ENSAIOS E DISSERTAÇÕES

Diálogos Acadêmicos com a Dramaturgia de Oduvaldo Vianna Filho

Oduvaldo Vianna Filho, um dos dramaturgos mais estudados por acadêmicos brasileiros das áreas de Artes Cênicas, Letras e História, possui algumas de suas peças publicadas, ao passo que outras, não editadas, estão dispersas em diferentes bibliotecas do país. Sobre ele produziu-se também uma biografia minuciosa de autoria de Denis de Moraes, *Vianinha, Cúmplice da Paixão*, além de um emocionado depoimento de sua mãe, Deocélia Vianna, *Companheiros de Viagem*, recordando a sua trajetória em companhia do marido, Oduvaldo Vianna, e do único filho, Oduvaldo Vianna Filho.

Esses dois livros, embora trabalhem com o rememorar, em termos narrativos, distinguem-se por alguns aspectos. O de Denis de Moraes é uma biografia elaborada por intermédio da articulação entre críticas teatrais e depoimentos de amigos e colaboradores do dramaturgo. Redigido em terceira pessoa, o texto apresenta fluência e um estilo que convida o leitor a mergulhar no universo político e cultural em que viveu Vianinha. Mesmo possuindo características que tornam a leitura agradável, o trabalho destaca-se pelo rigor informativo que o tornou uma obra de referência. Já o pungente rememorar de Deocélia Vianna, mesclando a trajetória de sua família à história política do país, constrói, sob o ponto de vista da militância comunista, uma narrativa pontuada por acontecimentos e juízos de valor acerca de ações e condutas vivenciadas no Brasil, no decorrer do século XX.

Os demais estudos, por sua vez, são oriundos de dissertações e teses desenvolvidas em universidades brasileiras e estrangeiras. Dentre eles, o primeiro a ganhar o mercado editorial foi o de Carmelinda Guimarães, *Um Ato de Resistência: o Teatro de Oduvaldo Vianna Filho*, originalmente uma dissertação de mestrado, defendida junto à ECA-USP, sob a orientação do Prof. Dr. Sábato Magaldi. Essa pesquisa, também a primeira concluída em nível acadêmico, ofereceu aos leitores e futuros pesquisadores uma introdução, bem estruturada, à dramaturgia de Vianna Filho. Articulando a trajetória de vida a comentários críticos, além de traçar um panorama do artista e do período, Carmelinda Guimarães trouxe a público o primeiro balanço do material crítico existente sobre Vianinha que, a cada novo pesquisador, foi sendo ampliado e diversificado.

Já o segundo livro apresentou, em 1994, as investigações de Leslie Hawkins Damasceno, sob o título *Espaço Cultural e Convenções Teatrais na Obra de Oduvaldo Vianna Filho*. Resultado de uma tese de doutorado defendida, na Ucla, no Program in Romance Linguistcs and Literature, a pesquisa, originalmente destinada ao público norte-americano, apresenta informações acerca da conjuntura brasileira em que viveu Vianinha, destinadas a um leitor não familiarizado com o processo político do Brasil contemporâneo, e estudos sobre as peças do dramaturgo encenadas no período em que foram confeccionadas. No entanto, como a própria autora alerta, o último capítulo, que versa sobre *Rasga Coração*, desloca-se da premissa geral do livro, dada a qualidade do texto e a importância que ele adquiriu para o teatro brasileiro. No conjunto, Damasceno propõe um diálogo entre as peças e o impacto das mesmas na conjuntura em que foram elaboradas.

Em 1997, foi a vez de Maria Silvia Betti e seu livro *Oduvaldo Vianna Filho*, também fruto de uma tese de doutoramento apresentada ao Departamento de Letras Clássicas da USP. Nesse, a obra de Vianinha é interpretada por intermédio de questões atinentes a um "projeto nacional de cultura", ao lado de análises acerca de sua atuação profissional e de seu processo criativo. Em relação a essa pesquisadora, é oportuno recordar que Vianna Filho já foi tema de sua dissertação de mestrado[10], que discutiu o conteúdo ideológico da dramaturgia, com vistas a apresentar um "dramaturgo em progresso", mas vinculado ao seu tempo.

Por fim, a quarta publicação data de 1999, *Vianinha: Um Dramaturgo no Coração de Seu Tempo* é também resultado de uma pesquisa de doutorado defendida junto ao Departamento da História da USP. A partir da idéia de "obra-prima", utilizada pelos críticos para definir a peça *Rasga Coração*, a autora refletiu sobre as imagens produzidas por diversos comentaristas sobre Vianinha e suas peças. Para atingir esse objetivo, elaborou, a partir dos textos dramáticos, um panorama histórico do Brasil, a fim de evidenciar, de um lado, a historicidade inerente ao objeto artístico, e de outro, apreender os significados e as interpretações que o trabalho de Oduvaldo Vianna Filho adquiriu nos embates da conjuntura política da década de 1970.

Além dessas investigações, transformadas em livros, Oduvaldo Vianna Filho foi tema de outras dissertações e teses. Em linhas gerais, pode-se afirmar que esses trabalhos possuem caráter abrangente, mesmo privilegiando aspectos e obras, em detrimento de outras variáveis. Nesse sentido, as dissertações de Eliane Paschoal, Adriana Sendim, Thais Leão Vieira, Maria Aparecida Ruiz e Sandra Rodart Araújo são verticalizações em um aspecto e/ou peça de Vianinha.

Para Paschoal, por exemplo, o tema central da pesquisa era verificar elementos do "teatro nacional" presentes no Teatro de Arena a partir de *Chapetuba Futebol Clube*, enquanto Sendim buscou destacar os aspectos brechtianos de sua dramaturgia. Já Thaís Vieira analisou, no nível estético e simbólico, *Brasil – Versão Brasileira*, a fim de rever o lugar do Centro Popular de Cultura – CPC – no Brasil da década de

---

10. Maria Silvia Betti Caumo, *Evolução do Pensamento de Oduvaldo Vianna Filho*, São Paulo, 1984. Dissertação de Mestrado em Letras Clássicas e Vernáculas – Faculdade de Filosofia, Letras e Ciências Humanas, Universidade de São Paulo.

MÚLTIPLAS APROPRIAÇÕES DE UM TEATRO CRÍTICO

1960, assim como, a partir do aludido texto teatral, evidenciou momentos da militância política e sindical do período recriados ficcionalmente por Vianna Filho.

Por sua vez, Maria Aparecida Ruiz elegeu *Rasga Coração* e os desdobramentos políticos e partidários decorrentes da militância do Partido Comunista Brasileiro na contemporaneidade. Sob outra perspectiva, isto é, pela temática de *Corpo a Corpo*, Sandra Rodart Araújo também abordou o tema da militância. Entretanto, de maneira distinta dos demais trabalhos, a autora privilegiou a encenação feita em 1995 pelo grupo Tapa, a fim de enfatizar a permanência do debate proposto por Vianinha, além de apontar novas possibilidades interpretativas decorrentes desta montagem e recepção pública que a mesma obteve.

Todavia, as pesquisas acadêmicas não se restringiram à atuação teatral de Oduvaldo Vianna Filho. A sua incursão na televisão gerou duas teses de doutorado. A primeira, de Sandra de Cássia Araújo Pellegrini, refletiu sobre a teledramaturgia de Vianinha na apreensão do processo criativo e a conexão deste com um projeto nacional de cultura. A segunda, de autoria de Maria Aparecida Ruiz, investigou o seriado *A Grande Família* sob o signo da indústria cultural.

No que se refere aos artigos e capítulos de livros, geralmente, eles são desdobramentos de idéias e/ou temas, desenvolvidos em trabalhos mais amplos, quando assinados por pesquisadores da obra de Vianinha. Mas, quando o autor não se debruçou especificamente sobre as peças de Vianna encontra-se, na maioria das vezes, um procedimento metodológico que articula aspectos de sua dramaturgia a questões mais abrangentes. Por exemplo, a reflexão de Maria Helena Werneck, ao eleger os conflitos de Vivacqua, na peça *Corpo a Corpo*, materializados na montagem do grupo Tapa, em 1995, permite apreender significativas imagens da mundialização impregnadas no cotidiano da personagem. Outro tema recorrente para aqueles que escrevem sobre Vianna Filho diz respeito também à sua morte prematura e ao impacto de sua obra para a sociedade atual.

As obras aqui apresentadas constituem as referências básicas para o estudo da dramaturgia e da trajetória política e artística de Oduvaldo Vianna Filho. No entanto, a despeito destes apontamentos, uma análise sistemática e aprofundada dos fundamentos teóricos e metodológicos de cada pesquisa iria requerer uma reflexão minuciosa, pois elas são provenientes de áreas específicas do conhecimento. Isso significa dizer que as preocupações e os questionamentos que as motivaram são decorrentes de debates e de caminhos de investigação relativos ao lugar de formação do pesquisador.

No entanto, o propósito dessa apresentação foi o de dar a conhecer, pelo menos em nível de referência bibliográfica, o estágio da pesquisa acadêmica em relação à obra de Oduvaldo Vianna Filho. E, desse ponto de vista, observam-se dois encaminhamentos. O primeiro, ao revelar a existência de um conhecimento acumulado sobre a dramaturgia de Vianinha, destacou que as dissertações de mestrado têm optado por algumas peças, ao invés de abordagens panorâmicas das obras, freqüentes nas teses de doutorado. O segundo envolve as proposições dos artigos e capítulos de livros que, mesmo refazendo balanços da dramaturgia, concentraram seus esforços em realçar os elementos contemporâneos das peças, especialmente em virtude das restrições feitas a elas por aqueles que consideram o engajamento político o motivo pelo qual novas montagens de seus textos não seriam pertinentes.

Um outro aspecto que se evidencia nesses textos é o fato de que os estudiosos da dramaturgia de Vianinha têm uma profunda admiração pelo tema. Há, em seus trabalhos, apesar da perspectiva crítica da maioria deles, uma cumplicidade com aquele jovem que conseguiu, em sua breve trajetória, articular *talento* e *paixão*. Isso, sem dúvida, contribuiu para torná-lo uma das figuras centrais da cultura brasileira da segunda metade do século XX, e, é em torno disso, que sistematicamente seus pesquisadores se unem, com vistas a estimular os profissionais de teatro a redescobrirem Oduvaldo Vianna Filho.

Aliás, a ausência de diálogo, entre as peças de Vianinha e os artistas em atividade no teatro brasileiro, apresenta-se inclusive no âmbito acadêmico. Excetuando a pesquisa de Carmelinda Guimarães, as demais foram desenvolvidas nas áreas de Letras, História e Comunicação. Evidentemente, essa constatação não significa fazer defesa de áreas ou competências, mas destacar que os pesquisadores que se sentem estimulados pela dramaturgia de Oduvaldo Vianna Filho são provenientes de campos do conhecimento em que a mediação passado/presente é essencial ao próprio ofício, visto que as suas existências estão largamente vinculadas à permanência e à defesa de uma *memória social*.

Nesse sentido, um outro dado ganha evidência nesse breve arrazoado: a dramaturgia de Oduvaldo Vianna Filho foi consagrada no âmbito da literatura dramática. Como escritor, deixou uma obra densa, rica em conflitos e em debates. Todavia, para que essa trajetória e sua memória sejam coroadas com êxito, pelo talento que foi reconhecido, é preciso que os responsáveis pela cena teatral do país recuperem as possibilidades cênicas presentes em suas peças. Finalmente, essa tem sido a bandeira de historiadores e teóricos da literatura: a defesa de *Vianinha como nosso contemporâneo*!

MÚLTIPLAS APROPRIAÇÕES DE UM TEATRO CRÍTICO 199

Monografias, Dissertações, Teses e Livros sobre a Dramaturgia e a Trajetória Artística de Oduvaldo Vianna Filho

ARAÚJO, Sandra Rodart. *Corpo a Corpo de Oduvaldo Vianna Filho:* diálogos com o Brasil da década de 1970. Monografia (Graduação em História) – Instituto de História – Universidade Federal de Uberlândia, Uberlândia, 2003.
_____. *Corpo a Corpo* (1970) *de Oduvaldo Vianna Filho*: do texto dramático à encenação do Grupo Tapa de São Paulo (1995). Dissertação (Mestrado em História) – Instituto de História – Universidade Federal de Uberlândia, 2006.

BETTI, Maria Sílvia. *Oduvaldo Vianna Filho.* São Paulo: Edusp, 1997 (originalmente Tese de Doutorado defendida junto ao Programa de Pós-Graduação em Letras Clássicas da Faculdade de Filosofia, Letras e Ciências Humanas – FFLCH – da Universidade de São Paulo, em 1994, com o seguinte título: *Resgate de Imagens: uma abordagem da dramaturgia de Oduvaldo Vianna Filho*).

CAUMO, Maria Sílvia Betti. *Evolução do Pensamento de Oduvaldo Vianna Filho.* Dissertação (Mestrado em Letras Clássicas) – Faculdade de Filosofia, Letras e Ciências Humanas – Universidade de São Paulo, São Paulo, 1984.

DASMASCENO, Leslie H. *Espaço Cultural e Convenções Teatrais na Obra de Oduvaldo Vianna Filho.* Campinas/SP: Ed. da Unicamp, 1994. (originalmente Tese de Doutorado, em 1987, ao Program in Romance Linguistcs and Literature – Ucla).

GUIMARÃES, Carmelinda Soares. *Um Ato de Resistência:* o teatro de Oduvaldo Vianna Filho. São Paulo: MG Editores Associados, 1984. (originalmente Dissertação de Mestrado defendida junto ao Programa de Pós-Graduação em Artes – Artes Cênicas – Escola de Comunicações e Artes – Universidade de São Paulo, em 1983, com o seguinte título: *O Teatro de Oduvaldo Vianna Filho*).

MORAES, Dênis de. *Vianinha, Cúmplice da Paixão:* uma biografia de Oduvaldo Vianna Filho. 2ª ed. (revista e ampliada) Rio de Janeiro: Record, 2000 (a referência da 1ª edição é a seguinte: *Vianinha: cúmplice da paixão*. Rio de Janeiro: Nórdica, 1991).

PASCHOAL, Eliane S. *Cenas da Arena de um Teatro*: Guarnieri e Vianinha (1958-1959). Dissertação (Mestrado em História) – Pontifícia Universidade Católica de São Paulo, São Paulo, 1998.

PATRIOTA, Rosangela. *Vianinha – Um Dramaturgo no Coração de Seu Tempo.* São Paulo: Hucitec, 1999. (originalmente Tese de Doutorado defendida junto ao Programa de Pós-Graduação em História Social da Faculdade de Filosofia, Letras e Ciências Humanas – FFLCH – da Universidade de São Paulo, em 1995, com o seguinte título: *Fragmentos de Utopias (Oduvaldo Vianna Filho – um dramaturgo lançado no coração de seu tempo*).

PELEGRINI, Sandra Cássia. *A Teledramaturgia de Oduvaldo Vianna Filho:* da tragédia ao humor: utopia da politização do cotidiano. Tese (Doutorado em História Social) – Faculdade de Filosofia, Letras e Ciências Humanas, Universidade de São Paulo, São Paulo, 2000.

RUIZ, Maria Aparecida. *A Grande Família de Oduvaldo Vianna Filho e a Consolidação da Indústria Cultural:* uma imagem na Televisão Brasileira, no início dos anos setenta. Tese (Ciências da Comunicação) – Escola de Comunicações e Artes, Universidade de São Paulo, São Paulo, 2003.
_____. *Rasga Coração – Herói Anônimo e Revolucionário (representação da militância comunista em um texto de Oduvaldo Vianna Filho).*

200 A CRÍTICA DE UM TEATRO CRÍTICO

Dissertação (Mestrado em História) – Pontifícia Universidade Católica de São Paulo, São Paulo, 1996.

SENDIM, Adriana dos Anjos. *A Presença de Brecht na Obra de Oduvaldo Vianna Filho*. Rio de Janeiro, 1998. Dissertação (Ciência da Literatura), Universidade Federal do Rio de Janeiro.

VIANNA, Deocélia *Companheiros de Viagem*. São Paulo: Brasiliense, 1984.

VIEIRA, Thaís Leão. *Vianinha no Centro Popular de Cultura (CPC da UNE)*: Nacionalismo e Militância Política em *Brasil – Versão Brasileira* (1962). Dissertação (Mestrado em História) – Instituto de História – Universidade Federal de Uberlândia, Uberlândia, 2005.

Capítulos de Livros e Artigos que Analisam a Dramaturgia de Oduvaldo Vianna Filho

ARAÚJO, Sandra Rodart. Aspectos da Indústria Cultural e Publicidade no Brasil por meio da Dramaturgia de Oduvaldo Vianna Filho. *Fênix – Revista de História e Estudos Culturais*. Uberlândia, v. 1, n. 1, Ano 1, out/nov/dez/2004. Meio Digital, www.revistafenix.pro.br

_____. "Corpo a Corpo" no debate do Brasil dos anos 70. In: *História e Cultura: espaços plurais*. Uberlândia-MG: ASPPECTUS, 2002.

AZEVEDO, Elizabeth Ribeiro. Família e Resistência Política no Espelho do Teatro: Jorge Andrade e Oduvaldo Vianna Filho. *Cultura Vozes*. Petrópolis-RJ, v. 92, n. 4, p. 157-174, 1998.

BETTI, Maria Sílvia. Oduvaldo Vianna Filho. *Enciclopédia Biblos*. Lisboa-Portugal: Editorial Verbo, 2000.

_____. Virando o Milênio no Brasil dos Quinhentos: a atualidade de Vianinha. *Estudos de Literatura Brasileira Contemporânea*. São Paulo, n. 8, p. 15-21, 2000.

BRAGA, Cláudia Marisa. Vianinha: íntimo e pessoal. *Revista de Estudos de Literatura*. Belo Horizonte, MG:, v. 7, p. 40-49, 2000.

GUIMARÃES, Carmelinda Soares. El Teatro de Oduvaldo Vianna Filho. In: *Inventário do Teatro Iberoamericano*. Madrid: Centro de Documentação Teatral, 1990.

_____. Oduvaldo Vianna el teatro como liberación. *El Publico*. Madrid, v. 41, p. 59-60, 1987.

_____. Rasga Corazón: testimonio político y filosófico. *Conjunto*. Cuba, v. 76, p. 24-31, 1988.

PATRIOTA, Rosangela. Fragmentos de uma utopia revolucionária. *Cultura Vozes*. Petrópolis-RJ, v. 90, n. 3, p. 17-32, 1996.

_____. História – Teatro – Política: Vianinha, 30 anos depois. *Fênix – Revista de História e Estudos Culturais*. Uberlândia, v. 1, n. 1, Ano 1, out/nov/dez/2004. Meio Digital, www.revistafenix.pro.br

_____. Modernização dos Meios de Comunicação: redimensionamento do conceito de cidadania no Brasil? In: *História e Cidadania*. São Paulo-SP: Humanitas Publicações/FFLCH-USP/ANPUH, 1998.

_____. Reflexões Sobre a Militância de Esquerda Frente ao Autoritarismo Latino-americano. In: *América Latina Contemporânea: Desafio e Perspectivas*. Rio de Janeiro/São Paulo: Expressão e Cultura/Edusp, 1996.

_____. Reflexões Sobre o Brasil: Oduvaldo Vianna Filho, um poeta de seu tempo. *Cultura Vozes*, Petrópolis-RJ, v. 93, n. 1, p. 146-163, 1999.

MÚLTIPLAS APROPRIAÇÕES DE UM TEATRO CRÍTICO 201

Pelegrini, Sandra de Cássia. O Morto do Encantado: Matizes Humorísticas na Teledramaturgia de Vianinha. In: *Fórum de Pesquisas: Programa Associado de Pós-Graduação em História UEM/UEL*. Maringá: PGH – UEM/UEL, v. 1, p. 101-117, 2001.

———. Resenha do livro "Vianinha – um dramaturgo no coração de seu tempo". *Questões e Debates*, Curitiba, v. 18, n. 34, p. 293-297, 2001.

———. Televisão, Política e História – Dimensões da Problemática Social na Teledramaturgia de Vianinha. *Revista de História Regional*, Ponta Grossa, v. 2, n. 1, 2002.

Pontes Jr., Geraldo R. A Revisão de um Legado e a Gênese de uma Dramaturgia: o teatro de Oduvaldo Vianna Filho. *Matraga*, 1999, www2.uerj.br/~pgletras/revistas.htm

Ramos, Alcides Freire. No Olho do Furacão: Oduvaldo Vianna Filho e o Cinema Novo. *Cultura Vozes*, Petrópolis, v. 93, n. 1, p. 164-172, 1999.

———. Oduvaldo Vianna Filho e o Cinema Novo: apontamentos em torno de um debate estético-político. *Fênix – Revista de História e Estudos Culturais*, Uberlândia, v. 1, n. 1, Ano 1, out/nov/dez/2004, www.revistafenix.pro.br

Resende, Beatriz V. Dez Anos Sem Vianinha. *Revista Presença. Presença/Caetés*, v. 4, p. 73-78, 1983.

Vássina, Elena. Peças de Oduvaldo Vianna Filho. *Sovremennaia Zarubejnaia Dramaturgia*, Moscou, v. 2, p. 16-21, 1988.

Vieira, Thaís Leão. "Brasil, Versão Brasileira" de Oduvaldo Vianna Filho (1962): perspectivas estéticas e políticas do CPC da UNE. In: *Anais do XXII Simpósio Nacional de História*. 2003, João Pessoa-PB. Meio Digital.

Werneck, Maria Helena V. A Mundialização no Cotidiano: imagens e vozes em dois monólogos brasileiros. *Semear*. Revista da Cátedra Padre Antônio Vieira de Estudos Portugueses da PUC-Rio. Rio de Janeiro, v. 6. Meio Digital, www.letras.puc-rio.br/catedra/index.html

———. Depois da Barca: cenas de outros infernos nas dramaturgias de José Cardoso Pires e Oduvaldo Vianna Filho. *Semear*. Revista da Cátedra Padre Antônio Vieira de Estudos Portugueses da PUC-Rio, Rio de Janeiro, v. 8, p. 229-248, 2003.

Textos Teóricos e das Peças Teatrais de Oduvaldo Vianna Filho e Suas Respectivas Publicações

Textos Teóricos e de Análises sobre o Teatro Brasileiro:

Peixoto, Fernando (org.). *Vianinha: Teatro – Televisão – Política*. 2ª ed., São Paulo: Brasiliense, 1999. (1ª edição é de 1983).

Textos Teatrais Publicados:

Michalski, Yan. (org.). *Teatro de Oduvaldo Vianna Filho: volume 1*. Rio de Janeiro: Ilha, 1981. (Neste volume foram editadas as peças *Bilbao, via Copacabana*; *Chapetuba Futebol Clube*; *A Mais-valia Vai Acabar, Seu Edgar*; e *Quatro Quadras de Terra*).

———. *O Melhor do Teatro de Oduvaldo Vianna Filho*. São Paulo: Global, 1985. (Neste volume foram editadas as peças *Papa Highirte*; *Rasga Coração;* e *Mão na Luva*).

202 A CRÍTICA DE UM TEATRO CRÍTICO

VIANNA FILHO, Oduvaldo. *Os Azeredos Mais os Benevides*. Rio de Janeiro: MEC, 1966.

_____. *Rasga Coração*. Rio de Janeiro: Serviço Nacional de Teatro, 1980. (Coleção Prêmios). (Neste volume, além da peça, foi publicada a pesquisa realizada pelo autor e por Maria Célia Teixeira sobre o Rio de Janeiro da década de 1930, com vistas a subsidiar a construção dramática do referido texto teatral).

_____. *Brasil, Versão Brasileira*. In: PEIXOTO, Fernando (org.). *O Melhor Teatro do CPC da UNE*. São Paulo: Global, 1989.

_____.; GULLAR, Ferreira. *Se Correr o Bicho Pega, Se Ficar o Bicho Come*. Rio de Janeiro: Civilização Brasileira, 1966.

_____. *Papa Highirte*. Rio de Janeiro: Serviço Nacional de Teatro, 1968.

_____. *Nossa Vida em Família*. São Paulo: Geprom Editora Ltda, 1972.

_____. Corpo a Corpo. *Revista de Teatro*. São Paulo, maio-junho, 1972, p. 31-43.

_____. Corpo a Corpo. *Cultura Vozes*. Petrópolis-RJ, v. 93, n. 1, 1999, p. 173-200.

_____.; FONTOURA, Antônio Carlos; COSTA, Armando; MARTINS, Carlos Estevam; THIRÉ, Cecil; GARCIA, Marco Aurélio. O Auto dos 99%. *Arte em Revista*. São Paulo: Kairós, Ano 2, n. 3, março de 1980, p. 89-98.

_____. Chapetuba Futebol Clube. *Coletânea Teatral*, Rio de Janeiro: SBAT, 1959 (caderno n. 57).

Textos Teatrais não Editados:

VIANNA FILHO, Oduvaldo. *Dura Lex Sed Lex no Cabelo só Gumex*. (cópia disponível no Banco de Textos Teatrais Sandro Polloni – Biblioteca do Campus Santa Mônica – Universidade Federal de Uberlândia – Uberlândia – MG).

_____. *Longa Noite de Cristal*. (cópia disponível na Biblioteca Jenny Klabin Segall – Museu Lasar Segall – São Paulo – SP e no Banco de Peças do Centro Cultural São Paulo – São Paulo – SP).

_____. *Allegro Desbundaccio (Se Martins Penna Fosse Vivo)*. (cópia disponível na Biblioteca Jenny Klabin Segall – Museu Lasar Segall – São Paulo – SP e versão digitalizada no Núcleo de Estudos em História Social da Arte e da Cultura – NEHAC – Universidade Federal de Uberlândia – Uberlândia – MG).

_____. *Cia Teatral Amafeu de Brusso*. (cópia disponível no Banco de Peças Teatrais do Centro Cultural São Paulo – São Paulo – SP e cópia digitalizada no Núcleo de Estudos em História Social da Arte e da Cultura – NEHAC – Universidade Federal de Uberlândia – Uberlândia – MG).

_____. *Moço em Estado de Sítio*. (cópia disponível no Banco de Peças Teatrais do Centro Cultural São Paulo – São Paulo – SP).

Roteiros Originais e/ou Adaptados para a Televisão Publicados:

VIANNA FILHO, Oduvaldo. Medéia. *Cultura Vozes*. Petrópolis-RJ, v. 93, n. 5, p. 127-158, 1999. (Adaptação para a televisão da tragédia grega *Medéia* de Eurípedes. Esse trabalho de Vianinha foi a base a partir da qual Chico Buarque & Paulo Pontes escreveram a peça *Gota D'Água* em 1975).

_____. Matador. *Revista de Teatro*. Rio de Janeiro, julho-agosto, 1965, p. 31-50.

Roteiros Originais e/ou Adaptados para a Televisão e/ou Musicais não Publicados:

VIANNA FILHO, Oduvaldo. *Turma, Minha Doce Turma*. (cópia disponível no Banco de Textos Teatrais Sandro Polloni – Biblioteca do Campus Santa Mônica – Universidade Federal de Uberlândia – Uberlândia – MG).

_____. *O Morto do Encantado Saúda e Pede Passagem*. (cópia digitalizada disponível no Núcleo de Estudos em História Social da Arte e da Cultura – NEHAC – Universidade Federal de Uberlândia – Uberlândia – MG).

_____. *As Aventuras de uma Moça Grávida*. (original digitalizado pelo Núcleo de Estudos em História Social da Arte e da Cultura – NEHAC – Universidade Federal de Uberlândia – Uberlândia – MG).

_____.; ARAGÃO, Thereza. *Teleco Teco Opus n. 1*. Produção do Grupo Opinião e Idealizado por Sérgio Cabral. (cópia disponível na Biblioteca Jenny Klabin Segall – Museu Lasar Segall – São Paulo – SP e no Banco de Peças Teatrais do Centro Cultural São Paulo – São Paulo – SP).

4. Vianinha – Nosso Contemporâneo?

> *Em cada época, é preciso arrancar a tradição ao conformismo, que quer apoderar-se dela. Pois o Messias não vem apenas como salvador; ele vem também como o vencedor do Anticristo. O dom de despertar no passado as centelhas da esperança é privilégio exclusivo do historiador convencido de que também os mortos não estarão em segurança se o inimigo vencer. E esse inimigo não tem cessado de vencer.*
>
> WALTER BENJAMIN,
> *Sobre o Conceito de História* – Tese 6

O início da década de 1970 trouxe, para o teatro brasileiro, outros horizontes e proposições. A modernização que alimentara iniciativas como as do Teatro Brasileiro de Comédia (TBC), com as devidas críticas, já estava incorporada ao palco e à dramaturgia. Os anseios de mudanças social, constantes das investigações estéticas do Teatro de Arena e do Teatro Oficina, estavam sendo substituídos por agendas decorrentes das demandas apresentadas pela conjuntura política e econômica do país.

Nesse processo, no que diz respeito ao Arena e ao Oficina, inclusive por força de questões internas, essas companhias encerraram suas atividades: o Teatro de Arena em 1971, após a prisão e o posterior exílio do dramaturgo e diretor Augusto Boal, e o Teatro Oficina em

A CRÍTICA DE UM TEATRO CRÍTICO

1974, depois de uma invasão policial, que redundou na detenção de alguns de seus integrantes e na ida do diretor José Celso Martinez Corrêa para a Europa.

Assim, no que tange ao Arena e ao Oficina, deve-se recordar que suas atuações ocorreram em um período de grande efervescência política e intelectual. As perspectivas de transformação, em consonância com a luta contra a ditadura militar, motivaram tanto as criações artísticas, quanto os debates por elas suscitados. A urgência em forjar condições para o processo de mudança radical foi acompanhada por uma cena que, ao refletir sobre o Brasil daquele período, foi identificada como *revolucionária* por seus realizadores e assim reconhecida por seus estudiosos.

Todavia, esses projetos foram derrotados e o teatro brasileiro, em particular o paulistano, teve de sobreviver sem a presença dessas companhias. Estabelecida essa realidade, quais foram as alternativas para o florescimento de uma cultura de oposição?

Em termos do eixo Rio de Janeiro/São Paulo, a cena teatral continuava diversificada, isto é, companhias teatrais continuavam com suas temporadas. Atores como Fernanda Montenegro, Maria Della Costa, Paulo Autran, Tônia Carrero, Fernando Torres, Dina Sfat, Paulo José, Othon Bastos, Martha Overbeck, Antonio Fagundes, entre outros, estavam trabalhando em espetáculos teatrais. Autores como Plínio Marcos, Oduvaldo Vianna Filho, Gianfrancesco Guarnieri, Carlos Queiroz Telles produziam textos que tinham como proposta dialogar com aquele momento histórico. Diretores como Fernando Peixoto, Gianni Ratto, Flávio Rangel, Antunes Filho estavam em plena atividade.

Esses profissionais historicamente vivenciaram uma conjuntura sociopolítica vista como revolucionária, assim como assistiram, com perplexidade, à derrubada do governo Goulart, à tomada do poder pelos militares e, em conseqüência disso, o estabelecimento gradativo da censura e de restrições às liberdades individuais, que tiveram como contraponto as disputas em torno da resistência democrática e da luta armada. Presenciaram também ao aumento progressivo de ações guerrilheiras tanto na cidade quanto no campo, à intensificação do aparato repressivo (prisões, torturas, assassinatos e exílio de lideranças políticas) e à busca de novas alternativas culturais.

Paulatinamente, estabeleceu-se uma descrença em relação ao processo. Os sujeitos, atuantes em diversos segmentos sociais, deixaram de compreender aquelas circunstâncias históricas como revolucionárias, isto é, o país não vivia uma conjuntura propicia à transformação e, sob esse aspecto, seria importante construir manifestações culturais capazes de suscitar o debate em favor das liberdades democráticas. O tema da revolução voltou a se apresentar como uma possibilidade e não mais como um dado iminente.

Esta sensação materializava-se, no meio artístico, com o exílio de artistas que questionaram padrões de comportamento (Caetano Veloso

VIANINHA – NOSSO CONTEMPORÂNEO? 207

e Gilberto Gil), daqueles que participaram da instrumentalização da arte em favor da luta política (Augusto Boal), bem como dos que buscaram transformar as relações estabelecidas entre arte e sociedade (Zé Celso M. Corrêa).

Os que permaneceram no país e continuaram a exercer a profissão viveram em um ambiente que foi descrito pela atriz Walderez de Barros da seguinte forma:

> 1968, no Brasil, foi um crime. Era um momento no qual culturalmente estávamos em ebulição. Se nos concentrarmos no teatro, a área que conheço melhor, foi um dos momentos mais férteis em todos os aspectos. Tínhamos uma dramaturgia contundente. Grandes autores surgiram. Era um processo que vinha se construindo antes da ditadura, mas foi abortado em 68, truncando o processo histórico que estava em andamento. Penso que foi muito difícil a retomada disso. Na época, havia uma consciência muito grande de que o fazer teatral implicava numa tomada de posição, não necessariamente política. Era preciso estar consciente do momento histórico vivido. Acredito que ninguém ficava impune. Nós vivemos vinte anos uma ditadura que deixou marcas, particularmente no teatro. Até hoje, estamos vivendo um reflexo dessa situação. Após os acontecimentos de 1968, ou se fez política, ou um teatro contra a ditadura ou uma arte desvinculada do processo. Ficou difícil, inclusive, exercer a profissão, porque não se tinha liberdade para montar um texto. Tudo que estou falando tem a ver com a minha trajetória. Foi um tempo difícil para todo mundo. Muitas pessoas se viram obrigadas a ter uma posição política[1].

Nesse período, construíram-se disputas acerca de temas como liberdade e identidade nacional entre os partidários da ditadura militar e os diferentes setores da oposição ao regime. No que se refere aos governos militares, já haviam ocorrido iniciativas vitoriosas nesse campo, nas quais aspectos circunstanciais somaram-se às intenções deliberadamente estabelecidas pelos administradores do país. Em 1970, com uma seleção que, até hoje, alimenta o imaginário dos brasileiros, o Brasil sagrou-se tricampeão mundial de futebol, embalado pelo "hino" *Prá Frente Brasil*[2].

Tal acontecimento, além da comoção inerente ao feito, desencadeou uma onda de nacionalismo que permeou a sociedade brasileira. A ele foram acrescidas músicas de conteúdo patriótico como *Eu Te Amo Meu Brasil*, *Esse é um País que Vai Prá Frente*, interpretadas por um conjunto da Jovem Guarda chamado Os Incríveis, além da música hino do Mobral, *Você Também é Responsável*, da dupla Don & Ravel.

1. Alcides Freire Ramos; Rosangela Patriota; Fernando Nasser, Personagens do Teatro Brasileiro: Fernando Peixoto e Walderez de Barros, *Cultura Vozes*. Petrópolis: Vozes, n. 3, ano 94, v. 94, 2000, p. 183.

2. Uma das mais importantes reapropriações no campo simbólico está no filme de Roberto Farias, de 1984, sobre os porões da ditadura militar, ambientado durante os jogos da Copa de 1970, e que recebeu o título de *Prá Frente Brasil*.

208 A CRÍTICA DE UM TEATRO CRÍTICO

Nessas circunstâncias, embora a década de 1960 tenha acolhido intensas disputas simbólicas, a de 1970, especialmente após a derrota da luta armada, viveu um dos embates mais significativos em torno das representações da memória nacional.

Um exemplo desse campo de disputas pode ser apreendido por ocasião das comemorações alusivas ao Sesquicentenário da Independência do Brasil, em 1972. O governo, à época sob a presidência do general Emílio Garrastazu Médici, organizou uma série de eventos com o intuito de afirmar uma idéia de nação e pátria, a partir de seus referenciais, entre eles, o translado dos restos mortais de D. Pedro I, de Portugal para o Brasil, e o estímulo à divulgação do filme *Independência ou Morte*, sob a direção de Anibal Massaini, e protagonizado pelo casal símbolo das telenovelas brasileiras: Glória Menezes e Tarcísio Meira.

Se os militares dispunham dos marcos e dos fatos históricos, com vistas a afirmar a legitimidade de seus governos, as forças de oposição também lançaram mão de tais procedimentos, a fim de proporem, à sociedade, alternativas simbólicas. Entre os vários exemplos, merece destaque a apropriação que o cineasta Joaquim Pedro de Andrade fez do tema da Inconfidência Mineira para a confecção do filme *Os Inconfidentes*[3].

Já no cenário teatral, uma dessas disputas materializou-se no texto e na encenação de *Frei Caneca*, de Carlos Queiroz Telles, em 1972, no Theatro São Pedro, em São Paulo, sob a direção de Fernando Peixoto, possibilitando um contraponto com a tônica oficial das efemérides, pois, se para D. Pedro I a independência deveria ser sinônimo de consolidar a nação e de preservar o território, para Frei Caneca significaria também a luta contra a exploração e a desigualdade social. A sua estrutura dramático-cronológica, mesmo não linear, recuperou momentos importantes da vida do frei: a infância, que definiu as suas escolhas políticas; o seu noviciado, abraçando a vida religiosa como uma trajetória de luta; a celebração de uma missa em memória dos condenados à morte pela Revolta dos Alfaiates (BA); a prisão por participar da Revolução Liberal de 1817 e, por fim, a condenação pela Confederação do Equador, em 1824.

O texto apresenta uma das grandes tarefas da arte, pelo menos, durante a ditadura militar: traduzir esteticamente as questões de seu tempo. Nesse mesmo diapasão estiveram as demais montagens teatrais que cerraram fileiras em favor das liberdades democráticas, na medida em que desfraldaram bandeiras capazes de abarcar diferentes segmentos sociais.

Esses elementos, em seu conjunto, construíram um questionamento em relação àqueles que estavam sendo recordados como heróis, nas

---

3. Acerca das relações entre História/Cinema/Política, mais especificamente sobre o filme de Joaquim Pedro de Andrade, consultar: A. F. Ramos, *O Canibalismo dos Fracos*: Cinema e História do Brasil. Bauru/SP: Edusc, 2002.

VIANINHA – NOSSO CONTEMPORÂNEO?

festividades dos 150 anos da Independência: D. Pedro I e os que compartilharam das decisões do império. E, além disso, trouxeram à cena um outro herói, comprometido com as causas e com as lutas populares. Frei Caneca, como representante do baixo clero, permitiu também a aproximação passado/presente com as Comunidades Eclesiais de Base (CEBs) e a Teologia da Libertação.

O diálogo História/Estética, à luz dos embates da *resistência democrática* da década de 1970, revela uma determinada concepção de fazer teatral que carrega consigo olhares específicos para o saber histórico, pois as suas cenas foram confeccionadas em sintonia com os debates propostos pela conjuntura do país: instantes de reafirmação da "nação", tanto no que se refere à emergência de um Estado-Nação, quanto no que diz respeito à idéia de brasilidade na cultura.

Um outro trabalho, que também colocou em suas bases o que deveria ser compreendido como "identidade nacional", foi a peça *Calabar, o Elogio da Traição*, de Chico Buarque e Ruy Guerra, escrita em 1973, que adotou o tema da traição como base de sua estrutura dramática. A escolha era mais que oportuna para um país que adotava como propaganda oficial "Brasil, ame-o ou deixe-o", e, desse ponto de vista, estar contra o governo era estar na condição de traidor. Porém, escudados, mais uma vez, em acontecimentos históricos, os dramaturgos indagavam: o que é a traição? Em que condições, alguém pode ser considerado traidor? Quem é que trai e quais as circunstâncias deste ato?

Compreender historicamente o mulato Calabar significava relativizar uma idéia que, sob a ótica dos militares, estava bem definida: traidor é quem se opõe ao regime. Mas todos aqueles que se opuseram ao governo, estando mortos ou vivos, seriam traidores do país?

Essas questões revelam uma produção artística que articulou à sua existência as questões políticas e sociais de seu tempo, isto é, a sua confecção fundamentou-se em uma idéia prévia da relação arte-sociedade e das expectativas socioculturais que a obra de arte deveria suscitar.

Todavia, quando se realiza esse balanço, geralmente, perde-se a dimensão de que, tal qual o processo histórico, a cena teatral é fragmentada, múltipla e apresenta diversas perspectivas de apreensão, porque, conquanto a *resistência democrática* tivesse sido motivadora de iniciativas de artistas e produtores, as montagens que vieram a público no decorrer da década de 1970 não se restringiram a esses espetáculos, como atesta novamente o depoimento de Walderez de Barros:

A geração que começou a fazer teatro em 1970, por exemplo, não tinha a menor informação do que tinha acontecido nos cinco anos anteriores. A não ser que tivessem contato pessoal com alguém que desse material para ler, ou o informasse, ou falasse. A cabeça dessa geração era completamente diferente da nossa. Nós começamos num período de turbulência política. Já quem começou no período de ditadura, muitas vezes,

210 A CRÍTICA DE UM TEATRO CRÍTICO

era cobrado por uma coisa que nem sabia o que era. Uma geração diferente da nossa, o que tornava, em determinados casos, a convivência difícil[4].

Essa avaliação é extremamente luminosa, no sentido de evidenciar as premissas diferenciadas que orientaram os artistas em atividade e aqueles que estavam ingressando no meio profissional em 1970. Os que haviam sobrevivido ao golpe, ao AI-5, estavam assistindo a mudanças significativas na sociedade, desde a redefinição do próprio mercado de trabalho até o redimensionamento dos meios de comunicação, incluindo aí o projeto de integração nacional, via Embratel, que impulsionou a televisão como o veículo mais eficaz para transmitir idéias, informações e construir uma concepção de arte e de cultura.

Por sua vez, aqueles que estavam ingressando na profissão fizeram-no, muitas vezes, motivados pelas escolas de teatro, pelas perspectivas profissionais e culturais de atuação ou, inclusive, pela busca de espaços de sociabilidade, isto é, o teatro como lugar de integração social. Surgiram novos dramaturgos (Leilah Assumpção, Consuelo de Castro, Antônio Bivar, José Vicente etc.), outras propostas teatrais como a do Teatro Ipanema (Rio de Janeiro), que teve à frente os atores Rubens Corrêa e Ivan Albuquerque e realizou trabalhos como *O Arquiteto e o Imperador da Assíria* (Fernando Arrabal) e *Hoje é Dia de Rock* (José Vicente) que, aliados aos ensinamentos de Antonin Artaud, buscaram romper com os limites entre palco e platéia, com o intuito de, por meio da arte, recompor a vida e a própria idéia de cotidiano.

Em São Paulo, entraram em atividade grupos teatrais como Pod Minoga, Ornitorrinco, Pessoal do Victor, Vento Forte, entre outros, e, no Rio de Janeiro, o de maior impacto foi o Asdrúbal Trouxe o Trombone[5] que, de acordo com Heloisa Buarque de Hollanda:

Fechando a conversa só em *Trate-me, Leão*, dois pontos saltam aos olhos. O primeiro é a quase agressiva presença da pessoa do ator, que termina se confundindo com seus personagens. Para além do texto da peça, que, em si, já é o resultado de um rigoroso trabalho sobre "o que quer a geração pós-AI-5", percebe-se a levada contínua e resistente de um segundo texto que é o da exposição dramática do eu dos atores em cena. Palco e platéia se espelham e se fundem de forma eufórica. Fundem-se também ao movimento mais geral das idéias nos anos 70. A Filosofia interrogando as formas totalizantes do pensamento. A História descobrindo o cotidiano como fonte inovadora de trabalho. A Literatura enredada com a pergunta lançada por Foucault – "O que é um autor?". Os ativistas de 1968 insistindo no slogan "O pessoal é político"[6].

4. A. F. Ramos; R. Patriota; F. Nasser, op. cit., p. 184.
5. Sobre a atuação desses grupos, consultar: Sílvia Fernandes, *Teatro – Anos 70*. Campinas: Ed. da Unicamp, 2000.
6. Heloísa Buarque de Hollanda, *Asdrúbal Trouxe o Trombone:* memórias de uma trupe solitária de comediantes que abalou os anos 70. Rio de Janeiro: Aeroplano, 2004, p. 10-11.

VIANINHA – NOSSO CONTEMPORÂNEO? 211

Esses acontecimentos, genericamente identificados como "Maio de 1968", tornaram-se símbolos de novas perspectivas para compreender e dimensionar o mundo contemporâneo, que após a Segunda Guerra Mundial adquirira um novo contorno geopolítico. Em países europeus, como França, Alemanha, Itália, o *welfare state*, aliado à inserção dos partidos comunistas no jogo parlamentar, contribuiu de maneira significativa para o abandono de propostas revolucionárias, a partir de índices satisfatórios do nível de vida e de consumo, e para o estabelecimento de um certo acomodamento das relações sociais. Já aqueles vinculados ao *socialismo real*, a exemplo da Hungria, Tchecoslováquia e Polônia, emergiam insatisfações com a burocracia e com o autoritarismo das organizações sociopolíticas, ao lado de propostas de mudanças pautadas em um socialismo democrático e pluralista.

Dessa maneira, as novas subjetividades, proposições estéticas e existenciais elaboraram diálogos e desencontros entre grupos distintos, que puderam ser averiguados nas seguintes interlocuções: o diálogo palco/platéia, o processo criativo e o impacto político e social da atividade teatral, assim como comportou significados propostos por aqueles que assistiram a esses trabalhos. Aliás, essa constatação também está presente na resposta que o ator e diretor Paulo Betti deu àqueles que fizeram restrições ao espetáculo *Cerimônia para um Negro Assassinado*, encenado pelo Pessoal do Victor sob sua direção: "a gente não assume um posicionamento político imediato, entendeu? Quer dizer, o nosso trabalho é um trabalho político na medida que o grupo propõe uma nova maneira de se relacionar"[7].

Tais exemplos revelam que o repertório político e cultural dos artistas que passaram a fazer teatro, nos anos de 1970, desvinculados de experiências do período anterior, era distinto daquele que entusiasmava profissionais que estavam atuando desde meados da década de 1950. Todavia, há que se recordar: não se pode pensar que se constituiu uma homogeneidade no interior desses grupos, pois essa faixa etária, assim como as demais, comportou perspectivas diferenciadas, resultante das motivações que mobilizaram os profissionais envolvidos nos processos de trabalho. Um exemplo disso encontra-se entre os jovens que compuseram o Núcleo 2.

Esses, com o fim do Arena, organizaram o grupo Núcleo e, após algumas atividades, estabeleceram parcerias com o Theatro São Pedro de Maurício e Beatriz Segall. Motivado pela vontade de atuar, com o intuito de estimular o debate político em favor das liberdades democráticas, o Núcleo integrou-se a importantes espetáculos (*Tambores na Noite, Frank V, A Semana* etc.). No entanto, diante das limitações históricas e políticas daqueles tempos, esses jovens artistas, assim como

---

7. Paulo Betti em entrevista a Sílvia Fernandes. Apud S. Fernandes, op. cit., p. 27.

212 A CRÍTICA DE UM TEATRO CRÍTICO

outros de diferentes grupos, retiraram-se do circuito profissional em direção à periferia da cidade de São Paulo, com o objetivo de fazerem teatro popular e estabelecerem vínculos com os moradores dos bairros[8].

Sob esse aspecto, a cena teatral da década de 1970 acolheu diversas perspectivas e distintas formas de conceber o tema da liberdade durante a ditadura militar. Fosse pelo tratamento individual dos temas, fosse por uma proposição mais ampla, envolvendo "Estado de Direito", o teatro brasileiro assumiu um importante papel no debate político e cultural do país.

Nesse processo, Oduvaldo Vianna Filho, que se manteve em atividade até 1974, ano de sua morte, participou de forma muito intensa dos debates, não só abordando temas caros à sociedade contemporânea, mas refletindo sobre essa mudança de comportamento e de expectativa social, especialmente em sua última peça, *Rasga Coração*.

Nela, Vianinha concedeu à personagem Camargo Moço a seguinte fala: "o importante não é o conflito de gerações, é a luta que cada geração trava dentro de si mesma". Essa idéia proferida pelo jovem, como resposta à perplexidade de Manguari Pistolão por não conseguir dialogar com seu filho, Luca, pode ser vista como uma metáfora do dramaturgo perante seu próprio tempo, no qual, mesmo convencido do acerto de suas escolhas artísticas e políticas, confrontou e foi confrontado por experiências diferenciadas, muitas vezes, divergentes de suas propostas de trabalho.

Tal preocupação justificava-se porque, no Brasil, fazer a síntese dos significados da década de 1960 é trazer à baila uma série de implicações. De imediato, sob um enfoque de esquerda (marxismo-leninismo, trotskismo, entre outras tendências) enfrentar-se-ia uma grande discussão em torno do conceito de revolução. No âmbito estritamente político, o embate mais abrangente envolveu resistência democrática *versus* luta armada. Com relação às manifestações estéticas e culturais, em linhas gerais, as discussões envolveram as disputas em torno do realismo crítico x tropicalismo.

Nesse contexto, estiveram presentes, como elementos inspiradores, idéias e comportamentos identificados com a contracultura, que, muitas vezes, não foram devidamente interpretados, diante da existência de um Estado autoritário a ser combatido. Porém, os ecos dos questionamentos, que ocorriam na Europa e nos Estados Unidos, pouco a pouco redimensionaram, no Brasil, os temas definidos como políticos e trouxeram à tona um novo olhar para temas como sexualidade, repressão, instituições, poder etc. Assim, sob esse prisma, qualquer proposta de

---

8. Para um aprofundamento da trajetória histórica e do impacto político e estético do Núcleo, além de vários outros, seus contemporâneos, consultar: Silvana Garcia, *O Teatro da Militância*. São Paulo: Perspectiva, 1990.

VIANINHA – NOSSO CONTEMPORÂNEO? 213

transformação passava por uma crítica radical à prática dos setores conservadores e dos grupos de esquerda, pois as expectativas de mudanças implicavam em reconhecer os sinais inequívocos da presença de novas demandas sociais, políticas e culturais.

Essa complexidade, aliada à especificidade do cenário brasileiro, foi a componente central para a confecção da peça *Rasga Coração*, na qual Vianinha, ao mesmo tempo em que buscou compreender o repertório intelectual e cultural que inspirava os jovens, desenvolveu uma arguta análise das bases políticas e históricas do militante do PCB que abraçou a causa da resistência democrática.

Tal preocupação era mais que legítima, porque seus textos teatrais, embora possuíssem diversidade temática, em termos de diálogo arte-sociedade, sempre tiveram como elemento de composição a perspectiva da mudança, que adviria da consciência e da capacidade de organização da sociedade. Tal procedimento permitiu reconhecer em seu trabalho, no nível político, a presença de um *telos* que articulou no interior da obra o diálogo entre ficção e realidade.

Rasga Coração apresentava-se como uma iniciativa inédita, por parte de um autor que tinha firmes propósitos estéticos e sociais, pois com essa peça, acredita-se, ele buscou participar de um debate que, ao questionar os referenciais que o norteavam, discutia a própria idéia de coletivo e as premissas mais amplas da intervenção política e social.

No entanto, com seu falecimento, a interdição e posterior proibição, em 1977, de *Rasga Coração* pela Censura Federal, esse debate deslocou-se. Por força da ação dos agentes políticos da época, a peça tornou-se símbolo da resistência democrática e Oduvaldo Vianna Filho, por sua intensa trajetória de luta, transformou-se em um dos ícones do processo de redemocratização do Brasil[9].

Assim, no período relativo aos anos de 1974 a 1980, temas como liberdade, anistia política, "Estado de Direito", entre outros, ocuparam majoritariamente os espaços nos debates pelo país. Em termos teatrais, o coroamento dessa luta foi a liberação e a conseqüente montagem de *Rasga Coração*, sob a direção de José Renato e com uma interpretação magistral de Raul Cortez para a personagem Manguari Pistolão. Em verdade, com *Rasga Coração* no palco encerrou-se um ciclo da história política e cultural, que foi assim avaliado pela crítica teatral Mariângela Alves de Lima:

durante dez anos os críticos de teatro (e aí me incluo) bateram incansavelmente na mesma tecla: o teatro está pobre, o teatro vai mal, porque a censura não permite que ele se manifeste. Era uma forma de protesto, certamente necessária ainda que frágil. Ago-

---

9. O diálogo entre a conjuntura política brasileira da década de 1970 e a peça *Rasga Coração* foi discutido, de maneira exaustiva, no trabalho: R. Patriota, *Vianinha – um dramaturgo no coração de seu tempo*. São Paulo: Hucitec, 1999.

214   A CRÍTICA DE UM TEATRO CRÍTICO

ra, aproveitando a oportunidade dessa visão em perspectiva de dez anos, posso perceber que a primeira parte do corolário não correspondia à verdade. O teatro não esteve mal coisíssima nenhuma. Esteve realmente ótimo, não só disse o que era possível dizer, como disse muitas coisas importantes que realmente precisavam ser expressas. Apenas não disse tudo o que poderia ter dito, e nesse sentido deve retomar a batalha para reconstruir um caminho que não pôde trilhar[10].

Com o fim da ditadura militar, nos diferentes campos de criação, fortaleceu-se a idéia de *arte como entretenimento*, ao lado da expansão do *circuito comercial*. O diálogo estabelecido entre Teatro e Sociedade, até então, havia propiciado a produção de significados e representações, ao lado de práticas sociais que, no campo simbólico, se tornaram chave para compreender as trajetórias profissionais, intelectuais e criativas de artistas brasileiros nas décadas de 1960 e 1970. Porém, com o retorno do Estado de Direito, com a posse, em 1985, de José Sarney como primeiro presidente civil, desde o golpe de 1964, quais os caminhos que se apresentavam para o teatro?

Muitos artistas, que atuaram firmemente em projetos vinculados ao tema da *resistência democrática*, retiraram-se da cena teatral. Antigos atores/produtores encerraram suas atividades como proponentes e passaram a atuar no âmbito das oportunidades existentes. Por sua vez, profissionais surgidos no decorrer dos anos de 1970 viram suas propostas cênicas esgotarem-se e encaminharam-se para outros veículos de trabalho, tais como a televisão e o cinema. Um exemplo significativo está na seguinte observação sobre o Asdrúbal Trouxe o Trombone:

> O efeito-asdrúbal começa a perder um pouco sua força a partir de *Aquela Coisa Toda*, espetáculo que sucedeu o *Trate-me, Leão*. O momento é claramente outro. É o tempo da Abertura, da euforia com a volta dos exilados, com a queda da censura, do esforço da reorganização da sociedade civil[11].

Com o paulatino desaparecimento da dramaturgia e da cena mais politizada, no sentido tradicional, assim como com a extinção de diversos grupos que surgiram nos anos de 1970, a grande marca do teatro brasileiro na década de 1980 foi o besteirol.

Esse gênero teatral que teve Mauro Rasi, Vicente Pereira, Miguel Fallabela entre seus dramaturgos mais destacados foi assim justificado pelo próprio Fallabela, em um debate, nas páginas do *Jornal do Brasil*, com o crítico Gerd Bornheim:

> Do meio desta balbúrdia, uma verdade parece saltar aos olhos: os tempos mudaram e se exige uma nova dramaturgia. Os últimos vinte anos não foram apenas a história da ditadura militar, de seus arbítrios, de suas torturas. Foram também marcados

---

10. Mariângela Alves de Lima, Quem faz o Teatro, em José Arrabal et alii. *Anos 70*. Rio de Janeiro: Europa, 1980, p. 71.

11. H. B. de Hollanda, op. cit., p. 11.

VIANINHA – NOSSO CONTEMPORÂNEO? 215

pelo poder cada vez mais avassalador da televisão, pela sedutora decupagem das histórias em quadrinhos. Uma geração inteira deparou-se com gigantescos "outdoors", repletos de garotas glamourosas e super-heróis, que coloriam os anos negros de nossa história recente. [...] Vivemos sem anestesia num mundo de imagens. Crescemos em meio ao absurdo que reúne a dura fome da Etiópia e um dourado campeonato de surf num mesmo jornal. Os vilões da saudosa Glória Madagan foram tão reais quanto o napalm da guerra do Vietnã. As fadas e as bruxas do "Teatrinho Trol" estavam lado a lado com as tropas militares que desfilavam imponentes pelas ruas. Não sabíamos da guerrilha do Araguaia, mas conhecíamos o "milagre econômico", os sonhos de ascensão social da classe média. Uma Hollywood platinada nos foi impingida goela abaixo. E é para ela que olhamos criticamente quando fazemos nossa dramaturgia[12].

Essa avaliação, ao dimensionar historicamente o nascimento do besteirol, revela o impacto das mudanças ocorridas no Brasil, em especial aquelas propiciadas pelos governos militares e por diversos segmentos sociais, entre elas: modernização conservadora, reforma educacional e investimento em telecomunicações. Tais iniciativas, aliadas à atmosfera de censura e de repressão, tiveram uma contribuição no estabelecimento do repertório cultural e político da juventude do início dos anos de 1970, que pelas circunstâncias de época foi, gradativamente, se revelando diverso daquele que alimentou os jovens das décadas de 1950 e 1960.

Esses artistas, oriundos de segmentos de classe média, não se reconheceram nas proposições de luta e de resistência clamadas pela dramaturgia de Guarnieri, Vianinha, Carlos Queiroz Telles, Chico Buarque, porque o convívio em uma sociedade democrática, aberta ao debate público e formativo, fora uma experiência e uma perda para aqueles que a vivenciaram antes de 1964. Todavia, esse sentimento não foi compartilhado por quem apenas teve notícias dessas vivências.

Dessa maneira, enquanto os autores comprometidos com a tese da resistência democrática enxergavam a luta política sob o prisma da tragédia, os jovens dramaturgos compreendiam o processo sob a égide da comédia, dessacralizando o campo da política, que passou a ser abordado com ironia e não mais com a magnitude da dramaturgia engajada. Um exemplo dessa constatação está no depoimento de Gracindo Jr., produtor e ator do espetáculo *À Direita do Presidente*, de Vicente Pereira e Mauro Rasi, que estreou em 1980, no Hotel Glória, no Rio de Janeiro:

Acredito que essa dupla de autores vá formar um novo estilo dentro da nossa dramaturgia. Isso porque a postura deles, nessa peça, é a de dois caras ainda jovens (trinta anos) que viveram os anos de 1970, cada um à sua maneira e que fazem suas colocações não como um Vianinha, não como um Lauro César Muniz ou como um

---

12. Flávio Marinho, *Quem tem Medo de Besteirol?*: a história de um movimento teatral carioca. Rio de Janeiro: Relume Dumará, 2004, p. 81-82.

216   A CRÍTICA DE UM TEATRO CRÍTICO

Carlos Queiroz Telles. Mas o Vicente e o Mauro têm uma formação humana cuja brasilidade se reflete na peça; talvez seja o texto mais brasileiro de que já tenha participado até hoje, embora eu continue achando o Vianninha nosso maior dramaturgo[13].

Observa-se nessa fala, apesar de não detalhada, evidências que vão demarcando as características dramatúrgicas de dois tempos históricos, muito próximos cronologicamente, mas distantes em termos de perspectivas e de apreensões do *real*. Desse ponto de vista, a avaliação de Gracindo Jr. é muito oportuna, na medida em que ele, após a morte de Vianinha, em meados da década de 1970, no Rio de Janeiro, protagonizou *Corpo a Corpo* e dirigiu *Longa Noite de Cristal*. Isso, sem dúvida, possibilitou-lhe detectar, no nível da interpretação e da própria dramaturgia, a emergência de uma cena teatral não mais marcada pelas metáforas, com vistas a denunciar o arbítrio, mas um olhar irônico para o país e para a sociedade.

É evidente que o teatro no Brasil não se limitou somente a essa opção, principalmente se for considerado que, no decorrer das décadas de 1980 e de 1990, a figura do diretor tornou-se referência para inúmeros espetáculos. Apenas a título de ilustração, devem ser recordados os nomes de Antunes Filho, Gerald Thomas, Gabriel Vilela, Ulisses Cruz, entre outros. Por outro lado, em termos de iniciativas de grupos e companhias, é importante mencionar, além do Centro de Pesquisas Teatrais (CPT), do Sesc-SP, sob a coordenação de Antunes Filho, a Companhia Estável de Repertório, de Antonio Fagundes, Tapa, Galpão etc.

Porém, no que diz respeito à dramaturgia, houve a retomada dos textos de Nelson Rodrigues, em um esforço para divulgar o legado rodriguiano, acrescido do ponto de vista de diretores que o encenaram. Nesses casos, as justificativas, geralmente, embasam as escolhas realizadas. Amiúde encontram-se afirmações tão taxativas e definitivas quanto as externadas pelo premiado diretor Antunes Filho, responsável pelas montagens de *O Eterno Retorno* e *Nelson 2 Rodrigues*: "Se nós colocássemos numa praça todas as pessoas que tivessem feito teatro, do Anchieta até hoje, teria só um gênio. Esse gênio se chama Nelson Rodrigues. É o único cara monumental do teatro brasileiro"[14].

As opiniões do mestre são reiteradas por jovens diretores, que também encenaram textos do mencionado dramaturgo. Um exemplo dessa consonância são as declarações de Cibele Forjaz[15]:

13. Idem, p. 47.
14. Antunes Filho, O Diretor, *Folha de S. Paulo*, São Paulo, 22.03.1992, Caderno Mais, p. 5-6.
15. Em fins de maio de 1997, Cibele Forjaz apresentou na Oficina Cultural Oswald de Andrade, em São Paulo, sob sua direção, o espetáculo *Álbum de Família* de Nelson Rodrigues.

VIANINHA – NOSSO CONTEMPORÂNEO? 217

Nelson Rodrigues tem alguma coisa de Shakespeare, é um Shakespeare brasileiro. [...]. É muito difícil julgar uma pessoa que é um mito. Mas, lendo a prosa dele, vi que Nelson tem dificuldade de ver apenas uma verdade no mundo. Acho que a tendência dele é de polemizar. Ele destrói o que era de direita ou esquerda. As peças dele são revolucionárias. Ele é um observador cáustico da realidade[16].

Esses comentários surgem de forma tão definitiva e inconteste que, aos olhos do leitor/espectador leigo, acabam tomando ares da profecia que se cumpriu. Como contra-argumentar diante de assertivas que enfatizam o *gênio*, o *mito* e a *unanimidade*, pois é muito difícil estabelecer os parâmetros de tais afirmações, na medida em que, na maioria das vezes, elas são oferecidas sem que sejam reveladas as devidas sustentações estéticas e/ou teóricas.

O tratamento dado à obra de Nelson Rodrigues, nesse período, mobiliza questões que podem auxiliar nas reflexões acerca da contemporaneidade da dramaturgia de Oduvaldo Vianna Filho. Embora, em meados da década de 1990 e início da de 2000, alguns textos seus tenham sido remontados em São Paulo e no Rio de Janeiro[17], cm 1989, durante a Mostra Internacional de Teatro de São Paulo, a peça *Rasga Coração* foi encenada pelo grupo El Galpón do Uruguai e recebeu do então crítico da *Folha de S.Paulo* a seguinte avaliação:

El Galpón presenteia esta cidade com uma rara oportunidade de refletir sobre os desafios do teatro brasileiro. A primeira constatação diante deste texto é a de sua superação histórica. Interessado em flagrar a atualidade dos conflitos sociais, *Rasga Coração* está vinculado aos seus próprios dias. Não sendo certo que a arte aspire à eternidade, essa é tanto a virtude quanto a desgraça comuns a toda a chamada "dramaturgia política" produzida naquele período. [...] Ninguém conseguiu provar que alterar um texto seja a melhor saída diante da passagem dos tempos[18].

Curiosamente, há menos de dez anos, *Rasga Coração* havia sido alçada à condição de obra-prima do teatro brasileiro e comparada a *Vestido de Noiva*, de Nelson Rodrigues. O que mudara, em um breve espaço de tempo?

O teatro como objeto de investigação suscita um constante confronto com a idéia de contemporaneidade, especialmente quando a obra selecionada compartilha com o pesquisador o tempo histórico, tanto em relação à escrita, quanto à encenação.

16. Daniela Rocha, O Maldito Nelson Rodrigues vira Querido. *Folha de S. Paulo*, 31.05.1997, p. 4-7.

17. Dentre esses espetáculos, cabe recordar, em São Paulo, as montagens de *Corpo a Corpo* e *Moço em Estado de Sítio* pelo Grupo Tapa e, no Rio de Janeiro, sob a direção de Amir Haddad, *Se Correr o Bicho Pega, Se Ficar o Bicho Come* e *Mão na Luva*, sendo que essa última também foi encenada por Dudu Sandroni.

18. Marco Veloso, El Galpón abre mostra de teatro com texto ultrapassado pelo tempo. *Folha de S. Paulo*, São Paulo, 10.07.1989, Ilustrada, p. E-3.

218 A CRÍTICA DE UM TEATRO CRÍTICO

Muitas vezes, artista e estudioso dividiram os mesmos embates, idéias e percepções de mundo. Dessa feita, quando as contendas encerram-se, no decorrer do processo, outras proposições passam a desafiar os agentes históricos. Nessa linha de raciocínio, as obras artísticas identificadas como políticas e/ou engajadas geralmente são marcadas pela transitoriedade e pela incapacidade em propor questionamentos para além de seu próprio tempo.

Entretanto, convidado a se pronunciar no debate sobre a permanência de obras qualificadas como políticas, o diretor Aderbal Freire-Filho afirmou:

> A única coisa datada do chamado teatro datado era esta opinião que se difundiu nos anos 80 – diz Aderbal, para quem mesmo textos mais políticos como *Rasga Coração* podem ter lugar nos palcos hoje. – Eles estão aí para serem julgados e testados[19].

A partir das idéias apresentadas, é possível apontar alguns encaminhamentos para enfrentar o tema da contemporaneidade da dramaturgia de Oduvaldo Vianna Filho. O primeiro aspecto que se pode depreender é o fato de que todas as opiniões e/ou análises foram formuladas a partir de um lugar social, que permite a emissão de juízos de valor sobre obras e artistas. Dessa forma, há um campo de grande importância que, na verdade, está sempre presente nas análises, mas, geralmente, nunca revelado: a recepção estética e histórica de uma obra de arte.

> A maneira pela qual uma obra literária, no momento histórico de sua aparição, atende, supera, decepciona ou contraria as expectativas de seu público inicial oferece-nos claramente um critério para a determinação de seu valor estético. A distância entre o horizonte de expectativa e a obra, entre o já conhecido da experiência estética anterior e a "mudança de horizonte" exigida pela acolhida à nova obra, determina, do ponto de vista da estética da recepção, o caráter artístico de uma obra literária. À medida que essa distância se reduz, que não se demanda da consciência receptora nenhuma guinada rumo ao horizonte da experiência ainda desconhecida, a obra se aproxima da esfera da arte "culinária" ou ligeira. [...]. Se, inversamente, trata-se de avaliar o caráter artístico de uma obra pela distância estética que a opõe à expectativa de seu público inicial, segue-se daí que tal distância – experimentada de início com prazer ou estranhamento, na qualidade de uma nova forma de percepção – poderá desaparecer para leitores posteriores, quando a negatividade original da obra houver se transformado em obviedade e, daí em diante, adentrado ela própria, na qualidade de uma expectativa familiar, o horizonte da experiência estética futura. É nessa segunda mudança de horizonte que se situa particularmente a classicidade das assim chamadas obras-primas; sua forma bela, tornada uma obviedade, e seu "sentido eterno", aparentemente indiscutível, aproximam-na perigosamente, do ponto de vista estético-recepcional, da pacificamente convincente e palatável arte "culinária", de forma que um esforço particular faz-se neces-

19. "Sem Medo de Vianinha, Guarnieri e Pontes".
http://www.oglobo.com.br/diversão/ARTE701.htm. 29/03/2000 (consulta em 29.03.2000).

VIANINHA – NOSSO CONTEMPORÂNEO?   219

sário para que se possa lê-la "a contrapelo" da experiência que se fez hábito e, assim, divisar-lhe novamente o caráter artístico[20].

Essa instigante proposição de Hans Robert Jauss permite que sejam expostas premissas que envolvem o tratamento de um objeto artístico, nesse caso em particular, de um texto teatral e suas encenações. Para tanto, é importante recordar que, geralmente, a encenação de uma peça é contemporânea de seus intérpretes. Nessas circunstâncias, as análises recebidas são permeadas pelas expectativas e pelas temáticas que alimentam aquela sociedade. Diferentemente é o caso do texto, transformado em literatura dramática, que pode repousar durante anos, séculos e ser revisitado por uma época totalmente distinta daquela que lhe deu forma e conteúdo.

Nesses termos, as peças, escritas em outras épocas e que chegaram até o tempo presente, são recuperadas em uma perspectiva estética, isto é, estrutura dramática, personagens, urdidura de enredo etc., porque as especificidades do passado diluíram-se e o caráter abrangente passou a conduzir as novas interpretações, se bem que as anteriores, muitas vezes, transformam-se em "fatos históricos"[21].

Esse processo historicamente vivenciado, em geral, não é problematizado em termos de recepção. Aceitam-se definições como obra-prima e teatro político como sinônimos do objeto artístico considerado.

Assim sendo, à luz das considerações até aqui apresentadas, deve-se dizer que a dramaturgia de Oduvaldo Vianna Filho foi e tem sido até hoje qualificada pelas circunstâncias históricas que a originaram. É bem verdade que as suas temáticas estão coadunadas com os recursos formais, mas, em termos narrativos e estéticos, a sua dramaturgia propõe soluções que suscitam diálogos com diversas correntes contemporâneas.

Todavia, o que faz com que essa obra, tão incensada anos atrás, hoje sofra restrições, no que se refere ao seu envelhecimento histórico, de um lado, e, por outro, seja tão arduamente defendida por quem postula um papel político e social para o teatro?

20. Hans Robert Jauss, *A História da Literatura como Provocação à Teoria Literária*. São Paulo: Ática, 1994, p. 31-32.

21. Um exemplo significativo desse procedimento está no tratamento que as peças de William Shakespeare recebem no mundo contemporâneo, isto é, no que se refere ao seu caráter *universal*. No entanto, a fim de compreender como essas análises são elaboradas, podem ser consultadas, entre outras, as seguintes obras:

Guy Boquet. *Teatro e Sociedade:* Shakespeare. São Paulo: Perspectiva, 1989.

Alvin Kernan. *Shakespeare, the King's Playwright*: Theater in The Stuart Court, 1603-1613. New Haven: Yale University Press, 1995.

Victor Kernan. *Shakespeare*: poeta e cidadão. São Paulo: Unesp, 1999.

Park Honan. *Shakespeare*; uma vida. São Paulo: Companhia das Letras, 2001.

Jan Kott. *Shakespeare Nosso Contemporâneo*. São Paulo: Cosac & Naify, 2003.

Essa indagação permite que se atente para alguns aspectos referentes à obra de Oduvaldo Vianna Filho e à sua recepção, pois uma análise mais sistemática revela que os seus temas, personagens e narrativas permanecem contemporâneos, isto é, abarcam conflitos e idéias que continuam presentes no cenário histórico e social. Porém, há um aspecto fundamental em sua dramaturgia que constrói um descompasso com as expectativas socioculturais e políticas da sociedade atual: as proposições contidas em seus conflitos dramáticos.

Vianinha não elaborou um teatro de situações. Para ele, o importante não era apenas colocar em cena um tema e/ou um conflito que estimulasse ações sociais. Pelo contrário, a sua dramaturgia possuía teses a serem discutidas, às vezes de forma ortodoxa, outras, expondo situações que, no conjunto, construíram o conflito sobre o qual se deveria refletir.

O enredo e as personagens eram criadas a partir de uma perspectiva social e histórica, sendo que a ele não interessava focalizar somente dramas individuais se esses não fossem capazes de ampliar seus significados em termos coletivos. Por exemplo, os dramas de Vivacqua, em *Corpo a Corpo*, ou de Cristal, em *Longa Noite de Cristal*, sob seu ponto de vista, não poderiam ser reduzidos a crises particulares, pois aquelas situações foram elaboradas a fim de que o conflito particular assumisse uma dimensão pública, isto é, existem relações de trabalho que se transformam, assim como valores sociais que são redefinidos à luz das expectativas contemporâneas.

As peças de Vianinha, em que pese em cada uma delas as suas particularidades, apontam ora para a necessidade da transformação social, em busca de um mundo mais justo e menos desigual, ora para a constatação de que as condições históricas tornaram-se mais complexas e a perspectiva de transformação mais difícil. Todavia, mesmo com personagens impotentes ou fragmentadas diante do processo, a expectativa de mudança emerge seja pela construção dramática, seja pela crítica à conduta adotada no decorrer da trama, porque elas apresentam um *a priori*: a capacidade de indignação e a conquista de uma sociedade mais justa e igualitária, apesar dos percalços, surgiam como possibilidades reais.

Em verdade, essa motivação deveria continuar no horizonte e se concretizar na busca de brechas capazes de fortalecer o diálogo entre arte e sociedade, muito embora as críticas à concepção de que a história teria um *telos* já haviam se tornado recorrentes, tanto nos debates políticos quanto nas reflexões acadêmicas, desde a década de 1960, na Europa Ocidental e nos Estados Unidos.

Com esse intuito, Vianinha enfrentou em sua última peça, *Rasga Coração*, o confronto entre seus ideais políticos e os duros questionamentos dos quais eles foram alvo, talvez, por duas questões básicas. A primeira dizia respeito ao fato de que essas restrições tornaram-se a

VIANINHA – NOSSO CONTEMPORÂNEO? 221

base do repertório, no Brasil, dos denominados alternativos e/ou marginais. Já a segunda levava em consideração o fato de que a idéia de revolução, para vários segmentos de esquerda, era pertinente, pelo menos, na América Latina.

Oduvaldo Vianna Filho faleceu em 1974 sem ter tido condições de aprofundar suas reflexões e de contribuir com as transformações que estavam por vir. Levou consigo expectativas de mundo que, no decorrer da década de 1980, foram se esvaindo, pois com o fim das ditaduras militares, em países como Brasil, Chile, Argentina, houve o retorno ao Estado de Direito e à democracia parlamentar. Por sua vez, as mudanças ocorridas nos países do Leste Europeu, o fim da União Soviética e a queda do Muro de Berlim deram um novo rumo não só à política internacional, mas à questão ideológica no mundo contemporâneo.

Assim, se nas décadas de 1960 e 1970 a perspectiva teleológica fora refutada e a idéia do *aqui e agora* estabeleceu o lugar do debate, não se pode ignorar: esse presente era carregado de possibilidades de transformação, isto é, não se deveria esperar pelo tempo que virá, mas estar atento às oportunidades que o cotidiano oferecia e a partir daí construir uma transformação qualitativa, que deveria inverter a lógica, isto é, propiciar um movimento do pessoal para o coletivo e, com isso, vislumbrar uma nova sociedade. Contudo, as possibilidades foram se reduzindo e, como se observou no depoimento de Miguel Falabella, as ilusões, ao serem ceifadas, cederam seus lugares a um cotidiano, no máximo, crítico. Nessa nova realidade, as propostas de mudança cederam seus lugares a dias nos quais sobreviver em um "tempo homogêneo e vazio" tornou-se sinônimo de vitória. Em outros termos, como dissera John Lennon, o "sonho acabou!".

Hoje a visão apagou-se, a autoconfiança esvaiu-se e as possibilidades desapareceram. Por quase toda parte a esquerda recua, não apenas politicamente, mas também – o que pode ser mais decisivo ainda – intelectualmente. Para evitar encarar a derrota e suas conseqüências, a esquerda passou a falar livremente a linguagem do liberalismo – o idioma do pluralismo e dos direitos. Ao mesmo tempo, os liberais, privados de uma ala esquerda, vêem cada mais enfraquecida sua determinação e sua imaginação. Na melhor das hipóteses, os radicais e os esquerdistas descortinam uma sociedade modificada, com pedaços maiores do bolo para um número maior de clientes. Tornaram-se utilitários, liberais e festivos. O mesmo mercado que era considerado pela esquerda uma forma de exploração é hoje visto como algo racional e humano. A cultura de massa, antes desprezada como outra forma de exploração, é celebrada como algo da esfera da rebelião. Os intelectuais independentes, outrora festejados como homens de coragem, são agora tachados de elitistas. O pluralismo, antes superficial para a esquerda, é hoje adorado como profundo. Estamos assistindo não apenas à derrota da esquerda, mas a sua conversão e talvez inversão[22].

22. Russel Jacoby, *O Fim da Utopia*: política e cultura na era da apatia. Rio de Janeiro: Record, 2001, p. 26.

222 A CRÍTICA DE UM TEATRO CRÍTICO

Esse painel, traçado por Russel Jacoby, expõe elementos que constituem as expectativas e as motivações atuais, assim como justifica discursos, por exemplo, acerca da arte contemporânea que se estruturam na idéia do entretenimento desvencilhado das interlocuções entre arte e sociedade, como se essas ocorressem em uma única direção e com temáticas e abordagens previamente definidas.

Com a perda do referencial de transformação revolucionária, tanto no nível do pensamento quanto da ação política, nesses novos tempos, consagraram-se a descrença em relação a um futuro melhor e a evidência de que o presente tornou-se uma constante, no qual as agendas, com vistas a construir condições para a efetivação de um "salto qualitativo", desapareceram.

Em relação ao atual teatro brasileiro, vive-se o desdobramento de iniciativas que começaram na década de 1980, tais como o Centro de Pesquisas Teatrais – CPT – do Sesc-SP, sob a coordenação do diretor Antunes Filho, e o Oficina, que reiniciou suas atividades tendo à frente o seu mais inquietante criador, José Celso Martinez Corrêa, além do importante trabalho do Tapa, sob a direção de Eduardo Tolentino. Outras experiências como a Companhia Estável de Repertório[23] e a Companhia Ópera Seca também marcaram o debate e a pesquisa cênica no país.

No início dos anos de 1990, surgiram novas companhias. No Rio de Janeiro, estão sediadas a Armazém Companhia de Teatro, criada em Londrina (PR), e a Companhia dos Atores. Em São Paulo, encontram-se Folias D'Arte, Teatro da Vertigem, Companhia do Latão, Parlapatões, Cia Livre, Cemitério de Automóveis, entre inúmeras outras[24]. Nelas integram-se talentosos diretores (Paulo Moraes, Enrique Diaz, Antonio Araújo, Cibele Forjaz, Marco Antonio Rodrigues, Sérgio Carvalho), atores de grande densidade interpretativa, além de outros núcleos criadores (dramaturgos, cenógrafos, iluminador etc.), capazes de produzirem espetáculos inquietantes. Neles, a fragmentação do mundo contemporâneo é exposta a partir de situações que envolvem sentimentos, sensações, vontades e condições de existência.

Cada uma dessas companhias possui sua particularidade no que diz respeito à dramaturgia. Existem aquelas em que a pesquisa temática é coletiva e a redação final do roteiro e/ou texto teatral fica sob a responsabilidade de um dos integrantes. Encontram-se também as que

23. A Companhia Estável de Repertório (CER) encerrou suas atividades na década de 1990, mas Fagundes continua extremamente atuante como ator e produtor nos palcos brasileiros.

24. No que diz respeito às companhias destacadas na cidade de São Paulo deve-se observar que elas têm vivenciado um processo singular, em especial propiciado pelo movimento *Arte Contra a Barbárie*, que mobilizou a *classe teatral paulistana* e apresentou, como um de seus resultados, o elogiado Programa Municipal de Fomento ao Teatro.

VIANINHA – NOSSO CONTEMPORÂNEO? 223

possuem um dramaturgo, caso de Mário Bortolotto e a Companhia Cemitério dos Automóveis, a partir do qual os projetos são desenvolvidos. Outras realizam adaptações de peças, escritas em outros períodos históricos, com vistas a construir uma interlocução com o tempo presente.

Há uma evidente pluralidade nos palcos, mas isso não é algo inusitado, porque a diversidade sempre esteve presente na cena teatral brasileira, como esse ensaio tem demonstrado. No entanto, o aspecto original desse processo reside no fato de que, em termos de história recente, o denominado teatro político não tem uma finalidade prévia estabelecida, isto é, não há uma causa a ser defendida e, muito menos, um futuro a ser conquistado. Em outros termos, sobre essa questão, José Fernando Peixoto de Azevedo afirmou:

> Mas é exatamente essa pluralidade de imagens que se forjam aos poucos, dando conta de uma fisionomia algo ainda disforme, o que faz a riqueza dessa cena. Os caminhos como sempre são muitos, como, aliás, apontou a *Mostra de Dramaturgia Contemporânea*, organizada pelo Teatro Promíscuo do veterano Renato Borghi, que em 2003 trouxe à cena autores brasileiros e estrangeiros. Ou que se tome a dramaturgia de autores como Newton Moreno, em *Agreste*, com a Cia Razões Inversas e direção do veterano Márcio Aurélio, os textos de Gero Camilo, ou o teatro narrativo de Luís Alberto de Abreu. Mas não basta afirmar essa pluralidade sem nela flagrar uma convergência de destino: a cena não esconde as escolhas de origem, e cada escolha enunciada ou silenciosa é uma tentativa de responder às condições em que o teatro se efetiva e se repõe[25].

Fundamentalmente, aqui se está diante do impasse já apontado por Jacoby, no âmbito da cena política e intelectual, como propor novamente o "salto qualitativo" se não se consegue definir o que buscar? Assim, uma das poucas coisas de que se tem certeza, até o momento, é: as utopias que alimentaram o século XX não servem como referência para essas novas motivações.

Essa rejeição talvez seja o elemento central para explicar a quase ausência da dramaturgia de Oduvaldo Vianna Filho nesse profícuo debate do teatro brasileiro contemporâneo, porque suas peças foram construídas à luz de uma convergência de destino. Entretanto, as temáticas nelas contidas são absurdamente contemporâneas e continuam em cena no teatro brasileiro, a saber: os mecanismos sociais e políticos que cada vez mais alienam o cidadão da sua consciência e de seus direitos, assim como, aos poucos, retiram-lhe sua própria humanidade.

Os seus textos, nesse sentido, assumem e aprofundam não só a historicidade, como a humanidade desse indivíduo contemporâneo que vê a si mesmo e a seu próprio tempo apartados de qualquer opção mais efetiva. Vianinha, mais uma vez, em *Rasga Coração* escreveu: "Revo-

---

25. José Fernando Peixoto de Azevedo, O Teatro da Cidade (1ª parte). São Paulo *Camarim*. Ano VIII, n. 34, jan./fev./mar. 2005, p. 19.

A CRÍTICA DE UM TEATRO CRÍTICO

lução pra mim já foi uma coisa pirotécnica, agora é todo dia, lá no mundo, ardendo, usando as palavras, os gestos, os costumes, a esperança desse mundo...".

Nesse momento, em que pesa sobre sua dramaturgia o comprometimento com uma perspectiva de processo, isto é, em seu trabalho há um fundamento teórico, o materialismo dialético, isso não significa, em absoluto, que seu teatro tenha perdido a força dramática, pois seus temas e recursos narrativos são fragmentos que ainda pulsam no debate contemporâneo.

O teatro como manifestação estética, geralmente, realiza-se a partir da presença de diferentes tempos e lugares, quando a contemporaneidade da cena relê a historicidade do texto. Para tanto, há que existir um gesto no sentido de promover essa síntese histórica e estética, a fim de que uma peça seja (re)significada para novos públicos e outras demandas sociais[26].

Quando Aderbal Freire-Filho observou que "a única coisa datada do chamado teatro datado era esta opinião que se difundiu nos anos 80", em verdade, ele se referiu, dentre várias questões, à iniciativa de jovens profissionais que lutavam para estabelecer seus espaços na cena teatral do país. Nesse sentido, em um momento de disputas, quase sempre, há a necessidade de desqualificar o oponente, por meio de suas fragilidades, e exaltar as qualidades e o caráter inovador dos que estão surgindo. Exemplos desses procedimentos podem ser encontrados nas críticas que os, então, jovens integrantes do Teatro de Arena fizeram ao Teatro Brasileiro de Comédia, como também nas discussões acerca da modernidade teatral no Brasil e suas restrições às companhias do início do século XX.

Como dramaturgo, Vianinha conquistou um lugar de grande destaque na História do Teatro Brasileiro, mas seus textos estão ausentes da cena e do repertório da população jovem desse país. Em verdade, eles estão em repouso, aguardando uma leitura *com os olhos livres* de juízos de valor e de pré-conceitos que, muitas vezes, impedem de arrancá-los do conformismo de um tempo passado e de oferecê-los às inquietações do tempo presente.

Mais ainda, sua obra precisa ser publicada, conhecida, discutida e criticada, porque, somente dessa maneira, ganhará novamente os palcos, que é o destino, por excelência, de todo texto teatral.

---

26. No Brasil, tem-se assistido a várias iniciativas nesse sentido. Para tanto, deve-se recordar a trajetória artística e intelectual da Companhia do Latão, que desenvolve seu trabalho a partir do teatro épico de Bertol Brecht, aliás, dramaturgo que também tem o materialismo histórico como fundamento de sua dramaturgia. Uma outra iniciativa importante ocorreu, em 2002, com a adaptação da peça de Georg Büchner, *Woyzeck*, por Fernando Bonassi, que deu origem ao espetáculo *Woyzeck, o Brasileiro*, dirigido por Cibele Forjaz e protagonizado por Matheus Nachtergaele.

TEATRO NA PERSPECTIVA

O Sentido e a Máscara
Gerd A. Bornheim (D008)
A Tragédia Grega
Albin Lesky (D032)
Maiakóvski e o Teatro de Vanguarda
Angelo M. Ripellino (D042)
O Teatro e sua Realidade
Bernard Dort (D127)
Semiologia do Teatro
J. Guinsburg, J. T. Coelho Netto e
Reni C. Cardoso (orgs.) (D138)
Teatro Moderno
Anatol Rosenfeld (D153)
O Teatro Ontem e Hoje
Célia Berrettini (D166)
Oficina: Do Teatro ao Te-Ato
Armando Sérgio da Silva (D175)
O Mito e o Herói no Moderno Teatro Brasileiro
Anatol Rosenfeld (D179)
Natureza e Sentido da Improvisação Teatral
Sandra Chacra (D183)
Jogos Teatrais
Ingrid D. Koudela (D189)
Stanislávski e o Teatro de Arte de Moscou
J. Guinsburg (D192)

O Teatro Épico
Anatol Rosenfeld (D193)
Exercício Findo
Décio de Almeida Prado (D199)
O Teatro Brasileiro Moderno
Décio de Almeida Prado (D211)
Qorpo-Santo: Surrealismo ou Absurdo?
Eudinyr Fraga (D212)
Performance como Linguagem
Renato Cohen (D219)
Grupo Macunaíma: Carnavalização e Mito
David George (D230)
Bunraku: Um Teatro de Bonecos
Sakae M. Giroux e Tae Suzuki (D241)
No Reino da Desigualdade
Maria Lúcia de Souza B. Pupo (D244)
A Arte do Ator
Richard Boleslavski (D246)
Um Vôo Brechtiano
Ingrid D. Koudela (D248)
Prismas do Teatro
Anatol Rosenfeld (D256)
Teatro de Anchieta a Alencar
Décio de Almeida Prado (D261)
A Cena em Sombras
Leda Maria Martins (D267)
Texto e Jogo
Ingrid D. Koudela (D271)

O Drama Romântico Brasileiro
  Décio de Almeida Prado (D273)
Para Trás e Para Frente
  David Ball (D278)
Brecht na Pós-Modernidade
  Ingrid D. Koudela (D281)
O Teatro É Necessário?
  Denis Guénoun (D298)
O Teatro do Corpo Manifesto: Teatro Físico
  Lúcia Romano (D301)
O Melodrama
  Jean-Marie Thomasseau (D303)
João Caetano
  Décio de Almeida Prado (E011)
Mestres do Teatro I
  John Gassner (E036)
Mestres do Teatro II
  John Gassner (E048)
Artaud e o Teatro
  Alain Virmaux (E058)
Improvisação para o Teatro
  Viola Spolin (E062)
Jogo, Teatro & Pensamento
  Richard Courtney (E076)
Teatro: Leste & Oeste
  Leonard C. Pronko (E080)
Uma Atriz: Cacilda Becker
  Nanci Fernandes e Maria T. Vargas
  (orgs.) (E086)
TBC: Crônica de um Sonho
  Alberto Guzik (E090)
Os Processos Criativos de Robert Wilson
  Luiz Roberto Galizia (E091)
*Nelson Rodrigues: Dramaturgia e
Encenações*
  Sábato Magaldi (E098)
José de Alencar e o Teatro
  João Roberto Faria (E100)
Sobre o Trabalho do Ator
  Mauro Meiches e Silvia Fernandes
  (E103)
Arthur de Azevedo: A Palavra e o Riso
  Antonio Martins (E107)
O Texto no Teatro
  Sábato Magaldi (E111)
Teatro da Militância
  Silvana Garcia (E113)
Brecht: Um Jogo de Aprendizagem
  Ingrid D. Koudela (E117)
O Ator no Século XX
  Odette Aslan (E119)
Zeami: Cena e Pensamento Nô
  Sakae M. Giroux (E122)
Um Teatro da Mulher
  Elza Cunha de Vincenzo (E127)

Concerto Barroco às Óperas do Judeu
  Francisco Maciel Silveira (E131)
*Os Teatros Bunraku e Kabuki: Uma
Visada Barroca*
  Darci Kusano (E133)
O Teatro Realista no Brasil: 1855-1865
  João Roberto Faria (E136)
Antunes Filho e a Dimensão Utópica
  Sebastião Milaré (E140)
O Truque e a Alma
  Angelo Maria Ripellino (E145)
A Procura da Lucidez em Artaud
  Vera Lúcia Felício (E148)
*Memória e Invenção: Gerald Thomas
em Cena*
  Sílvia Fernandes (E149)
O Inspetor Geral *de Gógol/Meyerhold*
  Arlete Cavaliere (E151)
O Teatro de Heiner Müller
  Ruth C. de O. Röhl (E152)
Falando de Shakespeare
  Barbara Heliodora (E155)
Moderna Dramaturgia Brasileira
  Sábato Magaldi (E159)
Work in Progress na Cena Contemporânea
  Renato Cohen (E162)
Stanislávski, Meierhold e Cia
  J. Guinsburg (E170)
*Apresentação do Teatro Brasileiro
Moderno*
  Décio de Almeida Prado (E172)
Da Cena em Cena
  J. Guinsburg (E175)
O Ator Compositor
  Matteo Bonfitto (E177)
Ruggero Jacobbi
  Berenice Raulino (E182)
Papel do Corpo no Corpo do Ator
  Sônia Machado Azevedo (E184)
O Teatro em Progresso
  Décio de Almeida Prado (E185)
Édipo em Tebas
  Bernard Knox (E186)
Depois do Espetáculo
  Sábato Magaldi (E192)
Em Busca da Brasilidade
  Claudia Braga (E194)
A Análise dos Espetáculos
  Patrice Pavis (E196)
As Máscaras Mutáveis do Buda Dourado
  Mark Olsen (E207)
Crítica da Razão Teatral
  Alessandra Vannucci (E211)
Caos e Dramaturgia
  Rubens Rewald (E213)

Para Ler o Teatro
Anne Ubersfeld (E217)
Entre o Mediterrâneo e o Atlântico
Maria Lúcia de S. B. Pupo (E220)
Yukio Mishima: O Homem de Teatro e de Cinema
Darci Kusano (E225)
O Teatro da Natureza
Marta Metzler (E226)
Margem e Centro
Ana Lúcia V. de Andrade (E227)
Ibsen e o Novo Sujeito da Modernidade
Tereza Menezes (E229)
Teatro Sempre
Sábato Magaldi (E232)
O Ator como Xamã
Gilberto Icle (E233)
A Terra de Cinzas e Diamantes
Eugenio Barba (E236)
A Crítica de um Teatro Crítico
Rosangela Patriota (E240)
Do Grotesco e do Sublime
Victor Hugo (EL05)
O Cenário no Avesso
Sábato Magaldi (EL10)
A Linguagem de Beckett
Célia Berrettini (EL23)
Idéia do Teatro
José Ortega y Gasset (EL25)
O Romance Experimental e o Naturalismo no Teatro
Emile Zola (EL35)
Duas Farsas: O Embrião do Teatro de Molière
Célia Berrettini (EL36)
Marta, A Árvore e o Relógio
Jorge Andrade (T001)
O Dibuk
Sch. An-Ski (T005)
Leone de'Sommi: Um Judeu no Teatro da Renascença Italiana
J. Guinsburg (org.) (T008)
Urgência e Ruptura
Consuelo de Castro (T010)
Pirandello do Teatro no Teatro
J. Guinsburg (org.) (T011)
Canetti: O Teatro Terrível
Elias Canetti (T014)

Idéias Teatrais: O Século XIX no Brasil
João Roberto Faria (T015)
Heiner Müller: O Espanto no Teatro
Ingrid D. Koudela (Org.) (T016)
Büchner: Na Pena e na Cena
J. Guinsburg e Ingrid Dormien Koudela (Orgs.) (T017)
Teatro Completo
Renata Pallottini (T018)
Três Tragédias Gregas
Guilherme de Almeida e Trajano Vieira (S022)
Édipo Rei de Sófocles
Trajano Vieira (S031)
As Bacantes de Eurípides
Trajano Vieira (S036)
Édipo em Colono de Sófocles
Trajano Vieira (S041)
Teatro e Sociedade: Shakespeare
Guy Boquet (K015)
Eleonora Duse: Vida e Obra
Giovanni Pontiero (PERS)
Linguagem e Vida
Antonin Artaud (PERS)
Ninguém se Livra de seus Fantasmas
Nydia Licia (PERS)
O Cotidiano de uma Lenda
Cristiane Layher Takeda (PERS)
História Mundial do Teatro
Margot Berthold (LSC)
O Jogo Teatral no Livro do Diretor
Viola Spolin (LSC)
Dicionário de Teatro
Patrice Pavis (LSC)
Dicionário do Teatro Brasileiro: Temas, Formas e Conceitos
J. Guinsburg, João Roberto Faria e Mariangela Alves de Lima (LSC)
Jogos Teatrais: O Fichário de Viola Spolin
Viola Spolin (LSC)
Br-3
Teatro da Vertigem (LSC)
Zé
Fernando Marques (LSC)
Jogos Teatrais na Sala de Aula
Viola Spolin (LSC)

Impresso nas oficinas
da Gráfica Palas Athena
em abril de 2007